全国教育科学"十三五"规划 2017 年度教
课题"高中生生涯规划指导模式的研究"编号：

领跑者
LING PAO ZHE

体验式生涯教育

TIYANSHI
SHENGYA
JIAOYU

江坚智 ◆ 著

NORTHEAST NORMAL UNIVERSITY PRESS
WWW.NBNUP.COM

东北师范大学出版社

图书在版编目（CIP）数据

领跑者·体验式生涯教育 / 江坚智著. -- 长春：东北师范大学出版社，2021.3
ISBN 978-7-5681-7925-6

Ⅰ．①领… Ⅱ．①江… Ⅲ．①职业选择－高中－教学参考资料 Ⅳ．① G634.933

中国版本图书馆 CIP 数据核字（2021）第 056099 号

□责任编辑：贾秀艳　　□封面设计：优盛文化
□责任校对：卢永康　　□责任印制：许　冰

东北师范大学出版社出版发行
长春市净月经济开发区金宝街 118 号（邮政编码：130117）
销售热线：0431-84568036
网址：http://www.nenup.com
东北师范大学音像出版社制版
定州启航印刷有限公司印装
河北省定州市西城区大奇连工业园
2021 年 3 月第 1 版　　2021 年 3 月第 1 次印刷
幅画尺寸：170mm×240mm　印张：16　字数：280 千

定价：58.00 元

前 言

  生涯是梦想的旅程，是一块贫瘠的土地，人则是为这块土地播种希望的耕耘者，将一滴水、一粒土、一株草完美结合，就会得到一片天、一片地、一片林。你将来要做什么事？从事什么职业？为了实现目标你做过哪些努力？或许你很难在脑海中迅速查找到答案，因为很多人都会觉得生涯是进入大学后的事情，或者认为它只属于一小部分成绩优异的人，但事实上生涯属于我们每一个人。

  "吾生也有涯，而知也无涯，以有涯随无涯，殆已！"这是庄子在两千多年前发出的感叹，可见春秋战国时期便有了"生涯"说。历史车轮滚滚前进，到了21世纪，生涯已被赋予了新的含义，并逐渐演化成了国际化教育的发展趋势，全面育人的生涯规划教育已成为各类学校推动学生核心素养提升和全面发展的重要抓手。在新高考背景下，生涯教育浪潮逐渐进入高中，并在高中教育阶段掀起了新一轮的教育改革，其中热度最大的话题就是生涯教育成了高中生的必修课。为践行国家关于生涯教育的各项措施，各地纷纷开设生涯专业课程，推动生涯教育在本地学校全面落地。在此次改革洪流中，为避免千篇一律，同安一中在生涯课程开展方式上选择以体验为主，并提出了"体验式生涯教育"理念。相较于传统理论层面的生涯教育，体验式生涯教育更能够将学生带入生涯世界，使他们近距离地接触人生目标。我们之所以选择体验式生涯教育，是因为体验无处不在。生命之箭一经射出就永不停止，是罗曼·罗兰的体验；停止奋斗，生命也就停止了，是托·卡莱尔的体验；谁不能主宰自己便永远是一个奴隶，是歌德的体验。可见，体验是一次又一次自我重塑的过程，它让我们不断成长、不断完善。如果生涯是一段体验的旅程，那么当千帆阅尽后，最终留下的将是一片属于自己的独一无二的风景。

  本书共四章。第一章为学校生涯教育的定位，主要包括体验式生涯教育的目标、学校体验式生涯教育的整体设计，全方位、多层次的生涯教育体系，学校生涯教育的管理；第二章主要谈建构同安一中特色的体验式生涯课程体系，包括生涯团队建设、生涯课程体系建设、生涯规划教育云平台、丰富多元的生涯探索与体验、学生个性化的生涯发展指导资源；第三章为学校生涯教育分年级实施内容，主要包括对高一、高二、高三不同阶段的生涯教育内容；第四章谈学校生涯教育的成效，主要包括学生能力提升、教师专业发展、学校特色发展。

  本书旨在帮助学生逐步明确自己的生涯目标，自主设计成长发展路径，科学管控高中学业，进而实现自主选科、选考。我们深信，学生能够在生涯目标的引领下自主、科学地规划人生，让高中学习生活更加精彩！由于作者水平有限，书中不足之处在所难免，恳请广大专家、学者和读者朋友批评指正！

目录 CONTENTS

第一章　学校生涯教育的定位 \ 001

　　第一节　体验式生涯教育的目标 \ 003

　　第二节　学校体验式生涯教育的整体设计 \ 018

　　第三节　全方位、多层次的生涯教育体系 \ 026

　　第四节　学校生涯教育的管理 \ 035

第二章　建构同安一中特色的体验式生涯课程体系 \ 045

　　第一节　生涯团队建设 \ 047

　　第二节　生涯课程体系建设 \ 059

　　第三节　生涯规划教育云平台 \ 082

　　第四节　丰富多元的生涯探索与体验 \ 106

　　第五节　学生个性化的生涯发展指导资源 \ 128

第三章　学校生涯教育分年级实施内容 \ 149

　　第一节　高一：生涯启航 \ 151

　　第二节　高二：内外部探索 \ 183

　　第三节　高三：蓄力前行 \ 198

第四章　学校生涯教育的成效 \ 211
　　　第一节　学生能力提升 \ 213
　　　第二节　教师专业发展 \ 216
　　　第三节　学校特色发展 \ 225

参考文献 \ 231

附　录 \ 236

第一章　学校生涯教育的定位

第一节 体验式生涯教育的目标

一、体验式教育与生涯教育

（一）体验式教育

1. 什么是体验

体验是个体存储于大脑中的对某项事物的认知，是一种机械化的记忆，其只有深入考察和验证后，才能有更加深刻的感悟和印象。德国哲学家伽达默尔在此基础上对"体验"进行了更加详尽的解释，认为体验具有直接性和获取性，若某个东西被经历，并在该领域得到了持续性的验证，获取了自身存在的价值和意义，那么这种东西即可被认定为体验。[1] 由此可知，体验是人们对新鲜事物的体验，并无丰富的经验作为支撑，更多的是对工作、生活、学习方式的创新。以当下如火如荼的线上教育为例，"线上"就是一种新场景、新体验，相比线下教育，线上教育无论是教学活动、课后锻炼还是教学评价均在线上完成，这就打破了传统课堂教学在时间和空间上的限制，使教师和学生可以在线上获得与线下不同的教学和学习体验。还有一种观点认为，体验与情感具有共生性，即个体在体验某物时会滋生某种特殊情感，或喜或忧，乐于体验时可产生愉悦、兴奋的情感，反之则漠然置之。相关研究显示，当人沉浸于不同情感和情绪时，其会有多种心理变化，并形成一种微妙的情感机制，同时其所持态度也会对体验产生影响。例如，在网店购买商品时，买家留言反馈的各种购物体验和对商品的实际描述直接影响购买者情绪，如果其他买家使用、

---

[1] 许立红，金洋琼. 体验式英语语音教学设计[M]. 成都：西南交通大学出版社，2017:2-3.

体验后予以消极评价，会削弱购买者的购物体验感，甚至使其停止购买行为。

上述内容主要围绕教育学和情感学进行讨论，尽管研究所切入的角度不同，但均表达了人们介入一个新事物后，在该领域所产生的全新理解和感悟。

2. 体验式教育的源起

在对古人诗词作品进行深入解读后，我们不难发现，早期文学中不乏与现代体验相似之处。例如，体验是李白笔下"蜀道之难，难于上青天"的艰难，也是苏轼笔下"不识庐山真面目，只缘身在此山中"的感叹。

我国的"体验式教育"理论体系最早是从西方引入的。《尚书·说命中》中有句子"知之非艰，行之惟艰"，其释义为"认识和感悟一个理论所表达的含义，并不是一件十分艰难的事情，但要围绕理论并付诸实践则需经历层层挑战，这是一件十分艰难的事情。"❶这一思想观念集中反映了主观认识向客观实践转变的艰难过程，而对其内涵和定义进行追溯可以发现，先秦诸子百家中有大量核心思想与现代体验式教育理念极为相似。比如，孔子所创立的儒家思想体系中的"因材施教、学思结合、寓教于乐"等学说均可寻到"体验"之迹象。在著名的《两小儿辩日》一文中，两小儿之所以能够得出"太阳在不同时间段离人或远或近"的结论，并向孔子进行反向提问，是因为两小儿对太阳东升西落这一自然现象进行了一番体验和探究，充分表现出了勇于追求真理并大胆质疑的"智慧"精神，而孔子的"不能决也"从侧面肯定了两小儿的体验过程和体验结果，孔子与两小儿的简单对话某种意义上与现代体验式教学理念存在共通之处。体验式教育是一种具有前瞻性和实践性的教学理念，区别于传统以教师为主体的教学模式，其在培养目标上始终强调重返"自然环境"，追求在实践活动中培养学生的创新意识和独立意识。具体而言，体验式教育有以下几个特点：

（1）被动学习向主动学习转变。传统教育中，教师是整个课堂的主体，课程内容的选择、进度的控制、效果的评价等均由教师决定，而体验式教育中的教师从任务决策者、执行者转变为了引导者，学生的中心地位也更加凸显，并且在课堂上与教师互为学习者和教授者。

（2）个体学习向合作学习转变。在传统以学生为单位的教学格局中，无论是在课堂听讲还是课后练习环节，整个过程均由学生独立完成，但这种学

---

❶ 李民，王健 .[M]. 尚书，译注 . 上海：上海古籍出版社 ,2004:133-139.

习只是对知识的浅性认识，同时他们对某一知识点的理解也较为片面，甚至还有部分能力稍显不足的学生无法独立完成更深层次的探索和学习任务。相对而言，体验式教育充分引入合作学习模式，根据学生能力划分小组，同时鼓励学生通过相互协作共同观摩、学习、讨论课堂所学知识，并尝试将课堂所学理论知识付诸实践。例如，在教授原始社会的人们如何利用木头取火这一知识点时，教师可为学生布置一项特殊的作业，即学生 2～3 人为一组，在课堂上开展"钻木取火"实验，让学生在体验中切身感受古人钻木取火的原理，并就实验过程中的所想、所感与教师进行交流，如此不仅可以拓展学生的文化视野，还有助于提升学生的学习体验。

（3）机械化学习向个性化学习转变。所谓机械化学习，主要是指学生所学习内容完全跟随教师步调，而教师所教授的内容离不开教育机构所指定的教学大纲和考试大纲，并且教师教学过程中对所有学生均采用同一种教学方式学生自身的学习能力、知识掌握能力和理解应用能力等基本被忽略，导致学生在解决实际问题时胡应对思路局限于单一教条和框架，无法实现自我学习意识的突破和创新。个性化的体验式教育使课堂不再单调、无趣，其核心目标是打破传统学习思维对学生思想的禁锢，促使学生自由发挥个性。例如，部分学校设计和组织了教师和学生角色互换的活动，让学生从课桌走向讲台，扮演教师角色，执行"教"的任务；教师则从讲台走下来，聆听学生对某一知识点的讲解。这不但有助于激发学生的学习兴趣，而且能够在某种程度上实现对学生固有认知的强化与巩固。

在对传统教育模式和体验式教育进行多角度对比后发现，两者在整个教学活动开展过程中存在本质上的差别，这种差别不仅体现在教师教学层面，还体现在学生学习层面，具体如图 1-1 所示。

图 1-1　传统教育和体验式教育的差异

3.各国体验式教学的开展

（1）德国。提到"世界教育"，很多人的第一印象就是德国教育。德国是世界公认的天才输出"摇篮"，如著名的物理学家爱因斯坦、伟大作曲家贝多芬、马克思主义奠基者马克思等均来自德国，这些科学家、音乐家、思想家在某种程度上为德国教育的发展注入了动力与灵魂。

纵观德国教育史上各类文化"巨人"的养成，我们可以领略到德意志民族教育的关键——触摸。许多德国教育学家在教育实践中发现，若要确保受教育者切身体会、感受和理解社会与自然的发展规律，需要引导其亲自接触社会与自然，这种与社会和自然"零接触"的教学模式被定义为"体验式教育"，而这一理念的形成和发展也催生了德国"以森林为教室"的现代特色化教学模式。

《林间最后的小孩》是由儿童教育家理查德·洛夫在研究儿童与社会、自然关系演变过程后所创作的一本关于"让孩子重返自然"的书籍。互联网时代背景下，虽然儿童们的娱乐方式得到了丰富和拓宽，但大多为电子娱乐活动。相关研究调查表明，学前儿童每日看电视、玩手机时长高于两小时，会完全将自己与外界隔绝。理查德·洛天则通过对儿童深受电视、电脑、手机、ipad等科技产品荼毒的批判，提出家庭和学校教育应增加儿童与自然的相处时间，使其与"大地母亲"亲密接触，以预防"自然缺失症"。与传统教育活动不同，"自然"教育需要学校及家长投入大量成本，以支撑多样化户外活动的开展。这一教育投入理念与中国家长传统教育思想相冲突：中国式教育普遍认为将孩子放归自然，易增加孩子受挫折的几率。而在德国，这种"以森林为教室，以万物为教师"的教育体系深受广大家长的喜爱。自第一所"森林幼儿园"落户丹麦后，自然教育就像咖啡的香气快速蔓延到了每个角落。

森林幼儿园以大自然为"课堂"，将儿童于"围墙"牢笼中解救了出来。孩子们每天可以在户外呼吸新鲜的空气，接触着每个人童年时所向往的美好事物，探寻着自然中所蕴藏的宝物，如捉蜻蜓、捏泥人、做花环等。这里的滑梯被自然生长的树木代替，孩子们可在爬树过程中找到与滑梯相似的乐趣；这里的手工用纸被石头、树枝、沙子代替，孩子们可利用石头和沙子堆砌梦想的城堡；这里的动物模型被真实的花鸟鱼虫代替，孩子们可与这些

"大玩具"亲密接触,与自然界的动物做朋友。

德国教育的根深叶茂与德意志民族"勤奋""严谨"的精神息息相关,这种教育精神和教育理念也在世界范围内得到了广泛推广与普及。

(2)日本。日本的体验式教育与德国教育有异曲同工之妙,本质相同,但其形式显然更加多样化。除了以自然为教师外,日本教育还体现出注重"职业体验"的特点。从日本大量影视剧资料和文学作品中不难发现,日本教育十分强调社会实践的重要性,很多日本动漫和影视剧作品中都可以捕捉到日本学园祭的踪影。所谓学园祭,就是由学生在开放日组织开展的校园文化活动。不同于国内的学校开放日,日本学园祭中无论是支配权还是自由权均由学生自主掌控,学生可以班级或社团为单位参与活动。比如,学生可以在活动现场进行各种特色小吃的售卖,如炸天妇罗、章鱼烧、鲷鱼烧等,从而在售卖过程中体验摆摊的乐趣与艰辛。自学园祭开展以来,社团展一直被认为是整个文化活动中最有看头的项目。例如,学园祭中的录影播放工作和摄影工作均由专业社团承包,而为展现社团特色,吸引更多的学生入社,现有社团成员会运用录影流程中所涉及的所有设备,如滑轮轨道、摄影棚、摄影机以及摄影车等彰显自身本领,并在实践中总结摄影的意义和真谛。又如,动漫作品中的咖啡厅社团活动也是学园祭中真实存在的,从咖啡厅布置到不同口味的咖啡制作,均由学生自己完成,学生可以体会到服务行业人员的艰辛,从中掌握与他人沟通与交流的技能,提前适应社会环境。另外,活动结束时的垃圾整理工作也由学生独立完成,这一过程可以锻炼学生的垃圾分类能力,也可以更好地培养学生的垃圾分类意识。[1]

日本这种将校园文化与社会体验相结合的教育方式,不仅可以提高学生参与社会生存实践的积极性,还有助于学生合作精神的塑造。

(3)美国。在全球创新领域,儿童被认为是最具创新意识的群体,很多精彩且有创意的想法都是在儿童日常生活中无意的观察或外界环境的启发中产生的。例如,一名11岁的美国少女在一次饭后散步时注意到了路旁被农场遗弃的玉米穗,再联想到自己所研究的小项目,大胆假设并提出了将传统净水设备中的过滤材料替换为玉米穗的想法,并在学校的支持下一步步落实了

---

[1] 夏友奎,彭文波,石长林.中学生心理健康教育教学问题的对策研究[J].牡丹江教育学院学报,2020(8):58-61.

此想法和假设。这一发现引起了美国当地某杂志的注意，该杂志对她的发明进行了详细介绍，并授予了其"社区生活改善奖"。小女孩的小发明的成功在很大程度上与其所接受的教育模式相关。

美国教育和我国教育在性质、理念和开展方式上存在极大的差异。从课堂形式看，我国课堂以教师为主体，学生在课堂中处于被动地位，缺少与教师的互动，而美国课堂很多情况下都是在娱乐、游戏中进行，或者将知识点和疑难点穿插于学生实践中，启发学生主动发现问题、提出问题，并鼓励学生依靠自己的理解去处理问题。从教学环境看，美国教育不会被狭小的教室所束缚，时常可以在各大博物馆听到教师带领学生参观和讲解历史的声音，看到学生手持自己所整理的问题主动向教师询问。在对学生的问题进行解答时，教师不会倾其所有，更多的是点到为止，为学生保留探索空间。在教导音乐艺术类学生时，学校会定期安排不同的表演项目，鼓励学生登上舞台，教师则在台下观看每一个学生的表演，并适时给予鼓励和肯定，积极抓住每一个教育契机，激发学生艺术创作灵感。

从上述各国教育体系看，教育成功的秘诀在于触摸、扮演、实践，而这些归根究底都源自"体验"。那些通过真实体验所获得的感受更加新颖、深刻、真实，是人一生中难以磨灭的记忆。

（二）生涯教育

自全球金融危机爆发以来，世界经济一直处于萎靡不振的状态，后在各国政府的力挽狂澜之下，经济日益复苏。在这一背景下，就业需求呈现出不断增大的趋势，就业压力也不再是应届大学生的专属问题。中学生在不断上升的就业压力下，不得不重视未来生涯规划。生涯教育在这种教育和就业相互交织的背景下应运而生，但生涯教育作为外来的教育理念，在我国的开展和实施充满了不确定性。伴随着生涯教育在全国的普及，无论家庭还是学校和社会，均对生涯教育的重要性有了清晰的认识。那么，生涯教育到底是什么？生涯教育具体的开展形式是什么？对于上述问题，本书进行了如下解答：

若要从真正意义上实现对生涯教育的深刻理解，我们需要对"生涯"有明确的认识。关于生涯的初步定义可追溯至20世纪七八十年代，由美国心理学家舒伯提出，其认为生涯可指引和预测个体在未来社会工作、学习过程中的发展方向和演化进度，个体在整个生命历程中依次参与和充当的职业、角色（子女、学生、公民、配偶等，具体如图1-2所示），这些均在生涯环节得到统一聚集，而生涯教育主要是以一种介入式的教育模式让学生提前接触和感受社会实践或家庭生活，由其自己决定和选择未来的生活和发展。❶

好子女　　　　好配偶
　　　　　　　　　　好学生
　　　　好公民
　　　　　　　　　好领导
　好父母
　　　　　　　好朋友
　　好员工

图1-2　个体可能扮演的角色

基于此，美国生涯发展相关组织协会从广义角度重新对生涯教育进行了界定，即个体在参与某项社会实践活动时生成一个与自身实际生活相贴合的发展模式，该模式不但具有明确的目的性，而且可在个体未来生活中无限延续。通过上述两种观点基本可以判定，生涯无关个体行为，也无关个体职业，其概念的形成更多情况下源于一个人的思考过程、发展规划以及力量权衡，是极具个体化色彩和特征的生活模式。

20世纪末，英国的相关教育机构在结合本国教育体系和教学特色的基础上对生涯教育进行了系统界定，并将生涯教育归类至中学阶段常规课程品类，促使13～17岁的青少年为踏入成年人世界提前做好功课与准备。另外，英国生涯教育注重让孩子进入自己的内心深处，精准判断自身的长处和短处，确保所选择的决策适应其未来发展。

日本的生涯教育涵盖小学、中学、高等学校、大学四个阶段，不同阶段学生所接受的生涯教育内容不尽相同。从整体上看，日本生涯教育十分强调对学生"职业代入感"的培养，益于学生接受系统化职业知识和技能教育时逐渐形成有自身特性的职业意识和勤劳意识，确保学生个性自由发展。由此可以看出，日本生涯教育是一种将选择权和决策权交给学生的特别教育。

生涯教育在我国的第一次推广可追溯到内忧外患的民国初期，在此时期，出于民族自救目的，一大批先进知识分子，如蔡元培、梁启超等在学习西方教育理念后提出了"生涯规划教育"的概念，同时一批就业指导机构短

---

❶ 黄天中.生涯规划——体验式学习[M].北京：高等教育出版社,2009:8-11.

时间内迅速崛起，生涯教育在我国生根发芽。

生涯教育在我国经历了萌芽、萧条、复苏、发展四个阶段，当前正值第四阶段，不但受到了教育界的高度关注，而且其概念在既有基础上得以重新定义，即生涯教育是一种运用更加系统化、科学化的教育模式对学生进行全方位的指导，让学生站在更高水平上认识自我、认识社会、认识世界，培养学生面对事物变化时灵活选择和主动适应的能力，促使其在发展稳定后对自己未来生涯重新审视和规划的教育尝试。

从培养目标看，生涯教育的开展核心主要在于对学生决策规划意识和能力进行塑造，让学生对未来生活有更加美好的憧憬和向往。与学科教育不同，生涯教育中学生扮演着主体角色，但从实际来看，部分教师和家长在学生未来职业选择和生活方式的选择上存在"逾越"行为，不能充分展现生涯教育对学生的引导和规划作用。因比，生涯教育应重点在学生学习和生活中引入外界信息，如丰富多彩的社会生活和社会娱乐、各行各业职业信息和最新热点等，引导学生对自身发展有更加全面的审视和认知，鼓励学生走出舒适区，直面外部世界各式各样的挑战，同时深入挖掘学生在传统教育模式下尘封的兴趣和爱好，激发学生的内在潜能，培养学生对职业的认同感与参与感，为其将来参与社会实践和个人生活奠定坚实的基础。"望子成龙"是许多家长的夙愿，他们要求孩子求学时成绩出色、求职时不忘重托。对于家长而言，监督孩子完成学业、参与孩子事业选择便是针对孩子所进行的生涯教育，他们甚至认为孩子在未来职业生涯和个人生活中获得幸福体验就是其教育价值的最终体现。事实上，生涯教育可通过相关教育机制将外界事物内化成为学生学习的动力，从而扭转学生的学习态度，变"被动学习"为"主动学习"。从这一层面看，家长、学校发挥的作用应是帮助学生规划人生蓝图，并帮助他们按照前景规划按部就班地逐条实现人生目标。

总体来看，生涯教育除了有指导升学、明确就业目标的作用外，还兼顾针对个体不同阶段身心发展而制订相应的生涯规划的任务。生涯教育中的各类指导性和实践性活动的开展能够让学生对自己所选职业和生活有清晰的认识，协助其完成未来每一步的规划。生涯教育就像一颗能够长成参天大树的种子，正如我们个体能够为中华民族伟大复兴贡献自身价值。

（三）基于体验式学习的生涯教育

在诸多研究中不难发现，体验式生涯教育重点落在"体验"一词，国内相关教育专家经过大量教学实践和系统调研，提出体验式生涯教育是一种基于真实情境的生涯体验活动，可为学生提供广阔的实践空间和发展平台。本书在搜集和参考大量资料和文献后，认为体验式生涯教育就是打破传统教师应用单一理论性知识讲解的模式，围绕社会上形式各异的职业创设真实活动情境，从而让学生能够对未来升学、就业进行持续性、系统性的规划和设计。具体而言，我们可以参考现代公司人员结构，设置董事长、总经理、人事、财务、业务等职能角色，引导学生根据自身条件选择相匹配的角色，如选择人事这一职能的学生需掌握招聘、培训、薪酬、绩效、劳动法律等一系列与人力资源相关的知识和技能。通过角色扮演活动，我们可使学生切身体验人事这一职务所负责的工作范围和业务要求，为学生后期参加同类工作进行铺垫。这种以综合实践为依托的教育理念可将学生的生涯规划意识提前至中学阶段，让学生赢在起跑线上，并促使他们在适宜的时间完成自己的人生规划和发展目标。特别是在现代教育改革持续深入的大背景之下，越来越多的教育专家和教师开始意识到生涯教育的重要性，全国各大学校也纷纷引入体验式生涯课程，并取得了卓越成效。

以某附属中学为例，该校在体验式生涯教育方面下足了功夫，如改革课堂教学模式、增设体验式教学内容、优化教学环境等。近期，该校组织开展了主题为"模拟联合国"的活动，活动的主要内容是通过角色模拟形式向学生介绍联合国基础知识。课堂上，教师以视频动画形式引出此节课的教学目的，并在开始前布置了任务，即要求学生思考回答"你认为联合国成立的契机是什么？"等问题，以问题形式在课堂掀起了一场"头脑风暴"，而学生在激烈讨论后可凭自己在电视新闻、网络资料中所了解到的联合国知识回答教师所提出的问题。认真听取学生的回答后，教师可对安理会常任理事国相关知识进行补充。在确保学生掌握基础性知识后，教师可以尝试让学生以小组形式模拟联合国点名签到环节，小组成员以3~5人为佳，每个小组代表一个国家，让学生依次上台介绍自己所代表国家的民族特色、历史文化、人文地理等。

这种趣味体验可以让学生发现自己的特质，正确判断自己是否适合某一行业，从而对未来生涯有更加美好的憧憬。

二、体验式生涯教育的理念与目标

（一）体验式生涯教育的理念

1. 尊重差异

尊重差异是目前已经得到明确界定的体验式生涯教育理念，其强调教育要立足学生未来的进步与发展。区别于旧有保守性、单向性的教学模式，体验式生涯教育打破了教师灌输式的"教"和学生机械式的"学"这一教育形态，学生性格特征、兴趣爱好在课堂上得以全面释放，学习体验感也得到了系统优化。需要注意的是，学生个体之间存在某种程度上的差异性，面对学生心理、行为、性格、认同等方面的差异，教师应予以充分的尊重，同时在深入了解学生的水平和能力后，对生涯教学内容和策略重新进行规划设计，营造一种教师启发性"教"、学生独立性"学"的课堂氛围，以实现对学生潜力、个性、特长的多重挖掘。如果各学生主体采用自己特有的方式去验证或亲历同一类型事物，那么他们从中所获取的知识和情感也将大相径庭。学生可在体验后就自身直观感受与他人共享和讨论，让彼此的思想、观点、理解在体验的"大熔炉"中相互交融、相互碰撞。由此可见，体验式生涯教育应将学生意识和技能层面的创新与提升作为培养重点，借助学校所营造的体验大舞台，让学生对自身与他人之间的差异和距离有更加明晰的认识，鼓励其通过努力主动贴近理想。

2. 增强意识

体验式生涯教育开展的初心在于为学生未来生涯规划和人生发展指明方向，核心任务和目的是帮助学生树立正确的生涯意识，引导其掌握基本的生涯规划和管理能力，并在教育活动中引入各种与生涯教育相关的主题情境和职业活动，以学生真实体验为基础完成对教学内容的组织和构建。

3. 合作互助

合作互助是除尊重差异、增强意识外的另一种教育理念，该理念的提出很大程度上改变了教师和学生之间的关系，教师开始从主体地位上走下来，站在与学生相平行的位置,以往师生间以师为尊的格局逐渐发生了变化。现代教育中师生合作或生生合作模式的形成与实施,无形中增加了对学生团结协作能力的要求,并且要求他们在面对不同人生观、价值观和社会观时学会尊重和包容。体验是生涯教育中的合作互助理念,自始至终都强调对学生潜在能力的深层挖掘,希望通过培养其合作互助意识,确保其未来能够快速地融入社会生产生活。

(二)体验式生涯教育的目标

体验式生涯教育开创了现代个性化、特色化教育历史的先河,与传统教育中统一化的教育目标不同,体验式生涯教育将教学目标细化至学生个体,开始聚焦学生个性化发展,促使学生从被动接受者转型为主动实践者。本书根据体验式生涯教育的系统分析,对其目标进行了明确,具体如下:

1. 服务高考

在我国高中教育中,高考是始终都无法绕开的话题,其是我国教育系统中最具公平性、公正性的竞争平台,也是考察学生阶段性学习成果和选拔优秀人才最为直接的一种方式。许多学生和家长将高考视为一次鲤鱼跃龙门的机会,学生在逆流中奋起直追,接受激流的洗礼后,便正式踏入成人行列。在服务对象方面,除了学生本体之外,体验式生涯教育还应为由学生衍生出的一系列内容提供直接服务,如大学专业和人生规划等。中学生,特别是高三年级学生进入高考备战阶段后,教师、学校、家长会纷纷向其提供建议、分享经验、分析专业热度等,而面对来自四面八方的声音,学生若要自始至终坚持自己的初心,不受外界因素的干扰和影响,沿着自己所规划的道路前进,就必须积极参与体验式生涯教育,排除求学和求职路上的不确定因素。随着高考政策的不断改革,高考与生涯教育的关系越来越紧密,两者均属于学生迈向社会的缓冲平台,也是学生成长的见证者,尤其前者还是生涯教育的基础组成部分。学校应紧抓高考改革创新这一重要契机,引导学生对自己的学业和人生进行系统规划,探寻两者在教育目标上的契合点。一方面,体验式生涯教育有助于学生提前进入备战高考状态。学校为了让学生感受高考气氛,提前进入"赴考状态",考前复习阶段会组织1~3次模拟考试,严格按照高考要求进行。同时,按照高考监考教师数量标准在每个考场设3名教师，让学生切身感受高考的严格性。另一方面，体验式生涯教育有助于学生突破"心理高原期"。高考常被视为"人生一大转折点"，高考成绩决定着学生的未来选择和发展。可以说，高考就像一扇门，门内是自己无限循环的奋斗身影，门外是五彩缤纷的新世界，那些门内的人努力想踏出门外，但门内竞争者千万，每位同学都想通过自己的努力从中脱颖而出，所以这一过程是漫长的、艰难的，易使学生产生消极心理。体验式生涯教育可通过各种心理游戏和活动让学生对高考有更加全面的认识，引导学生借助游戏彻底释放积压已久的心理压力，消除考前焦虑、紧张心理，最终突破"高原反应"。

2. 培养职业兴趣

常言道："兴趣是最好的老师。"人类的求知欲望很大程度上源于自身的兴趣，当一个人对某个事物抱以极大的兴趣时，便会尽最大努力去靠近和实现。高中阶段的学生基本已形成自身特有的价值观和世界观，其兴趣不再局限于理论性问题，更多情况下热衷尝试将理论付诸实践。体验式生涯教育中以提升学生实践技能为目标的教育理念恰与学生的兴趣追求相契合，为学生提供了探索实践的平台。与此同时，各种真实的场景体验激发了学生在相关领域更深层次的探究欲望，从而使他们能够以兴趣为参考，对自己的未来生涯目标进行有效确立，并选择自己喜欢的职业。不得不说，在学生参与实践活动的过程中，兴趣是最为根本的前提条件，其可以为学生的实践提供方向和指引，优化实践效果。同时，更加深入、全面的实践和认识能够让学生获得前所未有的快乐，增强职业兴趣，并进一步明确奋斗的方向和目标。当前阶段，很多学校为激发学生对未来职业的兴趣，为学生提供了各种形式的社会实践活动，让学生从中体验各行各业的不同乐趣。

3. 储备生活能力

回想中学生涯，不同人有不同的理解和回忆，有的人觉得高中是一生中难以忘怀的一段美好时光，有的人认为那些痛苦的回忆都聚集在这一阶段。可见，高中阶段的学习生活会对学生价值观和人生观的形成产生重要影响。《国家中长期鉴于改革和发展纲要（2010—2020）》明确要求建立普通高中学生发展知道制度，加强对学生理想，心理学业等多方面的知道，全面提高学生综合素质。但从实际开展情况看，只有少数学校践行了这一要求。事实上，仍有80％以上的学生在漫长、枯燥的学习道路上逐渐偏离了自己的初心，盲目地认为学习是一种自我救赎，也是开始迈上新的人生历程的转折点，认为只有成绩和升学才是自己的最佳出路。为扭转学生对学习的错误认知，学校举办了一场以"储备生活能力，体验人间冷暖"为主题的特殊活动，体验内容并没有选择学生理想中的科学家、飞行员、设计师等职业，而是选择让他们成为小厨师、小农民、小保安、小保洁、小外卖员等，让学生体验最有人情味、最有"技术含量"的岗位，锻炼其生活能力。

三、体验式生涯教育的基本模式

纵观我国历史上几次重大的教育改革，它们均围绕课程本身展开，而在最新一次的基础教育创新改革过程中，考试招生制度作为改革的主角被推上了历史舞台。这一改革方向的调整很大程度上是基于学校和社会对学生未来人生发展的综合考量，体验式生涯教育在此背景下应运而生。体验式生涯教育是近年来所提倡的一种新兴的教学内容，与传统教学内容不同的是，其重点在于让学生跨越时光隧道，跻身未来社会环境，通过参与学校所创设的各种模拟活动更加全面地进行自我认知、心理调节、人生定位和发展规划，促使学生改善学习行为和学习状态，以积极的心态面对自己的未来生涯之路。

从教育模式角度看，体验式生涯教育中实践和体验的观念贯穿始终，形成了独具特色的以体验为核心内容的现代教育体系，具体可划分为以下几大模块：

（一）认知模块

你了解自己吗？在探索体验式生涯教育前，我们应返回研究起点，了解学生对自我认知的程度，如是否有明确的兴趣爱好、是否熟练掌握某些技能、是否已形成系统化观念等，这是开展体验式生涯教育的重要前提。一般情况下，影响体验式生涯教育的因素有两种，一种是内部因素，另一种是外部因素。前者多源于学生个体，常见的有学生性格、能力、特点、价值观、兴趣爱好、职业向往等。以性格与职业为例，性格较为内向、孤僻，头脑冷静，遇事不冲动，并且在一个岗位上能够持之以恒的学生，可选择秘书、财务管理、统计员、审核校对员等职业；性格较为外向，追求自由、开放，愿意主动汲取他人特长的学生，可选择护士、记者、业务员、销售人员等职业；如果注重集体荣誉感，以班级利益为重，主动竞选班干部，且使命感较强，此类学生可考虑律师、外交官、警察等职业。家庭环境、生活质量、区域规划、人才政策等则属于后一种外在因素。在这一环节，学生可对自己有更加全面、正确的认识，明确自己未来想要得到什么、习惯做什么、适合做什么、能做什么，并且可选择性地规避影响自己未来生涯规划的各种因素，选择与自身相适应的专业和职业。

（二）升华模块

在上一个认知模块，学生对自身长处和短处已有所明确，初步确认了自己适合哪一个职业领域和发展方向。但在实际社会环境中，个体与所选择单位之间存在某种变更性，这种变更具有双向性特点，即个体可以自主变更所选择单位，单位也可以根据个体表现判断是否与之为伍。这种环境的不确定性需要学生具备一定的应对能力和抗压能力，学会自主调节以适应新变化和新形势。升华模块的主要目的是让学生学会自主化管理，提升个人竞争力，培养生涯适应力。

1. 学会自主化管理

身处错综复杂、变幻不定的社会环境，学生作为初踏上社会大舞台的"萌新"选手，是否能够在自己所选择的职业生涯中占领主导地位，掌握最终的决策权和管理权尤为关键。在体验式生涯教育背景下，学生可以将自己当成实验室的小白鼠，反复在不同行业之间穿梭实验，做自己的生产者与管理者。

2. 提升个人竞争力

在个体生涯发展过程中，学生的综合能力从中发挥着不可替代的作用。以下几类技能可在一定程度上增强学生的竞争力。

专业领域技能。学生在进入某一领域前，先要成为这方面的专家，潜心钻研相关内容，不断提升自身的专业技能，提高自己在该领域的声望。

跨领域技能。学生除了要具备岗位特定和要求的能力之外，还应掌握领域外的其他能力，如辨别能力、问题应对和处理能力、决策能力、想象能力、创新能力、社交能力等。

终身学习。古语讲："活到老，学到老。"可以说，一个人的学习是没有终点的。从某种角度看，终身学习也属于跨领域技能范畴，但是范围更为广阔，即便在某领域已达到顶峰状态，各方面技能已基本掌握，人们也应该通过各种途径和方法学习知识，并定期对知识进行更新。

性格要素。与终身学习一样，性格要素也可归为跨领域技能一栏，但由于性格在职业生涯中所发挥的作用是单一技能不可比拟的，需要独立为一方面加以分析。本书认为，无论是学习生涯还是职业生涯，个体性格都影响甚至决定着其最终能力，如自信、专注、谦卑、大度、平和等。

3. 培养生涯适应力

通过对相关资料进行分类与整理不难发现，面对职业生涯中形色各异的问题与矛盾，适应力相对较高的个体往往持较为积极、淡定的态度，即便事态已经恶化至无法挽回的状态，个体也会尝试拓宽思路，将目标指向下一个路口，并且做好方向转变后的一切准备，在反复探索和实践中一点点靠近实际目标，这就是个体生涯适应力强的集中表现。一般而言，责任感较强、自我管理水平较高，具有勇于尝试新事物的精神和明确人生规划的人，其生涯适应力普遍优于常人。

（三）规划模块

在开展体验式生涯教育过程中，学校会定期开展各种各样的生涯活动，让学生获得丰富的体验。鉴于此，教师可以生涯探索活动的开展意义和学生具体表现为依据，将生涯体验中所涉及的内容转化为一个个问题，并将学生以小组形式进行划分，引导学生就未来生涯规划进行组内分享和讨论，讨论内容可以具体到生涯活动体验、生涯目标制定、生涯规划方法、生涯规划践行等。学生可以在听取他人生涯规划的相关分享后，发表对其规划方案的意见和见解，也可以他人生涯规划方案为参考，重新规划和调整自己的已有方案，还可以与他人面对面进行规划意见和规划方法的交流与分享活动。凡此种种，都是培养学生团队协作能力的重要途径。[1]

另外，在规划模块中，学生应系统归纳和总结在认知阶段和升华阶段的经验与教训，并将该方面表述贯穿对自身立体剖析的过程中，或者将所归纳和总结的内容合理化，这两种方式有利于学生将自己偏离实际或理想化的想

---

[1] 张振笋. 体验式职业生涯教育的模式探索[J]. 三门峡职业技术学院学报, 2010, 9(4):27-29.

法连根拔除，以更加趋近合理、贴近现实的概念代替。特别是针对现实中实际接触或实际发生的事情，学生不能仅凭直观感受加以评判，必须在厘清释义、界定和理念三者逻辑关系的基础上进行更加理智的分析和判断。

上述功能的实现需要以学生自我探索作为动力条件，从空间和形式两方面不断丰富学生的体验，使其在多维度的真实体验和感受过程中，对生涯规划开展的意义有更加深刻的认识与理解，并有效明确自身生涯发展目标和管理。

第二节　学校体验式生涯教育的整体设计

一、心理层面

（一）心理课程

1. 中学生心理特点

中学阶段是学生发展的黄金阶段，相较于小学生，中学生无论是在生理上还是心理上均已趋于成熟，有了属于自己独特的人生观和价值观，可自动屏蔽外界的不良信息，完成对某一事物的独立判断，具备了明辨是非的能力。但在学生成长的道路上，成长与冲突并行，成长背后潜藏着大量学生难以化解的矛盾与问题，这种矛盾长期积压便会对学生心理产生一定的影响，这也是学校增设心理课程的一大原因。从学生心理形成、发展过程看，其具有以下几大特点：

（1）丰满理想和骨感现实的矛盾。从小学阶段起，学生所接受的家庭教育、学校教育、社会教育都是这三种教育所认为的"理想化教育"。在这种"理想化教育"潜移默化影响下，学生学习观念和人格发展逐渐被赋予了"理想"色彩。随着年龄的增长，特别是进入高中阶段后，学生长期被人忽视的"自我意识"开始崭露头角，使学生在生活和学习等各个方面追求独立性，对快速融入社会充满期待感。但当与社会有了初次接触后，现实化的社会往往会带给学生沉重的打击，使他们以往对社会"理想化"的幻想在一瞬间灰飞烟灭，并且这种丰满理想和骨感现实的冲突直接表现在学生的心理和行为上，即尽管心理上已看穿现实社会，但他们在行为上仍需要与现实相匹配。

（2）自我认知和社会评价的矛盾。学生自我认知与社会真实评价两者之间的矛盾点在于，社会发展和专业技能要求日益严苛，但学生因自身实践能力的匮乏和经验的缺失难以与之相适应。从学生角度看，学生对自己在校期间的表现和评价过于自我化，对未来生涯的预期过于理想化。在真正与社会接触后，他们便会发现这种过于自我的评价显得与现实社会格格不入，导致学生短时间内难以适应这种自我认知和社会评价的巨大落差。随着两种矛盾愈演愈烈，学生引以为傲的成就感势必荡然无存。

（3）理想生活向往和现实生活感受的矛盾。对于学生而言，学习是其主要任务，因此学业顺利自然而然地就成为了其所追求的最为理想化的一种状态，而学生个人成长阶段的个性和自由以及家庭和睦、幸福紧随其后。不同于西方开放式的教育理念，国内社会对学生的谈论始终离不开成绩和分数，且这两项已经成为压在学生身上的两座大山，学生每天被沉重的学习压力和成堆的作业所包围，拥有的娱乐、玩耍的时间少之又少。这在无形中拉开了现实与学生理想生活之间的距离，而学生在理想化学习、生活愿望得不到满足后，变产生了挫败感和无助感。

因此，学校在开展体验式生涯教育前应将目光转向学生心理，开设专门的心理课程，由专业的心理教师一对一解答长期困扰学生的心理问题和疑问，帮助学生重拾自信，促使学生将原本的理想转换为奋斗目标，大胆迈向新的人生阶段。与此同时，当学生在前进道路上遇到障碍而止步不前时，教师不应予以责备，更不能放弃对学生的正确引导，而应通过讲述真实案例，让学生在吸取他人经验的基础上，对自己未来的发展道路进行自主抉择，重塑学生对理想生活和美好人生的向往。

值得注意的是，在对学生的心理进行辅导时，我们应将辅导重心转移至学生本体，坚持一切以契合学生现实心理和个人理想为出发点和落脚点，引导学生正视现实、正视自身，构建富有个人主义色彩的职业观、就业观、生活观，将学生从过度膨胀的理想世界拉回现实生活，使其勇敢踏出家长、学校、社会所营造的"舒适区"。另外，对于学生在目标践行过程中所遇到的各类不可预测性挫折与困难，教师应引导学生转变自己的思路，从中获取发展性思维，树立直面挫折的意识。如此一来，学生便可以豁然开朗，逐渐从理想与现实的冲突中挣脱出来，产生一种如释重负的感觉。❶

2. 心理课程

在中学阶段引入体验式生涯教育和生涯规划模式，可使学生在各式各样的生涯体验中获取属于自己的目标和方向，并以此作为未来行动、职业规划和奋斗向前的总纲领。如果一个人的生活、学习、工作毫无轨迹可寻，脱离自己的人生规划，其在前进路上就会比别人更易陷入迷茫。无论学生成绩有多优异，知识覆盖面多广，文化素养多高，其都可能在遇到棘手事情时感到无助和彷徨，找不到正确的出路。一般提到中学生生涯教育，我们自然而然地就会联想到两大知识体系，即自我认知体系和世界认知体系。这两大体系的构建和提出为生涯教育课程下一阶段的深入开展指明了方向，既是对内在的自我认知，又是对外在世界的认知，只有实现内在与外在的相互联系、相互统一，才能使学生对自己未来的人生道路有更加清晰、全面的认识和了解。在我国，接受中等教育的学生被称为中学生，年龄区间大约为 12～18 岁，该阶段的学生在生理和心理上具有极为显著的特征，个性也相对较强，因此在制定教学目标时，我们需要将学生年龄、性格、心理等多种因素纳入考虑范围。我校在深入分析当前中学生生涯教育现状后，结合学校、教师、学生等实际情况，制定了"分级化"课程开展标准，具体如下：

（1）高一年级——生涯唤醒。该年级学生年龄主要集中在 14～15 岁，对自我和世界的认识可能存在某种缺陷和不足，因而相应生涯教育的重点应放在对其正确指导层面。其中，在学生自我认识环节，我们可通过调查问卷的形式使学生对自己进行系统评估，并在问卷填写过程中明确自己的职业喜好以及选择该职业的动机和目的；认识自己的功能性技能、适应性技能以及特殊技能等；认识自己实际的发展需求及发展障碍；以自我评估结果为依据，有计划、有目的地培养和提升个人的决策能力以及团队协作能力。在外部世界认识环节，一是让学生了解外部世界都涵盖哪些内容，如政治、经济、文化、家庭、学校、职场；二是尝试通过触摸、观察等感官途径，让学生从真正意义上"看见"外部世界。此外，体验式生涯教育中选课指导也是

---

❶ 黎杏玲,吴继宗.职业生涯规划课体验式任务的设计——以人物访谈任务为例[J].职业,2018(20):34-36.

其中一项重要的教学内容。由于学生缺乏对课程的深入了解，选课过程中存在极大的从众心理，所以加强选课指导尤为关键。

（2）高二年级——生涯探索。进入高二阶段后，学生正式开始了关于生涯的更深一步的研究和探索。该阶段主要是在高一的基础上继续进行外部世界和职业环境的认识，课程开展形式多以知识讲座为主，如"我是谁？我想成为怎样的人？""主动探索遇见'真爱'""理想中的职业""百年未有之变局下的职业环境"等。学生通过参加相关的知识讲座和真实的职场体验，选择与自身相匹配的、心仪的职业。

（3）高三年级——生涯定位。该阶段主要以生涯唤醒和生涯探索为前提，增加具体的大学及专业的报考指导，帮助学生解决即将面临的人生课题，如"填报志愿""专业选择和学校选择"等，并在此基础上开展一系列具有针对性的心理辅导类课程，如"考前心理辅导""如何释放压力""考前学习策略"等，还可以邀请从本校升入知名大学的优秀学生回校开展大学和专业知识的宣讲与介绍，分享自己的备考和生涯抉择经验。从某种程度上看，经过"生涯唤醒"和"生涯探索"的铺垫和烘托之后，"生涯定位"已瓜熟蒂落、水到渠成。

3. 生涯心理准备

（1）敢于竞争，善于竞争。人们生活的世界中每天都上演着优胜劣汰的"剧情"，由此理想与现实碰撞之下的竞争意识逐渐渗透，传统"按部就班"的观念被彻底击碎。鉴于此，中学生应从客观角度出发正确评估自身价值，学会相信和展示自己的真正实力，通过与他人公平公正的竞争达成目标，摒弃传统"铁饭碗"模式下打造的"理想化"人生态度和模式，走出温室，加入竞争洪流，做好迎接新挑战和新机遇的心理准备。但从某种角度看，如果学生仅凭"敢闯敢拼"的一腔热血，而不善于利用和掌握竞争，就容易在未来的升学和求职中迷失自我。对此，学生应在敢于在竞争的基础上调整自己的心态，激发潜藏于内心的竞技意识和良好的心理素质，合理设定和调整对未来的期望值，但期望值切忌过高，因为那种不切实际的标准对学生而言属于奢求，当理想与现实产生差距时，反而容易产生失望。

（2）立足现实，尊重理想。中学生对未来学业和职业的畅想极富理想化和抽象化，这种基于无限想象力的畅想很多情况下难以与现实社会相融。

但从众多名人的成功轶事中不难看出，理想与现实并非两个对立面，如扎克·霍斯金斯天生没有左小臂，却偏偏痴迷各种运动项目，篮球、棒球、冲浪样样在行；高尔基生于贫苦的木匠家庭，所做的都是下层人民的工作，如木匠学徒、面包工人、搬运工等；达·芬奇在成为文艺复兴时期代表性艺术家之前，也无法画出两个相同的鸡蛋。由此可知，天生能力和职业高低并不是判断职业理想价值的唯一标准，许多被外界认定为名人的运动员、作家、艺术家职业理想的迸发都源于现实生活。而国家出于对大环境的考虑，以实际情况为出发点，制定了一系列指导方针和策略，即"先就业，后择业，再创业"，恰恰为学生同时兼顾现实和理想的追求奠定了坚实的基础。

（3）弱势解剖，强势积累。每个人都有自己的优点和缺点，有些是可以经过后天培养的，有些则是与生俱来的。戴尔·卡耐基在《人性的弱点》中说："人性的弱点并不可怕，关键要有正确的认识，认真对待，尽量寻找弥补、克服的方法，使自我趋于完善。"❶顾名思义，就是个体要基于自身实际准确定位，才能贴近理想的自我状态。鉴于此，学生首先应给自己打分，或让周围的人为自己打分，根据评分结果找准自己在性格和能力方面的不足。其次，对这些缺陷和弱势进行深度剖析，从中挖掘可取之处，并作为优势不断放大，或者将其打造成自己的闪光点，成为未来择业的资本。例如，学业方面可以举出自己参加过哪些社会实践活动或者取得哪些成就，通过回想自己在校期间的学习和参与成果发掘自己的优势。

（二）心理活动

心理学科沙龙是我校举办了近十年的王牌学法指导活动，过去主要强调学科如何学，如今，在我们不断的优化下，它已焕发出了新的活力。心理学科沙龙活动于每年10月初举办，这时候学生刚结束月考，正是进行学法反思的最佳时期。我们会根据学生问卷调查的结果邀请相应学科的教师与学生进行面对面的交流，有针对性地指导学生的学习和良好学习习惯的养成。今年的心理学科沙龙活动增加了学科教师本学科专业介绍、大学介绍以及未来职业介绍等环节，不仅教学生怎么学，还要激发学生的兴趣，引导学生建立目标意识。有生涯教育受训背景的学科教师会向学生介绍自己的专业、行业等

---

❶ 徐佳九.心理学与人性的弱点[M].北京：中国法制出版社,2017:79-86.

内容，极具指导性，从而真正从过去单纯的教方法转为现在动机与方法相结合的方式。

二、德育层面

（一）导师制

作为一种传统教育制度，导师制在学校的应用最早可以追溯到 14 世纪，该制度在当时极富特色化和新颖化，是英国剑桥大学和牛津大学的核心教学模式。从实质上看，导师制主体包括导师和学生，导师可同时辅导 6～12 名学生，分别对学生进行一对一的授课，授课频率一般为 1 周 1 次，每次时间不超过 1 小时，除了指导学生制订本学期的学习计划和目标外，还负责学生的道德品行建设和信念目标的树立。图 1-3 为导师制开展流程。美国普林斯顿大学校长克里斯托弗·伊斯格鲁布在研究导师制教学模式后认为英国剑桥大学和牛津大学在导师和学生之间所构建的个性化关系是全球教育领域最长期、最有效的教育关系。

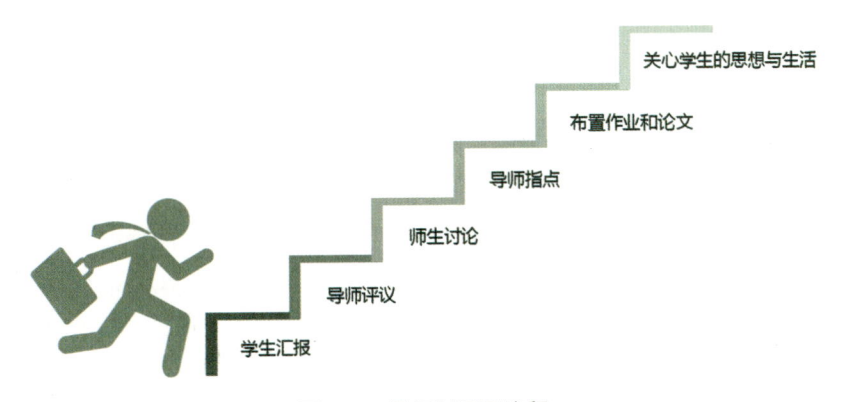

图 1-3 导师制开展流程

导师制与学分制、班建制被称为"三大教育模式"。其中，从导师制和学分制关系看，导师制源于学分制，并随学分制逐渐渗透至中学阶段。世界上最早将学分制引入中学教育模块的国家为美国，学分制初次应用便取得了显著成效，引发了外界的广泛关注，至此学分制管理逐渐被推广至各国的教育系统，成为主要的教育体系。但从学分制的实施过程和实施结果看，受中学生心理条件以及理论知识等尚未趋于完善和成熟等因素限制，再加上早期课程设置过于复杂繁冗，学生选课过程中存在较大的盲从性和对教师指导的依赖性。而基于学分制所衍生出来的导师制具有教学辅助性和管理性等特点，并且该制度背景下所打造出来的教学环境极具开放性、自由性、互动性以及主动性，无论是教师还是学生，其个人的性格特征均可在此空间得到全面发展。

将视线聚焦国内，不难发现导师制在我国春秋末期便已见端倪，早先的导师制是由儒家学派孔子所提出的私塾制，当时孔子门下求学的学生达到三千人，孔子开设大学堂实行个别指导，针对不同的学生采取不同的开导方法，被世人称为"万世师表"。继孔子之后，这种私塾制逐渐消逝，直至宋代"书院制"的悄然兴起，才是某种程度上对私塾制的一种继承和发扬，并一直沿用至今。目前，香港、台湾、上海、西安等地的高校仍在实行书院制教育。但从现代教育基础和规范看，这种基于私塾制所演化生成的"导师制"与现代导师制存在本质上的区别，其中最为显著的一条是现代导师制是学校开展教育活动的重要组成部分，无论是导师个体教学行为还是课程内容设置，均受制于学校综合教育教学管理。

随着改革开放政策的全面推行与实施，社会各领域急剧变化，教育领域也不例外，如何进一步加快传统教育模式的转型升级成为广大教育者重点研究的课题。在此背景下，导师制从众多教育模式和教育理念中脱颖而出，并在实践过程中取得了喜人成绩。目前，我国在中学阶段先后进行了不同形式的导师制探索。例如，江苏南京尝试将班级导师负责制融于学生固定导师指导制中，确保每个学生有自己专门和固定的导师，且导师可以是全班同学的导师，也可以是学生个体综合素质的授课者。又如，深圳中学创设了"单元制"理念，1个单元可涵盖3个班级，并为每个班级指定3名专门的教师，每位教师除了是自己所负责班级的导师外，还是整个单元即3个班级的导师。另外，导师除教授学生课本知识外，还负责学校各类活动的组织开展；了解学生学习进度和学习态度，并针对学生近期学习情况及时与家长进行沟通和汇报；在每个学期结束前，对每个学生的学习进行评价。

总体而言，中学导师制就是在总结和整理传统班级授课制中教师教学漏洞和学生学习习惯、心理色彩的基础上，激发教师和学生全员参与教学活动，通过活动的开展，促进家校、师生之间的平等沟通与交流，营造"全员育人"的校园学习和生活氛围，尽可能地为孩子打造全方位的学习和发展空间。

（二）家长指导中心

生涯教育离不开各方资源的整合，学校可借用家长和校友的力量为学生的成长提供平台。这是因为在进行职业选择之前，学生便会先遇到大学和专业选择的问题，而这些内容单靠课堂是无法完成的。事实上，学习的一个很重要的方式便是观察学习，所以为学生提供各种各样的观察学习的机会也是一个很重要的方向。

比如，开展"家长真人秀"活动，邀请各班不同职业的家长来为班级学生开讲座，讲座内容包括自身生涯选择的心路历程以及职业特点等。"家长真人秀"活动可由德育处和年段负责组织，于每届高一和高二年级下学期的每周六举行。这一活动可以聘请家长为某职业倾向学生的导师，定期举行座谈、交流和体验活动，也可聘请知名校友回校讲座，而这些开设职业讲座的家长和返校的优秀校友都将进入我们的家长校友导师库，为选课指导落实导师制做准备。

（三）职业体验

生涯教育一个很重要的方面在于体验，因此学校可以尝试为学生提供各种职业体验的活动，包括夏令营、基地实践和志愿者社会实践，让学生亲眼看到各项职业的工作状态，亲自体验如何工作，从而更好地帮助学生探索他们喜欢且适合的职业种类。

我们经常组织职业体验夏令营。目前成功举办的"中学生职业体验夏令营"就让51名学生通过3天的夏令营活动更好地了解了自己，他们不仅有幸去三家企业参观交流，还参加了人生中的第一次面试。

从学生的反馈可以看出，夏令营的反响很好。未来我们将继续举办职业体验夏令营活动，并从常规性、企业的多样性、学生的人数等方面进行改进。

另外，还可以建立各项社会实践基地，让学生根据自己的量表测试结果选择不同岗位进行职业体验，如银行、企业、创业园、医院、职业学校等，组织学生利用假期进行实践实习；与同安技校联合，在假期开展社会实践和劳动技术教育；组织学生志愿者服务，让学生在服务中体会劳动、尊重劳动、热爱劳动，真切地体验劳动态度、劳动精神，养成爱岗敬业的精神。

第三节　全方位、多层次的生涯教育体系

一、生涯教育全人化的目标体系

2020年是不寻常的一年，突如其来的疫情成为检验九年义务教育开展质量的一大"指标"，且随着我国教育体制的不断深化与改革，高考也做出了一定程度上的调整，其中对学生如何快速融入社会、树立崇高理想、践行伟大复兴梦等生涯教育的指导受到了社会各领域的广泛关注。而在生涯教育概念未被正式提出之前，许多家长、教师甚至学校对生涯教育的认识存在片面性，认为生涯教育等同于指导学生如何进行学科的选择，这种理解与生涯教育真正所要表达的理念存在较大的出入，且与新出台的一系列高考改革政策相悖。面对当前这一教育困境，学校应立足生涯教育，在汲取以往改革经验的基础上重新梳理发展方向和发展目标，加快完成对以"生"为本的三级目标体系的系统构建（图1-4）。

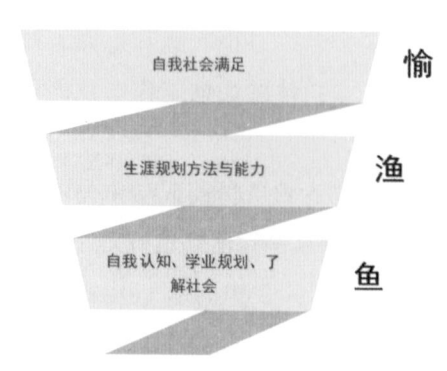

图1-4　生涯教育以"生"为本的三级目标体系

在深度解剖这一新型教育目标体系后，我们发现该体系总体呈金字塔状，具体如下：

第一层——"鱼"。"鱼"处于金字塔最底层，应用在教育体系中就是生

涯教育的目的，如通过教师正面教育和积极的指导，让学生学会对自我进行认知和剖析，对社会各类职业及其特点有初步的认识与了解，讨论当前学习任务的完成度对自身未来发展的影响，并在此基础上制定未来的奋斗目标，鼓励自己努力前行，实现人生的崇高理想。

第二层——"渔"。"渔"在金字塔中属于中间阶层，主要是指生涯教育的手段与途径。目前，体验式生涯教育是国内生涯教育应用频率最高的一种教学方式，其他包括辅导式、咨询式、示范式等在内的均属于生涯教育常见的教学手段。通过上述教学模式和方法的应用，学生能够更加深入地理解和融入当前复杂的社会发展态势，通过自身体验或者教师示范，尝试对自己的未来生涯和人生道路进行规划和设计，依据自己在不同阶段的心理变化，对生涯抉择进行适时的调整。

第三层——"愉"。"愉"是金字塔的最顶端，是学生在掌握各种知识和能力并在实践中获得肯定后的自我满足。在结束学校教育后，很多学生初入社会或职场难免产生迷茫，容易陷入失望泥沼。在新教育目标体系下所培养的学生在未正式结业之前便开始尝试对自己的未来进行系统规划，并且可以很好地处理工作中的社会价值和个人价值之间的关系，克服工作外纷杂世界的干扰，坚持自己的工作和生活追求。

通过对不同阶层内容和目标的解读不难看出，生涯教育全人化的目标体系不是扼杀学生自由、开放的特性，而是尝试站在学生角度总结传统教育中的不足，通过建立与学生"三观"相符的教育目标体系激发学生对社会和生活的热情。

二、生涯教育系统化的课程体系

不同于高职或高等教育，中学教育的对象多为尚未涉世的高中生，其在该阶段掌握的仅为课程理论知识，与专业岗位或职业的接触几乎为零，无论其基本职业能力还是对社会环境的适应性，均滞后于高职或高等院校毕业生。基于此，学校在开展生涯教育的过程中应对课程内容和方向进行重新梳理，并使其形成更具系统化、科学化的现代生涯教育课程体系，具体可按照基础课程、实践课程、活动课程以及环境课程进行构建（图1-5）。其中，基础课程有利于学生了解和掌握生涯理论和内涵；实践课程有利于学生积累实践经验和能力；活动课程有利于学生梳理正确的生涯意识；环境课程有利于增强学生职业生涯的代入感，让学生提前体验和领略不同职业环境所营造的文化氛围。

图 1-5　生涯教育系统化的课程体系

（一）基础课程

生涯教育中基础课程的设置与普通课程的设置无异，同样追求学生理论知识水平和综合素养的协同进步与发展，在生涯教育基础课程内容的选择上，逐步向社会职业形态靠拢，提取与整理与各类职业相关的知识，使其成为学生可学习内容，并将生涯教育的重点转移至学生生涯素质、生涯意识以及生涯动力等内容的培养上。但在基础课程的构建过程中，需要摆脱传统课程教育理念的束缚，做到在课程内容、课程目标、课程评价以及课程对象方面的积极转变。第一，课程内容。在传统单一职业基础知识和内容的基础上，增设生涯教育相关内容，如生涯内涵、生涯发展历程、生涯在我国的应用等，从而丰富学生的知识，提升学生的生涯素养。第二，课程目标。立足当前社会发展和生涯规划形势，以学生理论联系实际能力、思维创新能力以及想象能力的培养目标替代传统单薄的知识理论体系。第三，课程评价。该环节主要是加快推动传统的运用理论考试分数进行课程质量的评价标准向以学生专业技能水平和职业素养为主的评定指标的演化。第四，课程对象。纵观过去的基础课程教育，学生个性被共性化的课程设置所淹没，而新课程对象应聚焦学生人格特性和智力开发，实现学生个性与课堂共性的深度融合。

（二）实践课程

生涯教育中实践课程的全面开展为学生打造了一片广阔的生涯体验天空，学生在反复性的探索与实践过程中可获得真实、丰富的生涯经验和生涯体会，在感悟社会生涯所创造的激烈竞争感和奋斗感中激发参与社会实践的积极性。不同于基础理论课程，实践课程在内容和形式上的设置的前提是满足学生在实践教育和实践学习中的各种需求，使学生在尊重社会生涯实践中的客观规律的同时，主动发挥自身的主观能动性，善于对实践中的问题进行挖掘，运用独立性思维对问题进行分析，并在结合实践总结和实践分析的基础上实现对问题的有效解决。在实践课堂上，未来生涯中不同职业类型、特点、性质、要求、规范等均可以得到充分展现，学生可在学校所创设的真实实践情境中将身体和心灵完全沉浸在多姿多彩、千变万化的生涯情境中，在充满挑战的现实社会环境中体验社会生涯的艰苦，对自身性格、品行、毅力进行磨炼。

（三）活动课程

从字面含义看，"实践"与"活动"有着某种相似之处，前者强调"真实体验，亲身经历"，后者则在于"形成鼓励，产生兴趣"。很多情况下，职业生涯中的一些经验或有用信息都囊括在活动课程之中，这种活动课程主要是通过一种创新性课程组织形式，即突破学科在传统逻辑组织和知识体系上的限制，全面融合学生兴趣、学生需求以及学生实际能力，从多角度实现对课程活动的营造。这种对生涯课程具有一定的指导性作用，并且注重培养学生的情感、认知和技能的活动课程体系，也称为"生活课程"或者"经验课程"。

目前，国内很多中级学校对生涯教育中的活动课程尚未进行全面的开发和设置，本书旨在通过介绍几种活动课程开发形式为此类学校下一阶段活动开发工作的开展和实施指明方向。首先，要对活动相关内容进行科学合理的选择，尽可能符合当下学生的学习动机和生涯兴趣，以社会生活和工作经验的积累为核心，在活动中引导学生灵活运用课堂所学理论知识，以此达到对其基础能力的系统巩固。其次，任何创新活动的开展都离不开高质量的策划形式，生涯活动也不例外。在生涯活动课程策划时，可将"活动"理念贯穿整个开展过程，如举办"生涯教育"专题讲座或定期进行生涯教育总结报告，把职业中面试环境或者企业内部竞赛等内容搬至课堂。另外，要合理控制课堂活动的开展时长，实现在活动时间安排过程中灵活性与稳定性的平衡。"稳定性"是根据教学进度及需要定期安排课程，"灵活性"则是根据大学生的兴趣、爱好以及课余时间的分布而灵活地安排课程。其中，活动安排的灵活性主要基于学生对生涯活动的积极态度和主动情绪，通过利用课余闲暇时间布置和安排一些活动项目；活动安排的平衡性则是一种以实际教学需求和进步安排为标准的课程安排方法，具有固定性和长期性特点。最后，应选对课程开展地点。对于课程地点的选择，应注重开放性，不能受困于低效课堂，可从外部进行突破，如企业、社区或者街道。"活动"是学校开展活动课程的主要介质，许多课程理论源于社会生产生活，社会生产生活催生课程理论，两者相互依存、相互联系。让学生在活动中学习和总结，可以培养学生的生涯适应能力和创造能力。从专业理论角度看，活动课程自始至终践行的都是孔子所提出的"三人行必有我师"教学论以及美国教育学家所提出的"从做中学"等中心思想，致力挖掘学生多方面能力，如学习能力、创造能力、交流能力、操作能力以及总结能力等，从而为学生将来进入社会打下良好的基础。

（四）环境课程

环境课程是教育创新改革背景下所提出的一种极为新颖化的教学理念，主张将环境引入学科教学中，拓宽学生的学习平台，使其不再受课堂和校园环境的限制，真正意义上实现"无一事而不学，无一时而不学，无一处而不学"[1]。让学生在不同的学习环境和文化氛围中感知课程开设的背景和意图，更好地体验丰富的校园文化和极具魅力的生涯课程。

目前，国内相关教育体系对环境课程的开发和构建尚处于初级阶段，经早期一系列理论性研究和实践性总结得出，环境课程的开展应从以下两方面着手：第一，精神环境课程。精神层面引领下的环境课程主要是依据当前社

---

[1] 李敏.用环境课程"践行"育人理念——谈谈我与我们班的环境课程教育[J].教育科学(引文版),2016(6):65-66.

会生涯环境和社会氛围进行1:1还原，通过目的性和计划性指导让学生接受社会生涯中情感、价值、思维、观念等的自然熏陶，让学生在思想和行动上与职业生涯中的群体达成高度统一，主动参与生涯教育、生涯活动，培养学生投身职业生涯的崇高理想和风险精神。第二，物质环境课程。目前，规模化、现代化育人环境的形成多依赖学校物质环境课程的开发与建设。所谓物质环境，主要指让学生快速融入职业生涯角色，进入特定的工作环境并扮演某一岗位员工。借助这种物质环境的创设，学生可以更加直观地感知工作内容、工作环境以及工作职务等，最后将自己切身体验后的感悟和体会与职业文化中的各元素相融。

三、生涯教育全程化的辅导体系

中学生正处于"人生花季"的年龄阶段，此时的他们可以与外部社会和多彩世界进行心灵上的沟通与交流，并在发展过程中形成自己的人生观念、人格魅力、自我情感以及道德思想。从另一角度看，中学阶段的生涯教育也可以理解为学生进入大学学习和社会生涯的一场演练活动。学校作为生涯教育活动的策划者与执行者，在整个生涯教育活动中扮演着不可或缺的角色，特别是学校依据当前人才需求标准和教学改革标准所构建的辅导体系，具有教育目标针对性强、教育计划科学有序等鲜明特色，有助于学生树立长远的生涯梦想，在不断学习和成长过程中明确未来生涯目标和践行方向，努力向生涯梦想靠拢需要注意的是，这一目标的实现需较快地建立系统化、全程化的生涯辅导体系，以为学校生涯教育目标和学生生涯梦想的实现插上理想的翅膀。

从生涯辅导发展历程看，早期的生涯辅导又称为"职业辅导"，这一时期的"辅导"过于注重个人和事物之间所达成的契合度，而进入生涯辅导阶段后，其在核心上发生了极为显著的改变，即强调事业发展的持续性和长期性。全程化生涯辅导是基于生涯辅导所提出的一种全新构想，主要是将生涯辅导贯穿中学三学年，进而实现对中学教育质量和升学率的系统优化。[1]全程化生涯辅导的开展以中学生各阶段对未来升学和职业的认知变化作为前提

---

[1] 张晓蕊,马晓娣,丁光彬."五位一体"的创新创业生态教育体系构建研究[J].河北工程大学学报(社会科学版),2019,36(4):115-119.

条件，在尝试了解每一位学生对未来职业生涯的良好憧憬和美好愿望的基础上，与社会经济市场不同人才需求和聘请标准相结合，并从不同角度出发，将生涯教育和生涯辅导分为多个阶段开展。例如，第一阶段可尝试运用相关辅导手段让学生对自我、外部世界以及职业生涯有初步的认识和了解，引导其根据自己的当前兴趣、能力和梦想进行系统规划；第二阶段可尝试将体验式生涯教学引入辅导教育中，增强学生提升自身素质的积极性；第三阶段可以在学生填报志愿时予以针对性的辅导，帮助学生做出正确的选择和决策。全程化生涯辅导体系如图1-6所示。

全程化生涯辅导体系

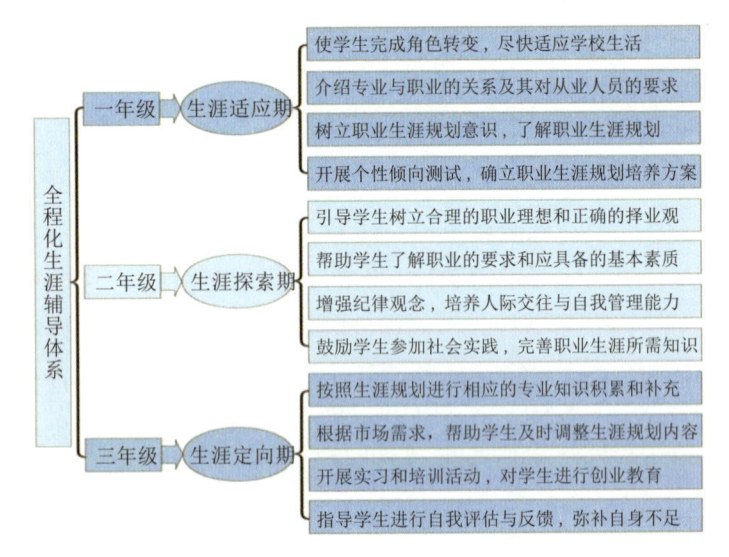

一年级 生涯适应期
- 使学生完成角色转变，尽快适应学校生活
- 介绍专业与职业的关系及其对从业人员的要求
- 树立职业生涯规划意识，了解职业生涯规划
- 开展个性倾向测试，确立职业生涯规划培养方案

二年级 生涯探索期
- 引导学生树立合理的职业理想和正确的择业观
- 帮助学生了解职业的要求和应具备的基本素质
- 增强纪律观念，培养人际交往与自我管理能力
- 鼓励学生参加社会实践，完善职业生涯所需知识

三年级 生涯定向期
- 按照生涯规划进行相应的专业知识积累和补充
- 根据市场需求，帮助学生及时调整生涯规划内容
- 开展实习和培训活动，对学生进行创业教育
- 指导学生进行自我评估与反馈，弥补自身不足

图1-6　全程化生涯辅导体系

四、生涯教育社会化的资源体系

在生涯教育开展前，我国对学生未来升学和职业方向的引导主要以就业指导形式为主，且只面向大学生，导致就业指导方面的内容未曾在真正意义上进入高中阶段。随着时代的发展，传统就业指导已无法满足学生个体需求，也难以追逐社会快速发展的脚步。在这一背景下，我们必须转变传统的职业教育观念，以生涯教育代替就业指导，并从高校走出来，将其开展范围拓宽至高中阶段。这也是本书的主要研究目的之一。

目前，生涯教育在中学阶段的应用尚处于初级阶段，各方面还未达到系统化和规范化，特别是在教学资源方面。在本书的研究开展之际，笔者对自己所在学校进行了深度的调查与研究，发现中学生涯教育最大的缺陷就是生涯教育资源和配套服务短缺。很多情况下，生涯课被类似的"班会课"所替代，但班会课上所涉内容仅停留在基础理论知识或系统普及介绍方面，整个课程组织设计和活动策划并未真正意义上渗透生涯教育的相关内容，且缺乏专项经费，这些都是导致学校生涯教育停滞不前的重要因素。

针对学校当前生涯教育资源匮乏、经费不足等一系列问题，本书经过大量调研和分析后，在吸取其他学校生涯教育开展经验和教训的基础上，结合本校实际情况，尝试进行生涯教育"四位一体"配套服务系统（图1-7）的构建。该系统主要囊括四个方面，即生涯校本教材、生涯测评系统、生涯专项经费、生涯图书读物。

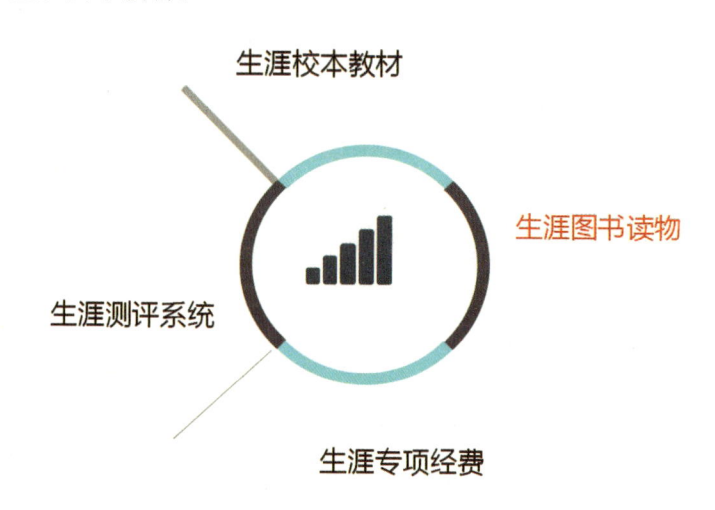

图1-7 生涯教育"四位一体"配套服务系统

第一，生涯校本教材。教材是学生自主学习过程中的一个好帮手、好教师、好工具，良好的教材内容有助于学生学习能力和创新能力的培养与发展。所以，学校可以通过学习先进学校的生涯教育经验，比较本校与实验学校在做法和制度上的差距，取长补短，严格按照现代生涯教育目标和流程组织设计和编写贴合本校生涯教学活动的相关教材，并进行统一印制，免费发放给学生。这一生涯教育教材主要分为五大部分，分别为生涯唤醒、自我探索、外部世界、综合能力以及未来之路，且每个章节都设计了生涯人物故事、活动探索、我的感悟、生涯知识、生涯拓展等内容，为学生更好地学习和理解生涯教育内容提供了有效途径。

第二，生涯测评系统。2018年，教育部印发的《教育信息化2.0行动计划》中提出到2022年需建成"互联网+教育"大平台。在这一背景下，数字资源服务、网络学习空间、智慧教育等行动计划先后进入校园，互联网成为广大师生获取信息资源和网络资源的一大平台。之所以如此，是因为互联网中囊括的信息和资源具有种类丰富、信息传播速度快、资源更新频率高、获取范围不受限制等特点，学生可从中获取校园之外的环境信息，如职业种类、各行业发展特点及企业生产性质等，这些外部社会环境中的各类信息和资料都是生涯课堂上所不曾涉及的内容。除此之外，学校还通过与其他学校、网站、企业相互合作，共同构建生涯测评系统。例如，我校与51选校联合建设的生涯规划教育系统涵盖生涯测评、三大数据库（专业库、职业库、院校库）、生涯资源库等多项内容，为学校生涯规划教育的开展提供了良好的技术支持。

第三，生涯专项经费。若要确保生涯教育开展的持续性和完整性，必须以充足的、专项的生涯专项经费作为激励和保障条件。随着生涯教育内容设计的日渐丰富和形式的多种多样，其对经费的需求量也越来越大，为确保生涯教育"保障金"精准到位，高效利用教育资源，学校可通过申请和规划生涯教育专项经费来最大限度地确保生涯教育经费和其他项目经费的均衡性。

第四，生涯图书读物。"图书馆是神秘的丛林，每个探险者就是林间的小猴，为了寻找合适的坚果，从一颗树跳到另一棵树，畅饮潺潺的溪流，品味果实的甜美。"❶ 图书馆是收藏、整理各类型图书和读物的重要场所，每个学校的图书馆都是对学生的一种"知识馈赠"，是学生进入某种专业领域的入门钥匙。为此，学校可购买部分生涯方面的读物，如精美图书、报纸等，以扩大学生生涯知识的获取范围。

目前，校内资源多集中在教材、经费等方面，资源获取范围相对狭小，而在一墙之隔的校外，其资源广度与校内大相径庭。面对校内、校外资源分布不均匀的现状，学校与社会双方可尝试打破传统校内与校外之间在资源方面的壁垒，构建校内、校外资源深度融合的大格局。从学校方面看，作为资源需求者，其可首先在校内开展关于生涯方面的问卷调查，或者通过与学生

---

❶ 高丽平. 林语堂与图书馆的不解之缘[J]. 兰台世界, 2013(19):101-102.

面对面的交谈，获取和整理学生关于生涯教育、未来升学以及生涯发展方面的兴趣和目标等有用信息。其次，为践行生涯教育资源共享化、平台化，学校可开展一系列生涯主题讲座。例如，在主题为"成长路上，助力有你"的生涯活动中，学校邀请了不同阶层的人员作为此次讲座的主讲师，主要有学生家长、优秀校友、企业精英等。以优秀学友为例，其可以向学生讲述他们在中学时代的各种经历，如自己的学习方法、学习态度、学习目标等，为学生未来进入社会实习提供一些建议，这为学生接下来的学习和生涯规划指明了方向。

另外，学校还可以充分利用和发挥自身的内在优势，加快完成对生涯教育相关课程及平台的开发与建设；成立专门的"生涯教育与发展"研究小组，基于学校现有资源，开发适合自身的生涯教育体系，增强教师和学生的生涯教育意识，激发学生对未来大学生活和社会生涯的美好憧憬与向往；积极推进与教育科技企业、社区街道、医院医疗、实体经济企业等不同产业领域的合作。例如，学校可与附近社区街道合作开展公益性质的实践活动，让学生作为志愿者参与其中，以切实了解不同职业的岗位特点和职责标准等，进而激发其对自己未来发展方向的深入思考。

第四节　学校生涯教育的管理

一、生涯教育管理的研究

一直以来，人们将"就业问题"视为大学生的专属问题，认为大学生才是社会就业的定向群体，但每一个问题形成的背后除了"质变"外还有"量变"。这里的量变主要表现在学生的中学时期，其中升学考试中的"专业选择"就是问题的源头。因此，要从真正意义上缓解社会严峻的就业危机和巨大的就业压力，除了改善就业环境、拓宽就业范围、提高就业质量之外，将生涯教育快速渗透至中学阶段，并建立科学合理的生涯教育管理体系成为当前教育领域尤为迫切的任务。

与西方发达国家相比，我国生涯教育管理概念的形成较晚。生涯教育管理是在生涯教育体系初步建立和试验后，基于生涯教育实际开展过程中各种缺陷与不足所建立的一种专项管理体系，其中的许多规范和标准尚待健全和完善。从当前生涯教育管理大致方向和内容看，其主要涵盖两大领域：一是个体职业生涯管理；二是组织职业生涯管理。现针对这两种不同的管理方向进行如下介绍。

个体职业生涯管理（individual career management，ICM）又称为"自我职业生涯管理"，其中相关管理任务的实施主体为个人，主要是个体深入某一领域并通过真实参与和实践后，结合自身实际能力和性格特点，对自身未来职业生涯发展的一种自主规划和设计，其目标的实现很多情况下依托学生自己所选择的未来职业方向。另外，为进一步接近目标和梦想，个人还可尝试制订一份与目标学校或目标企业相关的学习计划和工作计划。

组织职业生涯管理（organizational career management，OCM）中管理任务的实施主体为组织，是一种协助个体靠近理想目标的过程，这一过程的开展需要组织通过某种管理模式帮助个体在学习和工作过程中获取一定的创新能力和发展能力，促使个体在众多竞争者中脱颖而出，并保持个体发展的长久性和永续性。

经过对大量生涯教育管理相关参考文献和资料的搜集，国内部分生涯教育研究学者在与我国教育特色和实情相结合的基础上，提出了一套致力中学生生涯教育的管理理论，旨在积极提升学校生涯教育管理的科学性与有效性。例如，全梅花在其命题研究过程中以当地某所中学为研究样本，对该校生涯规划教育的现状展开系统调查，总结出学生心理生理发展、未来专业抉择以及生涯方向的选择等均与生涯教育管理存在密不可分的关系。❶又如，黄蓝紫在"比较教育学"研究过程中，以日本中小学职业生涯教育管理体系中的内部管理——"职业生涯委员会"和外部管理——"教育委员会"两大管理模式作为参考，充分吸收和借鉴日本外行与内行联合管理决策模式，为我国生涯教育管理在原有学校管理中的融入提供了参考。❷

---

❶ 全梅花. 初中生职业生涯规划教育管理研究 [D]. 延吉：延边大学, 2016.
❷ 黄蓝紫. 日本中小学职业生涯教育的管理体系 [J]. 教育文化论坛, 2016,8(2):115-119.

二、学校生涯教育管理现状

（一）制度管理现状

在生涯教育管理体系中，制度管理是最为基础的一环，具有规范生涯教学管理模式、明确生涯教育开展细则以及推动管理工作顺利开展的积极作用。从制度管理涵盖的内容看，其主要包括生涯教育思想制度管理、师资队伍建设制度管理、教科研制度管理、学生需求评估制度管理以及学生系统测评制度管理等，这些制度管理内容的明确在某种程度上为相关生涯教育管理工作的开展奠定了坚实的基础。

笔者在对本校生涯教育管理开展现状进行深入调研后，对具体内容进行了如下整理。

第一，学生对现阶段学校在生涯教育方面的制度管理评价度和认可度相对较低，造成这一现状的主要原因是学生生涯意识和职业兴趣尚未被唤醒，缺乏对该方面的认知，且仍然以考试和升学作为本职任务，普遍认为学校一系列生涯教育的物质性作用对个人未来升学计划和生涯发展目标的制定毫无启示性作用。

第二，学校在制度管理方面不注重统一，不同年级所采用的制度内容和标准不同，如中学一年级是新生群体，学校为保证管理实效，引导学生快速适应全新的学习环境和生活环境，在制度管理内容的设置上较二、三年级相对严格。

第三，学校生涯教育制度管理在具体落实过程中存在较为明显的差异，其中以中学三年级落实质量和效果最差。其原因是三年级学生面临巨大的升学压力，所有的时间和精力都集中在学习和考试上，班主任也常以学科教学替代生涯教育课，从而导致中学三年级学生对生涯教育的认可度较低。

（二）课程管理现状

课程是学校开展和安排教学活动与学科任务的综合体，与教学内容设计、教学目标制定以及教学活动组织存在密不可分的关系。与普通语、数、外学科课程管理标准一样，生涯教育课程管理中的相关标准和计划同样是由国家相关教育部门在结合区域经济发展水平、学校教学特色、学生生涯兴趣等基础上所制定的一种囊括多个层面的生涯教育课程。

目前，学校生涯教育课程管理现状如下：

第一，学生对生涯教育课程管理的评估参差不齐，相较二、三年级，一年级学生整体评分较高。例如，"生涯演讲"课程的主要目的是引导学生在自我探索的基础上勇敢迈向生涯探索的第一步，进而逐渐拓宽至社会探索和宇宙探索。该课程需要每一位学生在课堂上进行演讲，锻炼的是学生的自我表达能力和创新思维能力。从效果来看，一年级新生对这种课程形式更易接受，二、三年级则由于自我社会意识的形成和人生观、价值观的树立，对此类课程存在明显的排斥心理。

第二，从生涯规划讲座开展情况看，效果最佳的年级为一年级，最差的为二年级。这一格局的形成主要是因为一年级学生对未来生涯抱有一种理想化心态，对下一阶段的学习和生涯发展存在美好的憧憬和向往；二年级则迫于教师、学校和家长各方面的压力，对未来的生涯规划较为迷茫，没有确切的目标，逐渐失去了奋斗精神。

第三，从一年级到三年级，学生对生涯教育在学科教育中的渗透和生涯选修课程开展的评价呈依次递减态势。造成这一现状的主要原因是教师在不同学科教学中对生涯教育内容的引入较为生硬，两个内容衔接度不紧密，导致生涯教育的开展缺乏方向感，整体渗透效果不理想。另外，从生涯选修课方面看，教学方式主要借鉴大学方式，这与中学生的心理和生理不相适应，不但无法达到生涯教育的目的，而且容易使学生滋生对生涯教育的厌倦情绪。

（三）资源管理现状

除制度管理和课程管理两项内容外，生涯教育管理中还有一项十分重要的管理部分——资源管理。资源管理就是由相关管理人员对校内和校外大量生涯教育相关的资源进行深度挖掘、筛选以及重组，实现学校生涯教育管理在社会层面和经济层面的双重获取，从而以丰富的资源为学校生涯教育管理的顺利开展和目标实现奠定坚实的基础。目前，本校除校园内相关资源外，还拓展了一系列校外资源，如建设"生涯教育"专题馆、与企业相互合作、推进实践基地的建成等。

三、加强学校生涯教育管理的相关路径

(一)科学设计中学阶段生涯教育管理体系

对中学阶段生涯教育管理体系的开发和构建需要以长远的目光看待生涯教育管理，走出传统就业小范围的"理论圈"，将发展视角聚焦现代生涯规划方向。以基于中学生个人发展特点的社会认知理论为例，该理论是生涯教育中的一个重要分支，主要是在融合时代大背景的前提下，使学生在不断学习和实践过程中正确判断自身是否具备成功特质，并对可能产生的结果进行提前预测。对于学生而言，这一过程的开展有助于增强其对升学计划和生涯规划的兴趣，促使其在兴趣的指引下增强在社会中的适应性，并对未来行动方向和奋斗目标做出正确选择。

国内学者孙宏艳在其职业生涯规划教育的研究过程中选择中、美、日、韩四个不同国家的中学1～3年级在校生，进行了题为"中学生职业生涯规划教育"的问卷调查，目的在于通过对比发现我国生涯教育管理与其他发达国家的差距。结果显示，我国无论在生涯教育实施还是管理方面，较其他三个国家均呈落后态势。比如，关于生涯教育师资管理和学生生涯规划意识的调查结果显示，美、日、韩三个国家在生涯教师配备方面采取"专业生涯教师+班主任/心理咨询师"的模式，其中专业教师占比大约为70%，师资团队建设较为完整，而国内专业生涯教师占比仅为20%。很多情况下，班主任或其他任课教师会替代专业教师，也有部分学校会外聘一些相关研究领域的专家或学者定期开展讲座。在另一个调查项目中发现，美国、日本、韩国的中学生中有74%～83%的中学生对自己未来所要从事的职业有详细完整的规划，而我国中学生受传统应试教育观念的影响，对未来的规划仅限于升学考试，有明确未来规划的中学生不足1.6%。中、美、日、韩四国在师资管理方面的差异凸显了我国在生涯教育管理上的缺陷与不足。针对生涯教育管理这一现状，学校可尝试在借鉴和参考国外优秀生涯教育案例的基础上对当前生涯课程模式进行调整。例如，在师资队伍方面，可以增加专业生涯教师占比，实行"专业教师+德育教师/心理咨询教师"的师资模式，并且要确保所聘请的专业教师接受过系统的教育和培训，具备开展生涯教育的能力和

资质。对于学生缺乏强烈的生涯规划意识问题的解决，可以联合社会力量，在校内、校外搭建职业体验平台，借鉴日本校外启发式体验活动，让学生进入与学校有定向合作的企业，以体验的形式深入接触该职业，并在实际工作开展过程中激发学生对未来职业生涯的兴趣，培养学生的生涯规划意识，帮助其明确未来的专业选择和生涯方向。为推进我国中学职业生涯教育的系统优化和完善，本书基于社会认知生涯理论构建了生涯管理教育体系模型，具体如图1-8所示。

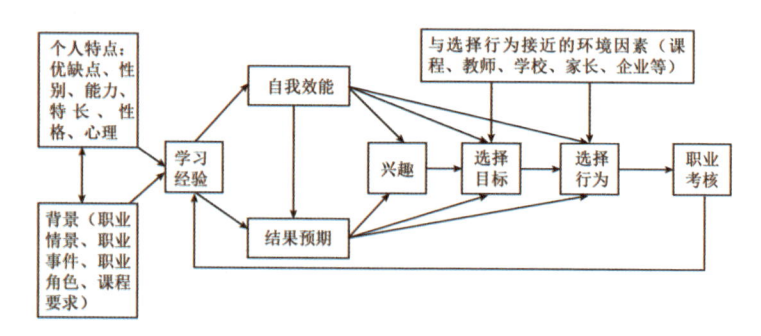

图1-8 学校生涯管理教育体系模型

（二）充分发挥"导师制"在生涯教育中的管理优势

从本质上看，我国传统课程教育体系具有极为显著的共性特征。在这种教育背景下，学生的个性被严重"打压"，再加上中学阶段的学生已具备和形成了自己的人生观和价值观，对于个性化、新颖化的事物有着强烈的追求和兴趣，这就导致学生的未来规划需求难以在共性化的课程教育中得到全面实现。因此，加快推进理论与实践的有效衔接显得尤为关键。作为当前教育改革背景下所衍生出来的一种全新的教育制度，导师制在生涯教育领域的应用与实践成为当前教育领域的一大主流趋势，也将与学分制、班建制一同伴随学生整个学习和工作生涯。本书围绕"导师制"在生涯教育中的管理优势进行了以下几方面的讨论。

1. 与个体面对面，开展专项指导

从生涯规划主体看，学生一改以往被动学习者的角色，成为生涯规划的制定者和执行者，教师则在其中起辅导性作用，但由于不同学生在个性特征和兴趣目标方面的差异性，以及其所接受教育程度和个人能力水平方面参差不齐，生涯规划不能一味地凸显"个人主义"，需要综合考虑其他因素之间的差异性或同一性，如社会生涯环境以及企业岗位职责等。与此同时，要有效把握个别差异性原则，以保障生涯规划设计中相关内容在实现针对性的基础上保留一定程度的个性化。学生与导师面对面的生涯教育方式与上述要求完全契合，不仅可规避学生个性的差异，还可根据不同学生的学习能力和学习特点开展一对一的教学和指导。

2. 注重育人过程，开展全程指导

与其他两种教育制度不同，导师制并非阶段性的教学制度，而是贯穿学生整个人生生涯的教育制度，学生升学考试、社会实践、娱乐生活等各个领域都可探寻到导师制的踪迹。在生涯教育教学过程中，导师制一贯坚持"一个环节都不能少"的教育观念和原则，十分注重教育的连续性和有效性，且与现代化、全程化的生涯规划目标一致，能够促使学生对自己所规划设计的生涯内容保持高度敏感，并根据生涯实际对相关生涯内容和生涯措施进行灵活运用。

3. 全方位育人，开展专业指导

从导师制性质看，其属于全员全方位育人的制度范畴，很多实践性较强的生涯课程由专门的生涯规划教师担任，这在某种程度上消除了专业发展和生涯发展之间的隔阂，加速了两者在未来发展道路上的相互贯通。一般情况下，导师在生涯领域具备更为丰富的知识储备和经验储备，能够凭借个人教学能力弥补传统教学中学生在生涯理论知识和实践途径方面的空白。与此同时，导师扮演着引导者和指引者的角色。学生可将自己对未来生涯的规划目标和方向与导师分享，导师则可根据经济市场中学生所选职业的发展现状和前景帮助学生分析其中的利弊，引导学生对自身所制订的专业学习和生涯发展计划进行适当的调整。另外，导师还可以在学生进入生涯阶段之前，让学生针对自身的特点和能力进行自我评价，以对自己的生涯发展有更加清晰的认识和了解，最大限度地保证学生的生涯规划与后期实际岗位相匹配。

（三）加强班主任作为生涯启蒙师的职责

在我国学校建设过程中，每个班级都配备一名专门的管理者，即班主任。班主任既是某一学科的任课教师，又是学生漫漫学习路上的陪伴者与指引者。作为班级的领导者，班主任是否具备高度的责任心和使命感，是影响其工作态度和工作质量的重要因素之一。如何在辅导学生顺利完成升学任务的同时唤醒潜藏于学生内心深处的生涯意识，还需要班主任为之进行研究和实践。

传统教育理念认为中学生应以学业为重，一切活动的开展最终都应指向高考。但随着高考改革新政策的出台，生涯教育作为一项专项课程内容被列入中学生教育规划，并受到教师、学校、家长、社会的高度关注。作为这一教育政策的主要实施者和践行者，班主任不能将目光仅聚焦在学生当前的学习阶段，不能让教学思维永远停留在原地，而应从长远角度出发，具备超前意识，为学生打开一扇通向未来世界的大门。为了进一步培养学生对未来生涯的规划和设计能力，班主任还应根据学校当前设置的学科内容及开展时间，引导学生依据自己的学习能力和水平选择合适的学科内容，并在不影响考试科目正常学习的情况下，对学习时间进行科学合理的安排，有选择性地开展学习活动。在一定程度上说，选择能力是学生未来升学考试和生涯发展过程中一项必不可少的技能，选择性的存在也意味着未来人生有很多条道路可以走，自己是选择的一方，而非被选择方；如果未来毫无选择性可言，则意味着人生道路没有过多的分叉路，只有一条道路通向未来。不同于小学、初中阶段，学生在正式进入高中的第一天起便被赋予了"备战考高，迎接新人生"的重要使命，不仅肩负考取好成绩选择好学校的重任，还面临选好专业的巨大压力，所以明智的专业选择是决定学生未来生涯发展方向的关键指标。班主任从中所起到的作用一方面是通过正确的引导让已经有选择方向的学生通过全方位比较、衡量和评估，实现选择能力的提升，从明确化走向最优化；另一方面，对于一些尚不具备选择能力的学生，班主任要积极培养其自主意识，提升其选择判断能力及决策能力。

笔者通过总结多年教学辅导经验得出，相较于升学考试，生涯教育作为一项指向学生未来生涯的教学内容，对学生生涯规划的教育针对性更强，人生引领作用更明显。目前，为全面贯彻落实生涯教育在中学阶段的有效实施，部分学校开展了一系列专业技能相关赛事，学生踊跃参加，其中不少学生凭借自身专业的技能和高超的能力取得了优异的成绩，为其他学生树立了良好的学习榜样。班主任可以借助榜样的力量，有意无意地向在校学生普及某种专业技能,虽然学生专业水平各有差异,也并不是所有学生都适合以技能比赛的形式实现对其技能和生涯意识的有效触发,但学生可以在听取榜样故事的过程中将这一方向作为未来选项。

在很多情况下,学业辅导的核心内容较为集中,只是单纯地聚焦如何让学生通过刻苦的学习获取理想的成绩和分数,而生涯教育主要探讨学习的目的,探讨学习是为了理想、生存还是地位、生存。在学生学业的选择和生涯规划陷入迷茫之时,班主任应积极发挥自身的引领作用和辅导作用,指导学生掌握自主抉择的权利,拨开迷雾重见光明。在教育教学发展改革过程中,学生始终是尚未完全成熟的单一个体,对外界所起到的指引作用具有强烈的依赖性。而班主任作为外部世界的一员,有责任、有义务对学生进行正确的指引,确保学生所做的决定和选择符合社会发展。从字面意思看,"指引"与"误导"相对立,指引是一种完全跳脱于行为规范、规章制度的教学手段,强调与学生做朋友,充当学生人生路上的伙伴,站在学生角度,运用适当的方法指导学生。还有一种指导具有明确的方向性,即通过特定的目标流程和方法引导学生树立自己的学习和生涯目标,并努力向目标靠拢。

总之,对于班主任而言,其基本职责不但要研究和分析如何让学生掌握最佳的学习方式,还应让学生明白自己学习的最终目的。因此,班主任不仅是传统意义上的学业辅导者,还在学生未来生涯道路上起着良好的向导作用。

第二章　建构同安一中特色的体验式生涯课程体系

第一节　生涯团队建设

一、生涯团队建设的意义

教学团队建设是学校打造特色课程和树立社会形象的重要支撑条件。目前，生涯教育在我国中学阶段的开展主要采取试点方式，且这些试点学校在生涯教学开展之初便已完成了对相关生涯团队的建设，而该教学团队快速组建的主要目的是为了将生涯理念引入中学课堂，形成中学生生涯意识、自我认知、外部世界以及职业兴趣的有效激发和培养，并通过科学、有效的教学指导让学生客观地了解生涯教育与自身发展之间关系。不同于传统教学团队，参与生涯团队建设的教师必须具备专业化的生涯知识背景和多元化的职业生涯经验。

在打造和建设专业生涯教学团队时，学校应将其归为教学管理中的一项内容，以教学计划的开展方式和教学的重点内容为依据，完成对团队相关运行体系的系统构建，针对各教研活动的实际开展情况进行教学经验和教学问题的沟通与交流，注重对日常教学中课程资源、教材资源、企业资源以及其他资源的深度挖掘，在多种资源的支撑下创新性地完成教育教学任务。从关系层面看，学校教师队伍建设包括生涯团队建设，该生涯团队是学校庞大师资体系中的一个重要分支，具有一定的指向性。例如，计算机团队指向计算机教育，生物团队指向生物教育，生涯团队负责生涯教育。从某种角度看，这种具有学科指向性的团队建设，不仅有助于深化学科团队建设内涵，还在一定程度上确保了学科建设及团队建设未来发展的可持续性。

在对生涯团队进行初步了解后，本章对其开展的意义进行了以下两方面的总结。

一方面，有助于教师综合教育水平的全面提升。近年来，我国新兴产业在经历过寒冬后，终于迎来了属于自己的春天，传统产业结构被一大批新技术、新产业所替代，如高端装备制造业、高新技术产业等，这些新技术产业的规模化增长无形中增加了对各类专业人才的需求，也对现代化人才培养提出了新的要求。面对与日俱增的应用型人才需求，传统教育中的相关教学理念和教学模式的短板与不足逐渐显现，特别是中学阶段仍沿用的"应试教育"模式更是问题频发。在这一背景下，生涯教师作为上述教学内容的践行者与落实者，应在接受和学习新教育理念和教育政策的基础上不断调整自己，快速适应新变化和新形势，并通过定向学习使自己走在学术前沿，全面提升教学能力。

随着互联网时代的到来，知识不再是成功人士的专属，而逐渐在具有强烈求知欲的群体中扩散、传播。生涯教师作为生涯智慧的启迪者和生涯知识的传播者，若单纯依靠教师个人知识的教授和灌溉，难以确保生涯教学成果的全面性和综合性。俗话说："一根筷子容易折，十根筷子坚如铁。"一个教师或许在某一生涯研究领域较为领先，但很可能缺乏领域以外的教授能力。学校通过生涯团队的组建将能力各异的生涯教师聚集到一个环境中，可实现教学资源的交流与共享，推动生涯教师在团队学习过程中教学能力的不断提升。例如，在构建知识体系过程中，资历较为年长的生涯教师在教学观念和理论知识方面均停留在传统教育模式下所产生的一系列教学思维层面，而青年生涯教师犹如人体新鲜血液，可以带来新的教育理念和教育模式，通过与资历较深的教师进行新事物的共享，从而推动老教师接纳新的教学观念和理论知识。对于教师梯队的建设而言，教学资历相对较高的教师无论是在教学经验还是教学技能方面均优于青年教师，所以青年教师应秉持虚心学习和经验借鉴的态度，向老教师学习如何在教学过程中开展生涯活动，唤醒学生的生涯意识。从某种意义上看，学校开展生涯团队建设活动，为师师之间搭建了系统交流与合作的平台。生涯教师可以在平台探索过程中寻求与自己精神需求相契合的伙伴，置身集体大环境中感受"家"的氛围，激起强烈的自豪感和荣誉感，积极将自身教学水平与团队建设质量和建设水平联系起来，挖掘内在的创造能力和智慧潜力，为教学团队建设质量的进一步提升添砖加瓦。

另一方面，有助于人才培养水平的大力提升。随着国家整体经济水平的提升和产业结构的不断完善，人才在市场经济中的重要性日渐凸显，而学校作为高端人才的输出产地，如何确保所输送人才符合当前经济形势和市场用人标准，成为学校育人的关键。纵观我国现阶段教学团队建设水平，特别是中学阶段，整体教学团队止步于传统单一理论性课程，无法做到理论与实践的融合，无法做到与现代复杂化、多元化人才培养标准的一致。这一现状的形成主要受两方面因素影响：一是随着课程设置形式上的多样化，教学内容和范围不断扩大，传统教师难以快速适应教学模式的转变，对烦冗、驳杂的课程内容难以在短时间内消化、吸收，甚至对自身所任课学科也难以做到"专而精"；二是教师教学能力与课堂教学效果、人才培养质量息息相关，教师个人能力越强，整体所呈现的效果和质量越佳，相反则越差。受教师队伍层次和能力水平差异的影响，人才培养质量也存在极为显著的差异。现代生涯团队的建设不再强调以单一教师为教学活动开展的主要执行者，而强调将所有参与团队建设的生涯教师凝聚在一起，引导教师围绕教学中的经验和不足与他人进行共享，通过学习他人长处，弥补自己短处，将他人资源通过整合后形成自己的拓展性资源，加强团队教师成员之间的相互协作，形成与他人优势互补的团队体系。另外，区别于传统教学团队，生涯团队在实际建设过程中积极引入现代教学技术，如计算机信息技术、数字音像技术、人工智能技术、多媒体技术以及虚拟现实仿真技术，这些现代新兴教学技术在生涯教学中的应用可实现教学资源的扩大化、教学内容的规范化以及教学质量的最优化。

二、生涯团队的组成与建设

（一）团　队

对于"团队"一词的理解，相关学界和专家各抒己见，尚未得到十分确切的定论。我们这里采用的定义为美国管理学教授 Stephen P. Robbins 所提出的"团队"理念，他认为团队在正式形成之前是独立的个体，一般 2 个或 2 个以上的个体即可组成新的团体，个体则在团体内彼此依存，在严格的规则标准下共同朝着某一特定的目标奋力前进。

清华大学经济管理学院张德教授在其所发表的相关论文中指出，以"团队"为核心而组建起来的群体中，每一个个体都可以在理论研究和探索实践过程中汲取他人长处，形成对自己的有效补充，推动彼此之间的优势互补、合作共赢。他还认为团队内的每一位成员之所以能够与集体完美融合，主要是由其自身的特殊性质决定的，并且每个成员对团队贡献多少都将影响团队最终的开展绩效，如果团队成员过于松懈，团队作业成效可能与预期存在较大差距，如果团队成员认真对待则会更加贴近设想目标。此外，其在学术讨论过程中还针对团队中的成员做出了分析，认为团队内每个成员都有自己的专属特长，将成员特长和技能糅合，可以产生新的技能，而新技能有助于目标的快速达成和实现。[1]基于对相关参考资料和文献的收集，本书认为3～5人的小分队、40～60人的班集体、100人左右的连队等均可称之为团队。

（二）团队建设

从本质上看，团队建设被认为是一种基于团队并以优化和完善团队为目的的规划设计行为，强调对团队生产能力以及绩效水平的提升。一般情况下，团队建设所采用的形式主要是将团队成员划分为不同小组，由小组成员通过对自我的严格管理完成每一个任务流程。不论是学校还是企业，两者未来的生存和发展除了依托自身的教学能力或创收能力外，团队建设质量也是其中不可或缺的重要因素，高质量、高标准、高水平的团队建设不仅可体现学校或企业自身的战斗力，还有利于凝心聚力、巩固共识，共同推进发展策略。在团队建设中，优秀的领导班子是一切建设工作开展的基础条件，其应通过各种组织活动走进每一位团队成员的生活和工作中，用真心换真心，促使团队成员主动袒露心声，在与团队成员携手奋进的路上，发掘并放大每一位成员的闪光之处。另外，团队领导层应让团队其他人员积极参与团队的管理工作，发挥每位成员的潜在优势，共同协商解决困难的对策，让每位成员都能感受到自己是团队的一分子，愿意主动分担团队任务，让团队成为学校教学和企业发展的生命源泉。

---

[1] 刘惠琴,张德.高校学科团队创新气氛结构研究[J].清华大学学报(哲学社会科学版),2007,22(2):139-144.

(三)生涯团队建设

与其他学科团队相同,生涯团队在建立之初便已对自身功能和作用有所明确,即通过各式各样的生涯课程唤醒学生的生涯意识,引导学生对自我进行初步认识和评价,指导学生树立明确的升学目标和生涯方向,培养学生的生涯规划和设计能力。生涯团队的教师一般具有极为专业的知识背景和丰富的生涯经验,且教学特色各不相同,团队在各教师的共同合作之下完成对学生生涯规划的专项教学和科学指导。一个优秀的生涯规划教学团队具有以下显著特点:第一,生涯团队的一切生涯教育活动的开展核心都在于培养学生的生涯意识,增强学生对未来学习、工作、生活的兴趣,引导学生提前设计生涯规划;第二,作为生涯团队的一员,生涯教师不应只具备单一的理论知识,还应在后期定期培训和学习过程中不断提升个人能力,构建集知识和能力于一体的结构体系;第三,生涯团队中生涯教师不应是个别的、孤立的,团队的每一个成员在教学活动开展过程中都是密切相关的,相互之间具有依赖性和协同性,只有增强彼此之间的合作与创新,才能实现从知识的裂变到人才的聚变。

三、生涯团队建设的途径与方法

(一)完善培训认证机制

纵观我国中学的生涯团队建设及其课程开展情况,我们可以看出负责生涯课程的教师对生涯课程和生涯内容的认知与了解尚不充分、全面,其中以教师对生涯教育基础理论知识的认识过于片面的问题最为突出。着眼于新时代,学校应通过对生涯教师队伍的系统培训,打造一支"素质高、教学专"的生涯规划教学团队。不同于其他学科,生涯规划课程具有极强的综合性,十分注重基础理论和专业实践的深度融合,并且生涯规划作为一门新兴学科,其覆盖范围除了传统教育学之外,管理学、社会学以及心理学等都可归于其范畴之内。另外,生涯规划除了自我探索内容之外,还涉及大量的外部知识,如学科门类、专业、大学生活、职业探索等,因而在课程内容的设置方面极易受到外部世界各种因素的影响。基于这一变化性因素,生涯教师需要在充分了解和掌握课程变化规律的基础上,对自己的知识储备进行"大换血"。对此,学校可通过短期培训和长期培训相结合的方式分别对教师的职业素养和知识体系进行有计划、有目的的培训,彻底改变和扭转教师"课堂讲,学生记"的落后教学模式和教学观念,拓展教学思路和研究方向,保持生涯教育的先进性与合理性。针对教师培训,学校还可根据生涯团队每个教师的不同特点,在遵循分层化原则的基础上开展相关的培训活动。例如,让教师"走出去",与其他学校生涯团队进行交流互访,听取其他学校生涯公开课,从中学习特色化教学理念;鼓励教师不断自我完善和自我学习,考取职业生涯规划师等相关证书,做到持证上岗,为学生提供更加专业、系统、全面的生涯指导。

职业生涯规划教师经过专业的培训,加上对教育对象——学生特质的专门研究,就可以较好地帮助学生正确认识自我,规划未来的职业。教师要运用学习型组织的理论改变自身职业文化的保守状态,与时俱进,掌握最新的信息和知识,并传授给学生,让学生能适应社会的发展。在这种方式中,教师可以利用前瞻性的思维引导学生不断提升自己。

(二)扩大教学团队规模

当前阶段,国内生涯教学团队在实际建设过程中存在规模较小、专业程度低等问题,且在课程开展形式上选用"大班额"教学,人数一般集中在40~90人,学生在拥挤和喧闹的课堂教学环境中无法集中学习精力,课堂教学质量难以得到有效保障,并且多人同时上课容易扰乱课堂秩序,学生在课堂无事可做,或选择做其他学科的作业。另外,中学生涯教育在课程安排上缺乏合理性,每节课时间较短,教师在课堂上所教授的内容极为有限。造成这一现象的原因归根究底皆为缺乏专业化、规模化的生涯教师。因此,整合现有的教师资源,短时间内打造一支集行政管理、升学指导、学生管理、生涯指导于一体的专业生涯教学团队,成为当前学校生涯教育发展最为迫切的任务之一。针对如何弥补现阶段生涯教育团队在规模上的短板这一问题,本书通过对生涯团队建设资料进行查阅后总结出以下几种途径。

1. 加快中学德育教师向生涯教师的转化

"教育发展,德育先行。"一直以来,我国教育领域都在践行德育教学和基础教学同步开展的理念，可以说，德育是每个基础教学阶段必不可少的教学内容，并且每个学校、班级都配有专门的德育教师，教师数量相对可观。从个人职责看，德育教师主要负责落实学生的素质教育、心理教育、思想教育、社会教育、健康教育等，这些内容与生涯教育中的部分内容存在交叉和重叠，如自我探索和生涯心理辅导等，也为德育教师向生涯教师转型提供了有力支撑。德育教师作为良好道德行为和正确思想观念的带头人，走在学生思想教育和政治教育的最前沿，与学生接触频率相对较高，可在短时间内快速获取和掌握学生的个人信息，如学生的兴趣爱好、未来所向往的职业、个人心理素质等，因此德育教师具备其他学科教师所不具备的先天条件，可以与学生面对面地畅谈人生，可以解答学生在生涯规划过程中的疑问，可以随时随地开展生涯教育工作，这些优势对德育教师生涯教育工作的开展具有十分积极的作用。加快德育教师向生涯教师的转化，可避免在教师人员培训时间方面的消耗，也可快速投入生涯指导工作，为生涯教育的顺利开展提供有力支撑。

2. 适当增加专任生涯教师的数量

正所谓："外行看热闹，内行看门道。"无论是班主任还是其他任课教师，都属于非专业性生涯教师，无法做到术业有专攻，如果单纯依赖这种以班主任教学为核心的生涯教育，成效往往难如人意，而专业生涯教师具有教学针对性强、内容实践性突出等特点，对生涯教育质量的提升具有积极的推动作用。从目前来看，我国绝大部分中学尚未建立专业的生涯教师团队，专业生涯教师整体占比偏低，而这种师资不平衡格局的形成很大程度上是由于学校对生涯教师的特定激励机制不健全，最终导致生涯教师对生涯教育工作失去兴趣，转行从事其他职业。对此，学校相关组织机构应通过申请生涯团队专项建设资金，适时调整和健全物质激励机制，以此聘请更多的专业生涯教师，扩大师资力量储备。与此同时，在生涯指导教学中，专业教师如果无法凝聚力量，形成团队，将对生涯教学质量产生直接影响。不同于企业员工的生涯规划，学校内的生涯教育范围更广、综合性更强，对师资队伍综合素质、教学能力等有着较高的要求。本书在对福建当地几所中学生涯教育开展情况进行深入调研后发现，尽管部分学校已初步建立生涯教学团队，但团队内各生涯教师多为青年教师，甚至部分为在校大学生或研究生，他们初入生涯教育领域，无论专业度还是专业性均与相关标准不符，在实际生涯教学活动开展过程中难以实现理论联系实践的生涯教学要求，而学生在经过阶段性学习后，对生涯教育的认识仍很模糊。可见，不断扩充生涯教育核心力量，组建专业化、规模化的生涯教学团队成为当前学校生涯教育极为迫切的任务。

针对生涯教育专任教师数量不足的现象，学校可尝试从校内教师、辅导员、生涯规划师、行政管理人员中筛选同时拥有生涯教学教育相关学科背景，如心理学、教育学、管理学等多种知识背景的人员，作为学校专业生涯教师的后备力量。经过层层筛选进入学校生涯团队的储备教师并不急于投入教学，在正式任职上岗前，学校会对其进行系统的培训，培训内容包括学校生涯教育现状、生涯教学工作特点、生涯教育管理标准以及生涯教学技能和素质要求等，通过上述培训内容的开展，让教师快速适应学校教学环境，并根据具体的生涯工作开展要求和标准对自身进行合理定位，在结合学校生涯教育实际情况和自身能力特点的基础上，为下一步正式进入生涯教学，制订教学计划和教学目标，协助学校高质量、高标准地完成生涯教学任务打好基础。

3. 提倡社会人士参与生涯教育

现阶段，摆在中学生涯教育面前的问题主要有两大方面：一方面，生涯教师在课程开展过程中过于强调理论知识的重要性，教学内容过于局限，学生在课堂上无法接触到生涯教材以外的生涯知识，整个学习与社会实际相脱节，以致真正进入生涯活动后，学生常因缺乏实践锻炼而难以应对各种突如其来的生涯变化和生涯问题；另一方面，学校的生涯教育过于依赖生涯教师，一切教学活动由生涯教师安排，但绝大多数生涯教师在进入教育领域前并未进入企业或社会参与各种生涯实践，所有教学仅凭自己理解，无论是教学方法还是教学内容，均表现出单一性和乏味性。

针对上述问题，学校可将师资力量的挖掘聚焦于校外，尝试让职业生涯规划专家和专业生涯规划师等社会人士加入学校生涯教育行列。对于校内学生所学知识而言，那些已经参与实际工作的社会人士对其中所蕴藏的真正含义和实际技能需求等了解得更为透彻，如市场需求、用人标准、薪酬激励、能力要求、关系处理等。社会人士的加入还可以为学生未来升学目标的制定和生涯方向的规划提供意见和建议，消除学生对未来生涯发展的迷茫和恐惧，帮助学生了解现阶段所学生涯知识与个人未来发展之间的关系，使其在明确自身长处和短处的基础上制订新的生涯计划。

（三）加强生涯学科整体建设水平

2020年是我国"十三五"规划的收官之年，高中教育在这一年也发生了巨大变革，突出表现在教育部一改以往对科目的调整和编合，将高考招生制度作为重点改革内容，使加强学科建设、弥补学科薄弱性成为高中教育下一阶段的核心目标。生涯教育作为一门新兴学科，区别于普通课程的是在其体系建设过程中需要突出学科的特色，为学生了解学业现状和职业现状提供基础性平台，而这也是学校开展生涯教育的直接途径。

一般情况下，生涯教师得以掌握和具备专业化知识和技能，主要依托于学校所创造的各种外在条件和内在条件，前者主要是学校针对生涯教育所专门建立的学科教学研究实验室和学科规章管理制度等，后者则更加强调学科建设所衍生出的一系列内在的动力与支持。在对学科建设重要性进行充分了解后，学校下一步应不断优化和增强生涯学科整体建设水平，努力践行基础教育相关部门所提出的生涯规划教育学科发展计划，最大限度地顺应现代教育改革和发展需求。第一，围绕生涯规划课程成立专门的学科研究组织。研究组织内的成员应尽可能为本科以上，有过硬的学历，具备大量生涯教育研究经验和教研能力，掌握一定的心理教学管理经验，还要有过硬的专业素养。第二，由生涯科研教学团队定期组织各种生涯研讨活动，分享生涯教育最新的改革政策和发展方向，对团队内成员在该学期的教学成果进行总结，推举出生涯教学效果最佳者，并通过与大家分享与交流教学经验及方法成为其他成员后期进步和能力提升的榜样。第三，学校应以学科建设和团队建设创新为目标，通过资助的形式推动教师开展各种科研活动和各类学术论文研究。例如，笔者所在学校的生涯研究小组成员完成了论文、课例、专著等多种类型的学术研究，并取得了阶段性成果：论文类主要包括《高中生生涯规划指导模式的研究综述》《生涯规划教育教师培训初探——以福建省同安第一中学课题实践为例》等；课例类包括市级优课《工作的意义》、部级优课《曲线中见成长》、优秀生涯课例《工作的意义》；专著类包括《心的方向——高中生涯课程》。上述这些教学成果在某种程度上为生涯教师未来专业化和创新化发展提供了有力支撑。

（四）积极开展生涯师资培训

高考改革的最大变化是要求学生及早进行学科选择并让学生提前参与大学与专业的抉择。生涯教育是有效应对新高考改革，提前进行学科、专业和大学选择的辅导活动。早在20世纪初，美国、日本等发达国家就将职业生涯等概念与教育活动引入学校教育。我国台湾地区也在1998年将职业生涯的概念引入基础教育领域。这些研究和实践对我国在教育改革方面实施生涯教育很有借鉴意义。为了帮助即将面临新高考改革的学校建立一支强有力的生涯师资队伍，为构建具备学校特色的生涯课程体系打下良好基础，51选校特此提供中学生涯师资培训服务。

1. 泛学科参与：全科教师培训

（1）兼顾德育与教学两条线，实施全学科教师培训。目前，我国高中教育面临的最大挑战就是新高考背景下的"选择高考科目"，而这一教育内容的变革对学校教育提出了新要求，需要加快更新传统教育观念，在遵循现代教育发展趋势的基础上进行生涯教育方案的制定与规划。但从实际生涯规划教育看，其与数学、语文、英语等普通学科有着本质上的区别，并不能将其作为一门单独的学科科目来开展，而应将其穿插于各学科的教学过程中，这样才能够确保中学生生涯教育的开展与实现。

针对生涯规划教育，我国台湾地区的相关教育行政部门同样强调生涯教育活动的开展应注重对学生自我探索能力、自我认知能力、生涯觉醒意识以及生涯规划能力的培养，强调引导学生运用各种资源，如个人资源或社会资源，提升自身的生涯规划能力，并逐渐形成终身生涯学习的能力，从而实现对学生生涯规划意识和生涯规划能力的双重培养。

新高考背景下，传统以"行政班"为主体的教学局面被"考试科目的选择"所打破，除行政班外，又增加了"选科走班"模式。从学生和家长角度看，"行政班"和"选科走班"两者相互依存的事实无疑是一种挑战。从教师角度看，其心理上也将受到巨大的考验，这种以自我认知、职业选择以及自我管理为依托所建立的生涯教育将成为各任课教师的职责所在。依据上述指导思想，高一年级的各任课教师，如德育系列的年级长、班主任，教学系列的教研组长、学科骨干以及对生涯教育有着浓厚兴趣的教师等应积极参加前期培训，最大限度地保证师资培训的效果。

（2）注重学历与年龄的合理性。作为一门新兴学科，生涯教育所涉内容除了生涯相关内容外，还包括心理学和社会学等相关知识，因此教师在参与生涯教育培训活动时，应尽可能地结合自身兴趣，以纯粹的好奇心和求知欲为动力，与学校具体师资情况相结合。一般而言，参与培训的教师可以是中青年高中教师，也可以是拥有丰富经验且求知欲十分旺盛、资历较高的教师，但无论是青年教师还是老教师，他们都肩负学校生涯教育的重任，是新课程改革后生涯教育工作开展的主力军。

笔者通过对参与培训的教师的个人资历条件的调查发现，所有教师的学历均在本科以上，并且研究生学历的教师占比呈逐步上升趋势。在教师接受最新政策和最新知识的过程中，个人学习能力和学历、经历在其中起到了提升教师个人智力的作用，也使培训效果得到了有效保证。此外，课题组还考虑了教师性别的比例，希望以此获得最佳的参训效度。

2. 专业知识的提升：专职教师的培养

在课题组实际研究过程中，专职教师所负责的内容主要包括相关生涯课程的研究与开发以及生涯课堂活动的实践教学。目前，福建省同安一中在培养专职教师过程中主要采取的培养模式为"送出去，请进来"。

"送出去"主要是组织生涯教师外出参与各种规格和水平相对较高的研讨会，深入相关培训机构。学校生涯教育课题组自成立以来先后有15人参加了各级各项学习和培训活动，如高中学生发展指导高峰论坛年会、福建省第一届高中学生发展指导高峰论坛以及NCDA-CDP国际生涯规划师培训等。

"请进来"重点分为两个部分。一方面，依托学校与合作企业51选校所搭建的相关平台，选择高一年级优秀教师进行系统培训。培训时间可具体到一个学期。另外，心理学科教师可以在培训过程中进行观摩和旁听，然后与其他德育教师共同研讨、考量，积极创新开发校本课程。另一方面，基于课堂实践教学活动，以51选校企业平台作为辅助条件，将外部一些优秀师资力量引入学校。例如，我校邀请了中国台湾辅仁大学等知名机构的优秀生涯教学团队，利用寒暑假时间与心理学科教师进行"磨课"。学校"请进来"的这一过程是整个培训的核心内容，也是最为艰巨的培训任务之一。

3. 专业知识的拓展：学科教师的培训

学科教师的培训以学校培训为主，主要采取集中、短时的"头脑风暴"模式。

（1）课程选择。依据"新高考政策以及选择科目""成为学生生涯指导者"的目标，遵循"促进行动""认识自己""认识环境""生涯理论"的相关课程体系进行设计，生涯规划相关理论知识和基础知识可以选择"百年生涯规划发展简史以及主要理论""舒伯生涯发展理论"以及"霍兰德理论与运用"等开展授课。

（2）资质考量。为提升生涯教师的培训效果，学校聘请了NCDA认证的国际生涯发展督导师（CDI）、国家认证生涯规划师、国家认证心理咨询师王晶莹就行授课，具体分为五大模块。

模块一：生涯唤醒。培训主题为百年生涯规划理论发展简史、人生意义的探讨与引导以及四大生涯理论在学生辅导中的运用。

模块二：自我探索。培训主题主要包括舒伯生涯发展理论介绍、生涯阶段与角色体验、生涯平衡论在生活与学习中的运用、霍兰德人格类型理论介绍、霍兰德测评与解读、测评结果在中学生涯规划中的运用。

模块三：学业规划。主要培训主题为新高考政策介绍，如何选择科目（6选3）、专业、大学以及决策平衡单在志愿填报中的运用。

模块四：高效行动。主要培训内容为如何帮助学生提升自我效能、制定行动计划、总结回顾，以真正成为学生的生涯教练。

模块五：复习与考试。该环节主要是考前复习以及证书考试。

（3）课型组合。与其他教育类型不同，生涯规划教育强调的是学生在课堂学习过程中的活动性与体验性。通过与这一特点相结合，相较于第一次纯粹的培训方案，第二次教师培训课程可在第一次的基础上得到扩充和丰富。在具体课程安排过程中，培训应注重理论课与户外体验活动的深度融合。这主要是考虑到在3～4天的紧张学习中，休闲运动可以增强愉悦感，从而使教师更好地认同学校开展培训教育的目的与意义。这样的课程设计从心理学的角度看是锦上添花的。经过随堂观察，课题组发现年轻教师的开放姿态很吻合课堂的风格，年龄较大的教师经过几个时间段的学习后也渐渐不再拘谨、刻板，变得大方、活跃，参与更主动，对生涯教育热情高涨。

因此，从某种角度看，进一步强化对生涯规划教育的研究，教师本人是最为直接的受益者之一，也是最先接触生涯理念的人。生涯师资培训既可以激发新教师探究生涯知识的欲望，又能够重新"激活"老教师的工作热情。

第二节 生涯课程体系建设

一、校本特色课程

随着新课程改革在全国范围内的持续深入和推进，校本课程作为新课程计划中的重要组成部分，如何开发与学校教学目标、教学宗旨相契合的课程成为主要的研究课题。校本特色课程是校本课程衍生出的一种特色化课程，如果说校本课程强调学校本体，那么校本特色课程则更加注重教师教学能力的开发和学生个人素养的提升。对于学校而言，课程体系的建设应始终以课程文化作为建构依据，当学校课程文化得到充分展现时，才能够从真正意义上凸显学校的办学理念和育人目标。且从性质上看，校本特色课程是对学校当前基础性课程的一种有效补充，其所设置课程的内容不仅具有较强的针对性和目的性，还有利于学生实现自我能力与核心素养的全面提升，对学校品牌形象的塑造和教学成绩的宣传也起到了良好的推动作用。本书以福建省同安第一中学校本特色课程为例，分析校本特色课程在生涯教育中的作用，并以案例导入形式对校本特色课程的具体实施方案进行详细介绍。

（一）校本特色课程在生涯教育中的作用

福建省同安第一中学原名"同安公立初级中学"，是厦门市一所直属于教育局的高中学校，学校秉承思想家王守仁"知行合一"的理论学说，在教学理念和办学目标上力求"以人为本，和谐发展"，不断为学校自身发展注入新鲜血液，并开设了一系列独具特色的校本课程。

学校在规划和设计校本特色课程时，严格遵循学校校训"知行合一"，并以此作为特色课程的核心设计理念。"知行合一"中的"知"就是"知识、认识、认知";"行"指的是"行动、实践、践行"。"合"与"一"意思互通，即"统一、融合、结合"。整个校训是实践、认知、统一的集合体，简单概括起来就是对世界的认知不是单一学习的过程，还应在学习中嵌入实践和行动，如果个体只是认识了某一事物，但未真正参与其中，没有切身体验过，使无法认定为"真知"，而如果个体盲目采取行动，并最终取得了成功，但整个实践过程缺乏理论和知识的支撑，同样不属于"真知"。只有两者相互统一、互为表里，才是真正意义上的"知行合一"。在对"知行合一"进行深层解读后，学校在生涯教育校本特色课程顶层设计过程中将设计内容按照"认知篇"和"实践篇"两部分进行了划分，尝试通过均衡的"知"和"行"的内容占比构建具有特色和个性的课程体系。

（1）知识篇。在"知"体系构建过程中，学校生涯教研小组根据生涯教育特性和学校自身教育理念，编写了生涯教育专用教材《心的方向——高中生涯课程》。该教材作为学生了解生涯知识的入门钥匙，可以唤醒学生的生涯意识，帮助学生进行客观的自我评价，在了解不同时期人生发展变化后，根据自己的能力畅想未来所从事的职业和发展方向。另外，教材还引入了学生综合能力提升策略，培养学生在选课决策、目标管理、压力管理以及实践管理等方面的能力，增强学生未来道路上的主动权；介绍了关于各著名人物的生涯故事，帮助学生从故事中汲取生涯知识和感悟。例如，在周哈里窗生涯知识教学过程中，教材引入了本校优秀校友庄哲铭作为人物案例，介绍了庄哲铭在初入大学时对人生的规划，也分享了他的心路历程。学生在听取优秀校友生涯故事后，可通过活动探索形式，如从不同角度进行自我评价，讲述自己的主要特征、自己的优缺点，全面了解别人眼中的自己和自己眼中的自己，在此过程中无缝衔接周哈里窗评价模式的相关知识，向学生普及该模式的结构组成，让学生全方位地认识"开放我（Open）、盲目我（Blind）、隐藏我（Hidden）以及未知我（Unknown）"等知识内容及相互之间的关系（图2-1）。学生在掌握生涯知识后，可以对自己的知识面进行多层次、全方位的拓展，对自我有更加全面的认识。

	自己知道	自己不知道
别人看见	开放我（Open）	盲目我（Blind）
别人看不见	隐藏我（Hidden）	未知我（Unknown）

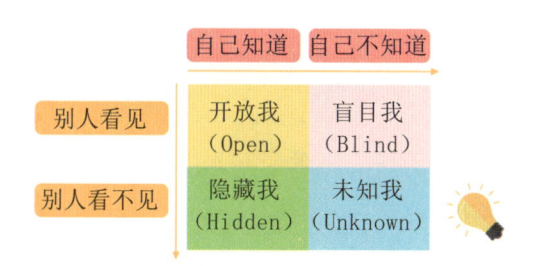

图 2-1　周哈里窗模式

学校这种以"人物生涯故事"作为知识教学的起点，以"我的感悟"作为教学活动的特色，以"活动探索"作为课堂知识的实践，以"生涯知识"作为课堂内容的深化，以"生涯拓展"作为自我认识的延伸的生涯知识体系，不但可激发学生参与对生涯知识探索和学习的兴趣，而且有助于突出学校生涯课程的教学特色。

（2）实践篇。在学校生涯特色课程顶层设计过程中，为体现本校"知行合一"的校训，社会实践必不可少。❶除了知识的普及之外，社会实践也是其中不可或缺的内容。社会实践主要是让学生进入实际情境，体验不同环境中可能存在的问题，并在实践过程中对自身的知识水平和技能进行综合检验。这种实践性教学理念对教师有着极为严格的要求，如教师应结合生涯教学实际、学生学习特点，科学合理地选择实践材料和实践方案，在确保实践活动开展有效性的同时，提升学生参与实践的积极性与主动性。本校在生涯规划实践活动中尝试让学生深入大学校园，参观大学校史馆，并在大学图书馆做志愿者，参与图书馆宣传活动。例如，让学生体验在图书馆担任图书管理员，介绍电子书借阅机与"文化一点通"掌上移动图书馆的使用方法和各项功能，并逐一解答图书借阅者的疑问等。学校会定期组织学生开展生涯体验活动，如带领学生走进当地创业园区，参观工厂"生产前线"，了解最新的生产工艺和生产技术，与讲解员一起回顾企业早期生产局限和后期一系列技术革新，等等。在这场以"走出校园，走进工厂"为主题的社会实践活动中，学生学到了该领域最新的技术概念和生产知识，这是书本知识所难以实现的。同时，该活动为学生提供了良好的职业平台，那些热爱生产技术的同

---

❶ 林新贵,易根苗.高职课程体系建设的有效性策略研究[J].宁波职业技术学院学报,2015,19(6):24-27.

学可以更加坚定自己的学习目标，沿着自己规划的生涯目标奋勇前进。

通过上述社会实践案例，不难发现学校特色实践活动的开展可以使学生接触到课堂上无法涉及的内容，有助于学生拓宽生涯知识认知范围，也有助于学生在实践过程中重新调整和优化未来的人生规划，从而为学生奔向更好的明天提供动力。

（二）校本特色课程案例

法治教育是普法规划中的一项重要内容。规划要求各级各部门必须加强法治宣传和教育，学校将法治教育纳入校本特色课程正是践行国家关于"依法治国"的要求。在法治教育课程开展过程中，学校还与当地法院建立了合作关系，由法院带领学生参观法庭，讲解案件审判流程，从而在参观和讲解过程中培养学生的法律意识，做到懂法、守法。

图2-2为法院审判庭人员带领学生参观法院。对于前来参观的学生，审判庭庭长进行了热情的接待，并将生态司法文化宣传教育基地和生态审判庭作为两个重点参观项目。在学生参观过程中，庭长详细介绍了一系与列法庭相关的知识，如法庭设立的主要作用和功能、法庭上所开展的法律活动的类型和内容、法庭上法槌的使用方法以及法徽在法庭上的重要含义。在庭长的讲述过程中，学生对法徽的印象尤为深刻。在讲解过程中庭长不仅阐释了"法徽代表正义的天平"的重要含义，还讲述了一个"背着国徽去开庭"的伟大案例——图2-3为三江源法官身背国徽踏雪前行的画面，法官的身影犹如电影一幕幕闪过，他迎风前行、不畏艰险，只求保护三江源生态环境，重点打击非法捕猎，为珍稀动物创造安全的生存环境。法官穿梭在高山峡谷，身扛正义，顶风冒雪，将法律公平和正义带到每个角落的精神深深感染着学生，激起了学生对法官职业的尊敬和向往。

图 2-2　学生到法治宣传教育基地参观

图 2-3　背着国徽去开庭

　　审判庭庭长还原了实际开庭环境，让学生选择自己喜欢的"角色"，如审判长、审判员、公诉人、书记员、原告、法警、被告等，带领学生按照实际庭审流程进行全过程的体验。图 2-4 为学生扮演的"诉讼代理人""被告"，学生身处情景化的庭审环境中，亲眼目睹法庭调查、法庭辩论、法庭评议等过程，切身体会到了法庭工作的庄重与严肃，也从中学到了许多关于庭审程序和庭审规则的知识，整个情境角色扮演收获颇丰。

图 2-4　学生扮演法庭"诉讼代理人""被告"角色

学生在经历过庭审流程后，观看了由法官联袂演出和制作的法治宣传影片——《童画》。该宣传影片的制作思路源于该法庭所审理的一项刑事类审判案件，案件中法官与犯罪分子上演了一场智慧的较量和人性的博弈，最终在充分的证据面前，犯罪嫌疑人承认了其犯罪事实，认识到了自己的所作所为对社会的危害。该影片体现了法官作为执掌正义天平的人，就像走钢丝的杂技演员，不得有一丝一毫的偏差，需要时刻维护国家司法的公信力和权威。临近课程活动结束，学生逐一表达了此次法庭之行的体会与感悟。有的说："这是我第一次真正意义上了解法官工作。"有的说："原来我们身边隐藏着这么多正义使者。"有的说："我学到了很多在学校从未接触过的知识。"还有说："这次体验更加坚定了我考司法学校的决心"。这次法庭参观学习活动的开展，不仅丰富了学生对法院工作的认知与了解，还在某种程度上对学生法律意识的增强起到了积极的推动作用，极大地提升了学生参与校园各类普法活动的积极性与主动性。此次以"法治国家"为核心的生涯特色课程活动，在学生心中埋下了一颗法治的种子，期待学生能够不断积聚生长力量，勇敢成长。

我们通过对学校生涯特色课程案例的分析可以发现，学校对校本特色课程的开发与实施自始至终坚持着对学生核心素养的培养和提升，这种在基础理论课程教学的基础上适当增加特色课程占比的方式，凸显了常规课程的特色，也为学生未来综合、全面的发展奠定了坚实的基础。

二、校本实践课程

纵观我国教育史，无论教育体系如何变革创新，教学课程始终由国家统一设置，从小学到初中再到高中的教学计划、教学大纲以及教材等均为国家根据地方教育情况所制定的系统化标准，这就使全国各地的教学内容和教学方式逐渐趋于同质化和统一化，教学中可选择因素较少。20世纪末，国家将教育改革目标逐渐转向课程领域，特别是《全日制普通高级中学课程计划（试验）》规定的颁布与实施，将课程设置的部分权力移交至学校，由学校根据自身实际进行课程的分类，如理论课和实践课。

我校在课程改革方面进行了一系列尝试，立足学校办学宗旨和人才培养目标，与新课程理念以及新高考政策相结合，对传统课程进行了优化组合与搭配，并在充分考虑学生学习兴趣、学习目标以及学习能力等因素的基础上规划了大量的实践性课程内容。这种全新的课程规划形式，不但与国家教育政策相契合，而且能够在某种程度上满足学生对多样化课程的要求。

本书从理念、实践以及价值等不同维度分析了我校校本实践课程的本质、方向以及目标，详细内容如下。

（一）理念引领——回归教育本质

埃德蒙德·胡塞尔是德国著名的哲学家，被称为现象学奠基人，其在对世界各类自然现象和非自然现象进行探索时，特别是对两项有关世界的内容进行了深入探索和分析后，认为"生活世界"和"科学世界"是两种完全分隔开来的世界，并且坚信"生活世界"的形成要先于世界上其他事物，如科学、概念等，其所构建的世界均有直观性特点。而"科学世界"更加突出世界中的理性特点，如人们对一切活动的开展都依托前人经验及其所制定的一些标准和规范。他通过对"生活世界"和"科学世界"关系的分析和研究，发现"科学世界"的形成在某种程度上依赖"生活世界"，也是人们获取丰富经验的主要源泉。那些跳出"科学世界"，重新回归"生活世界"的人们可以从中获取多重表征，且随着表征的逐渐多元化和系统化，其对生活的体验也日渐丰富。2017年，国家教育部为进一步强化实践育人，推动实践活动课程在学校课程体系中的落地与实施，制定印发了专门的《中小学综合实践活动课程指导纲要》，指出课程实践活动不应局限于传统课程，应走入每一位学生的生活，让学生在体验学校生活的同时，走出校园体验和感受现实社会中真实的生活环境，打破传统课堂教学对学生个性和思维的束缚，释放学生长期被压制的学习个性。

通过对上述国外思想学说和国内教育政策的认识和解读，我校在校本实践课程设置过程中与自身实际情况相结合，由专门的生涯课程专题小组负责实践课程内容的规划。专题小组在校本实践课程设计中，无论是生涯理论课程方面还是体验活动方面，都尽可能以自身实际基础作为依据，并最大限度地保证活动的有效性。其中，对家长资源和教师资源的灵活、高效应用是校本实践课程设计中创新度最高的两项内容，即"家长真人秀"和"心理学科沙龙"。这两项活动被认为是我校生涯实践课程中的两大王牌活动，其设计与推广不仅尽可能地挖掘了可整合的资源，还具有极好的可推广性，即使资源水平不佳的学校也可以学习和利用。

（二）智慧引路——探索实践通道

为了让学生真正"活"起来，让学生走出课堂到各种实践活动中亲身感受和体验，在活动中挖掘所蕴藏的真理和知识，通过社会实践和活动体验提升学生挖掘新鲜事物的能力，我校基于校本实践课程设置标准和实施规范，对不同课程组织和开展形式进行了探索，总结出了实践型、讲座型、游学型、参观型等实践教学通道，现逐一进行分析。

1. 实践型

我们定期带领三、四年级部分学生到基地向当地桑农学习桑树的培育方法，亲身体验种桑的过程，观察记录桑树的成长过程。我们还组织学生到实践基地剪桑枝、采桑叶、喂蚕宝宝、拉绵等，让学生在亲身体验中感受活动的乐趣，提高学生的动手实践能力。

著名教育家陶行知认为"生活即教育"。这一教育理念一直沿用至今，国家教育政策对此也有所体现，如为进一步推动中小学教育和劳动教育的深度融合，教育部门鼓励学校开展各式各样的生活教育实践活动。为落实这一政策，我校于疫情期间布置了一项特殊的家庭作业——"学做一道菜"活动，并让学生讲述自己做菜的经过。学生在接受这一特殊作业后，欢呼雀跃，准备大显身手。很快，各式各样的佳肴、甜品、饮料在学生的忙碌劳动后产生，最后还评选出了最受欢迎的美食。这种生活实践类活动的开展让学生体验到了劳动的乐趣，也在一定程度上实现了对学生手脑并用能力的系统培养。

2. 讲座型

为确保学生能够更加透彻地理解生涯规划，学校组织校内专业生涯教师，邀请参与学校生涯教育的51选校教师为学生开展生涯规划讲座活动。例如，在我校生涯教师开展的《生涯唤醒之人生曲线》大讲堂（图2-5）中，教师基于两大生涯研究理论体系，即塞利格曼挫折事件的解释风格理论和舒伯的生涯发展理论，将人的一生比作一个坐标轴，以轴上的曲线比作人生所走的每一步，并结合案例教学、活动体验以及理论讲授等多种教学方法形成相互穿插的教学模式，引导学生回望从出生到现在的各种经历，从中汲取养分，挖掘自身特有的潜在能力，为未来成长和进步提供动力，并在塞利格曼挫折事件的解释风格理论的支撑下，形成积极、乐观的解释风格，造就自信、开朗、努力向上的学习个性。

图2-5 学校组织开展的生涯转向讲座

3. 游学型

游学型教学模式与自然式教育理念基本一致，主要是让学生走出校园，拥抱大自然，让学生在多彩的大自然中体验课堂中所没有的学习乐趣。例如，我校组织学生深入当地植物园开展以观察和学习为目的的游学活动。在这一活动中，学生按照教师所制定的研学内容，3～5人为一组，到不同的指定地点，完成相关挑战和任务，每完成一个任务可获取下一关卡相关提示，完成任务次数越多，越能够在指定时间内高质量地完成挑战。图2-6是学生正在完成一项项具有挑战性的任务。通过这个活动，学生学会了认知，学会了相处，学会了做事，并在活动中增强了团队凝聚力，增进了彼此的互助与合作。

(a) 学习使用指南针

(b) 小组一起学习知识　　(c) 手绘绿色地图

图2-6　学生在完成不同挑战项目

通过游学型活动的开展，学生可以在大自然中认识各种植物、动物，学会与小组内成员合作完成每一个任务的挑战，这在某种程度上可形成对学生相互帮助、相互合作意识的有效培养。

4. 参观型

近年来，我们定期带领学生参观雪丝绵被厂缫丝厂等的展厅和生产车间，让学生亲历产品的生产过程和成品的展示效果。特别是在丝绵被生产企业的展厅，学生不仅清晰地了解了丝绵的发展历史，更被那一间间不同色调、不同风格的家纺展厅所深深吸引，从学生充满赞赏的眼光中，我们分明看到了他们的审美情趣在提升。

目前，我校与本地多个企业合作建立了实践教育基地，可以定期组织学生深入教学基地进行参观学习，将教学带到活动现场，让学生在真实互动的环境下理解和巩固相关知识。例如，我校于开学返校之际组织学生来到青少年法治教育基地，为学生上演了一场充满智慧和现代感的法治课。图2-7为法治教育基地情景体验教学程序，学生可以通过与机器的有机互动，根据自身实际选择男性或女性，做出选择后，机器会根据选择结果自动生成相应的情景体验题目。

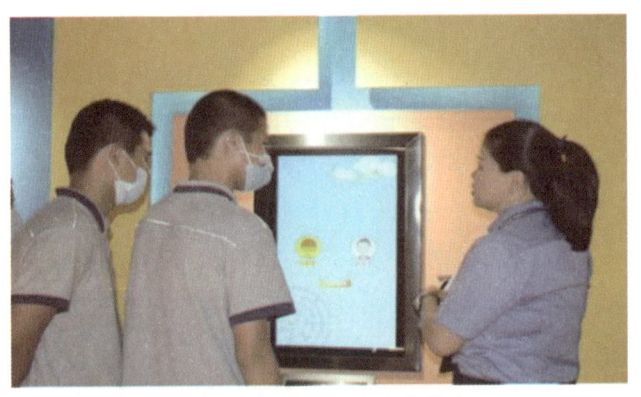

图2-7　情景体验式法治教育

又如，教育基地还开展了一项主题为"法治跑道"的体验项目，让学生骑动感单车，一边躲避屏幕上的障碍物，一边回答所显示的相关法治知识，答对越多，分值越高。学生在分数的诱惑下，争先恐后地尝试答题。这种体验式教育活动不仅有利于增强学生学习法治知识的兴趣，还可取得良好的法治教育成果。图2-8为学生接受法治跑道项目挑战。

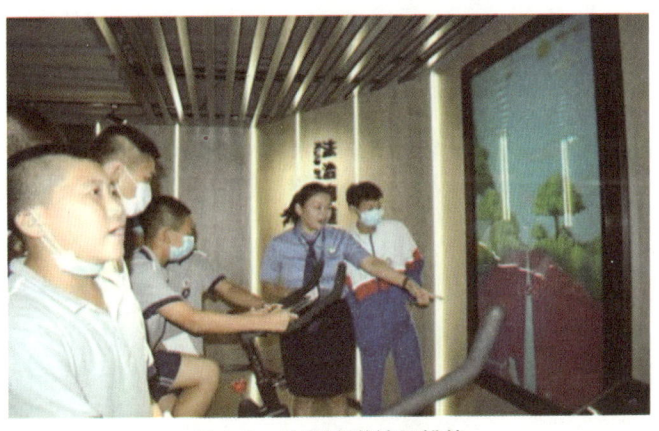

图2-8　法制跑道答题挑战

（三）心灵引擎——任重而道远

不同于传统理论性课程内容，实践课程无论是在内容还是形式上都具有开放性的特点，所以学生在实践活动中可以发挥自己的想象，可以有选择地参与实践活动。从教师角度看，在实践性教学模式之下，其必须不断强化自身在思考和教学方面的能力建设，紧抓国家和社会各领域为教育事业所创造的教育先机。学校则经过实践型、讲座型、游学型、参观型等实践教学通道的建设，以及对周边区域教育资源的有效整合，基本形成了实践主体突出化、实践内容多样性、实践体验全程化、实践形式开放化以及实践目标整体化的教学体系，这一体系在实际教学中发挥着不可或缺的作用和价值。

1.在自我价值完善中抓好"三条线"

（1）学校的教学宗旨在校本实践课程探索过程中得到了充分体现，一切均按照办学目标按部就班地开展。特别是学校与校外各方所建立起的实践教学基地，不但打通了树立在校内和校外之间的"铜墙铁壁"，提供了学校与当地各企事业单位在教学资源和人才培养方面的双重共享，而且使学校可以在与外部进行信息交换时获取更多有关市场人才培养的最新政策和要求，有助于学校灵活调整人才培养方案，并通过各种现代化教学理念和教学技术的引入，加强理论教学与实践教学的深度融合，促进学校整体教育质量的全面提高，从而为社会提供源源不断的优质人才。

（2）教师在校本实践课程建设过程中自身教育水平和技能得到了明显的提升，并逐渐从传统课堂上的"独白者"身份中走出来，重新定位自身在课堂中的角色，成为教学活动的"引导者"。作为一个新开辟的课程方向和发展思路，校本实践课程在早期师资队伍组建过程中面临多方面的挑战，其中师资力量匮乏和教学条件落后等的影响最为深刻，容易形成对教学活动的严重阻碍。但随着学校资源领域的不断拓宽，特别是校内和校外多个实践教学基地的先后建立，为实践课程的开展提供了丰富的教学素材和实践场地，使校本实践课程逐步走向正常轨道。长期致力于理论知识教学的教师通过企业或生产服务参与实践活动，从单一的理论知识中脱离出来，形成了对该课程内容的全方位认识和了解，并通过在企业进行的工作和锻炼找到了属于自己的转向指导模式和课题计划方案。因此，从某种角度看，学校与区域内各企事业单位合作建立的实践教育基地在一定程度上为教师提供了不断扩展和提升自己的空间,并为其后期教学手段和教学理念的调整提供了依据。

（3）实践教育基地的全面推行有效拓宽了学生对生涯知识的了解范围,其对知识的学习不再依赖教师单方面的灌输,而是扮演起了课堂的主人,学生可以有选择性地参与或体验专项课程。这种教学模式上的开放性、自由性以及民主性,让学生不再拘泥于理论知识,从而更多地参与社会实践,大大提升了自身的动手能力。另外,实践教育基地在学校常规化教育内容中的持续渗透为学生提供了广阔的探究和学习平台。学生可以在两种教育模式下开展多种多样的研究性活动,并与其他学生或教师交流研究成果。在这一过程中,学生的创新精神、探究能力以及实践能力都得到了系统化的培养。从另一角度看,实践教育基地的建设和学校实践教学计划的落实使学校教育精神得到体现,无论是学校"以人为本、知行合一"的教学理念,还是企业精益求精、艰苦创业的工作精神,都将成为学生思想建设的重要内容,从而实现真正意义上的实践育人。

2. 在内涵延伸中丰富社会实践

一方面,学生各项学习活动的开展不再受时间和空间的限制,延伸出了以实践活动为主的第二课堂空间。在第二课堂中,学生可以在大自然、企业工厂、历史博物馆以及其他城市空间自由探索、乐于实践,在与社会实践亲密接触的过程中掌握各种实践能力。另一方面,学生实践性的活动越来越多,传统学习实验、生涯辩论、校内体验等已无法满足学生实践活动的需求。而学校与校外企业相互合作所建立的实践教育基地使学生的社会实践活动在内容和形式上得以延伸,学生不但可以接触到各种类型的实践活动,如环保类、爱心类、成长类、科普类等,还可以在体验中对其中所蕴含的知识进行多维度的探索与拓展,形成自身独有的实践认知。

3. 在全面发展中体验教育乐趣

"体验教育乐趣"这一主题所面向的对象既可以是学校,也可以是教师和学生。从学校角度看,实践教育基地的规模化和数量化建设为学校各项教学内容,如实践活动、研究性学习等的开展奠定了坚实的基础。针对生涯教育,学校生涯师资团队围绕学校综合教育理念编印《心的方向——高中生涯课程》等校本教材,并被列入全国教育科学规划课题。该项课题的规划与组建为学校后期校本实践课程的实施提供了理论性参考。从学校角度看，将学生在实践活动中的优秀学习品质引入生涯课堂，通过教师与学生相互学习、相互借鉴的方式提高课堂教学质量，能够有效改善学生对理论课堂的固有评价。从教师角度看，新时代背景下，教师被赋予了新的教学使命和教育职责，这使教师不得不加快转变传统教育理念，在教学方式上大胆尝试，将教学重点转移至学生生涯实践和体验等领域，促使学生精神世界丰盈和升华。对于学生而言，学生主观能动性得以在实践活动中全面发挥，彻底扭转了自身在传统教学环境下的被动格局，开始探索内心深处的自我，感悟学习的真正价值和意义。另外，学生在实践活动中的内心体验更加充分、全面，有助于形成良好的心理素质，树立极富个人色彩的价值观和人生观，成为真正意义上的"主人"，自主掌握学习权利。而从企业角度看，与学校合作，借用学生独有的智慧，可形成对产品的无形化宣传，为自身赢取更多的社会关注，有利于企业文化的建立和品牌形象的塑造。

从本质上看，教育并不是单一的知识传播，更多的是在知识传授过程中赋予所教授对象新生的力量和发展的动力。在校本实践课程构建和完善的过程中，生涯教师团队成员各抒己见，提供了很多奇思妙想的教学办法和创新性的教育思维。但作为一项新型课程内容，校本实践课程还应在后续课程活动开展中持续探索以下问题：学生有什么学习和实践偏好？如何增加实践课程的趣味性？如何让学生在玩乐中学习更多的专业性知识？

三、研究性学习

随着新高考政策的启动和实施，全国各大中小学和教育机构掀起了一场改革热潮，生涯教育体系建设就是改革中的热门内容。目前，各学校皆进行了积极的尝试，提出了多种构建方案。在众多体系构建方案中，笔者认为研究性学习不失为一种全新的尝试。

（一）"自我认识类"课题——全面认识自我

以最新修订的《中华人民共和国职业分类大典》中所列入的职业类型数据看，我国现存的职业有1 481个，种类之繁杂、数量之庞大是学生难以想象的，且每个职业自身所具备的特点不尽相同，对从事该职业的人员的要求也不同。因此，若要确保学生对未来生涯有更加明确的规划，需要使学生对自己的兴趣爱好、性格特点、能力水平等方面有更加深入、更加全面的认识。那么，我们该怎样通过正确的指导使学生对自己有精准的把握与全面的认识呢？在校内开设心理辅导活动课，通过系统化的心理健康教育确保学生整体掌握自我认识的技能和方法便是途径之一。但不同于其他内容，学生对自我的认识过程更像是一种融合了自我反思和自我实践的探究性过程，学生对自我进行深刻反思后，可以根据反思结果更加客观、公正地对自身禀赋、爱好、兴趣、特长进行评估和挖掘。研究性学习主题的设定——"认识自我、评估自我"为学生自我反思和自我实践活动的开展提供了重要的参考依据。在对以往生涯教学经验进行总结后发现，前期探索阶段的生涯教育中的教学多指向一些具有研究性质的课程，如实验研究、自然研究、项目设计研究等，对学生自我认知类课题的开发与建设少之又少。但从研究性学习角度看，其中最为关键性的一项内容就是"自我研究"。

针对这一课题内容的缺失，学校可从不同角度促使两者在教学内容上实现深度融合，如在研究性学习的基础上增加心理健康教育的相关内容。对于这种融合式的教育模式，不同教师对其接受程度不同，所采用的授课方法也不尽相同。部分教师在课程开展过程中主要将课程系统分为两大类——理论和练习。其中，理论部分主要是向学生普及一些心理学方面有关如何认识自我的内容，练习部分主要是在课余时间为学生布置研究性学习的相关作业。例如，你在学校有没有参加实践活动？如果参加过，那么你在其中扮演什么角色？请根据实践活动中你的经历和收获，写一份关于自己在实践活动中的性格表现和能力水平的报告。

还有部分教师对"认识自我"研究性学习的设计多以学习过程和学习结果为重点，前者主要是改变以往的教学方法，通过对学生的调查与访谈深入了解学生各方面的资料，如性格、能力、特点等；后者则根据调查和访谈结果生成一份自我评估表，让学生对自己进行系统评估。这种教学方法直接省去了教师对专业知识的笼统讲授和普及过程，将教学的重点转移到了对学生自主学习能力的科学培养上。以学生自主调查内容为例，教师应协助学生一起完成对所搜集资料和内容的甄别，以确保资料的科学性与有效性，以及后期访谈内容和结果的真实性。

(二)"职业体验类"课题——了解社会职业

在一个人的生涯规划中,首要规划原则就是要保证所选职业与自身兴趣、能力等高度匹配,因为脱离原则所开展的生涯规划活动并不利于未来工作的顺利开展,还会对未来个人价值的实现产生直接影响。如果让一个活跃于各种社交场合且善于言辞交际的人从事对专注力和自制力要求极强的职业,可能其会产生极大的不适应性。对此,教师应引导学生从不同角度出发,重新审视自己的优点和缺点,同时搜集大量社会上的职业信息和资料,从而对自我和职业之间的关系有更加深入的理解。目前,"企业体验"已被诸多学校纳入社会实践课程行列,此类实践性活动的重点是在学生和社会之间搭建沟通桥梁,让学生接触和体验丰富的社会活动,加深其对不同职业的了解。鉴于此,生涯规划教育可以以"企业体验"为依托,以"职业体验类"课题内容为核心,组织学生开展各项体验活动。具体职业体验内容可以是职业本身方面的,也可以是个人要求方面的。如果是职业本身,则应需将研究重点聚焦于工作形式、工作内容、工作规范以及工作特点等领域。如果是个人要求,则所研究内容可以是性格、能力,也可以是兴趣、爱好。

另外,在学生深入了解社会上不同职业类型的过程中,"职业体验类"课题的开展还可以从以下两方面入手:一方面,学生咨询和了解父母及其他亲友在职业选择过程中的各种经历,了解当时社会职业环境和现阶段就业环境的差异;另一方面,学生借助互联网平台搜集理想学校所开设的专业课程的信息,选择自己喜欢的专业,并对专业当前的发展情况和未来趋势提前进行了解,为未来升学选择专业和就业铺设道路。

(三)"项目设计类"课题——科学规划人生

目前,全国各大中小学对"项目设计类"课题的研究性学习及其项目设计主要从两个方面入手,一是科技创新,二是社会活动。在帮助学生对自我重新认识和探索的过程中,除了积极推动项目设计与生涯规划教育联合开展,还可尝试彻底摒弃自我探究模式,灵活引入各式各样的研究性学习活动,以使学生对社会不同职业的内涵、特性及要求等内容有深入的了解,并以"项目设计类"研究性学习为基础,对未来学业发展和人生道路进行科学合理的规划。但从某种角度上看，无论是升学发展规划还是职业生涯规划，都无法脱离职业而单独开展，如前者的规划目的主要是激发学生对职业生涯的意识，引导学生将学业与职业生涯规划联系起来；而后者的开展很多情况下需要以前者为前提条件，如果学业规划偏离实际，职业生涯规划也就无法顺利实施。需要强调的是，此次研究所提到的"学业规划"并不局限于传统课堂学习，其实际范围相对宽泛，课外活动、生涯规划讲座、公益实践等均属于"学业规划"范畴。另外，学生在就自身所选定的"项目设计类"课题进行设计和研究的过程中，应将自身所具备的技能、特点、专长以及初步规划阶段、未来职业发展意向等多种因素纳入考虑范围内，确保整个人生规划的科学性与完整性。

如果学校同时糅合多个课题，如"自我认识类"课题、"项目设计类"课题以及"职业体验类"课题等，使学生围绕课题展开深入的研究性学习，则最终可形成一个集自我认知、职业体验以及人生规划于一体的生涯规划报告，进而从根本上推动生涯规划教育成果的丰富化和多样化。

四、与企业合作

随着每年毕业人数的增多，大量应届人才如洪水般涌入人才市场。面对日益激烈的社会竞争以及就业压力，国家先后提出了多项优先发展教育的政策和理念开始寻求新的发展道路，经过多方探索与实践，将目光从传统短期规划中跳脱出来，尝试接触当地各企事业单位，并与之建立了良好的合作关系。目前，这种多方合作的模式在高等教育与职业教育中较为常见，但随着生涯教育理念在中小学领域的逐渐渗透，各中学也逐渐意识到了与企业建立互信、互助关系的重要性，并在此方面进行了多种形式的探索。

我校在"校企合作"方面开展的实践主要是与51选校公司组成教育伙伴关系。自2016年生涯教育被引入初高中教育后，经过数年不断的优化和完善，我校对生涯规划教育已有了较为全面的认识，基本已确立了以学生能力和天赋的挖掘为核心的教学目标，让学生在选择升学路径时尽可能契合自身的学习特点和能力。但对于所制定的目标和确定的方向，我校始终没有找到一种可行的方案。51选校作为一个专门针对生涯规划的教育平台，可为学校提供各种各样的生涯教育服务，解决学校各种教学难题。该平台内部系统除了具备专业化的生涯规划教育体系，还可以对学校内负责心理健康教育课程的教师进行全方位的培训与认证，促使心理类教师向生涯规划教师转型，增强学校生涯规划教师师资力量。

（一）企业简介

厦门创元邦达软件科技有限公司位于厦门软件园。公司致力于使用信息化技术、大数据分析和专业的心理测量、生涯规划研发技术等服务中学生生涯教育，是国内领先的中学生生涯教育解决方案供应商。

基于对高考改革政策和中学改革需求的透彻理解，以及对上海、浙江地区试点的调研，厦门创元邦达联合国际生涯发展协会（NCDA）、厦门大学等协会知名高校和研究院开发了"51选校生涯规划教育系统"，此系统能够帮助学校积极应对基础教育改革变化，针对性解决高考改革带来的学校教学组织与生涯教育中教师、学生、家长各个角色面临的新问题。

（二）51选校中学生涯发展教育方案主要特点和优势

1. 人性化的用户体验

生涯规划教育系统拥有人性化的操作界面，页面布局采用目前最流行的UI设计，界面功能清晰明了、简便易用。

2. 稳定的精英团队

51选校团队联合国际生涯发展协会（NCDA）、厦门大学等协会知名高校和研究院，为学校学生提供了最科学的生涯规划服务。

3. 丰富的高校资源

生涯规划教育系统所包含的2 800多所高校院校信息、500多种专业库、650多种职业数据库等可以让学生更方便、更快捷地进行信息探索，从而做出更优的选择。

4. 多维度的数据报表及分析

生涯规划教育系统可基于学校测评中积累的大量结果生成多种数据分析报表，帮助教育管理者从多个维度实时了解学生的测评状况，把握关键信息，为生涯教学指导提供依据。

5. 完善的数据安全体系

系统采用完善的数据加密技术，保证了学校核心基础数据的真实性、完整性以及在各个应用流转中的安全性。

6. 完备的培训服务体系

根据学校的具体情况，51选校联合国际生涯发展协会（NCDA），采用国家标准培养模式，通过专项实操演练，系统性地为学校培养生涯规划师。

7. 个性化的学生体验课程

51选校学生体验课程旨在辅导处于起步阶段的中学生，指导他们从自己的内部兴趣、需求出发，从外部环境、资源出发，探索自己的各种可能，以弥补高校与高中之间的信息鸿沟。

8. 建立生涯咨询室

51选校根据学校实际情况，提供可用于参考的生涯咨询室的设计方案，并提供触屏机和各类生涯书籍，辅助学校完成生涯咨询室的建设。

9. 持续的更新迭代

依据国家教育政策的调整和不断发展，51选校生涯发展教育方案将做出相应的调整并持续更新，以确保学校实时应对教育教学改革的最新要求。

（三）51选校中学生涯发展教育方案建设

1. 生涯规划教育系统

生涯规划教育系统涵盖生涯测评、三大数据库（专业库、职业库、院校库）、生涯资源库，以及新高考下的选课系统、导师制系统，并且实现了教师智能教学、学校智慧管理、学生自主学习、家长辅助参与等多种功能，让学校得以更为轻松地开展生涯规划教育。

（1）系统中的测评功能模块提供多种本土化生涯测评工具，可以帮助学生更合理、更科学地分析自身的性格、兴趣、特长以及职业偏好，从而明确学习目的，提高学习成绩。

（2）系统包含2 800多所高校院校信息、500多种专业库、650多种职业数据库等，可以让学生更方便、更快捷地进行信息探索。

（3）系统包含丰富的生涯资源，可供用户在线预览、收藏、共享、下载等。

（4）系统提供两种模式选课，以适应新高考模式，提供与时俱进的导师制系统,实现生涯一对一或一对多针对性指导。

(5)系统能够发挥教师、学生、家长、学校等不同角色在生涯规划中的功能作用。

2. 学生生涯体验课程

生涯体验课程不同于学科类的课程,以体验为主,课堂呈现形式多样,让学生由原来的被动变为主动,能够使学生对自己、对学业、对职业、对世界有最好的认识,让学生真正为自己而学、为兴趣而学。

学生生涯体验课程提供整个阶段的全部生涯课程、测试、教材、手册等。学生生涯课程有"生涯认知""自我认知""职业世界""专业路径""资源盘点""自我规划"六大主题,分为6次大课(90分钟)或者8次小课(1个小时)。

51选校直接派遣接受过完整培训的教师、职场讲师、生涯规划师,皆按照严格课程体系授课。课程内容是将知识与方法论结合,不仅能让学生学习整套知识,还能让学生学到一系列生涯规划的方法,不断完善自身的生涯规划。可用于解决新高考3+3选科选考和志愿填报等问题。后期由学校的自有生涯教师进行教学,只有部分生涯体验课程聘请51选校专业生涯规划团队进行服务。

3. 教师培训课程

教师生涯培训旨在对参加培训的教师进行生涯系统知识与技能的培训,通过参加培训课程,教师能够学习一套生涯辅导活动方案,从而更好地协助学生了解自己的兴趣及能力,帮助学生适应新高考制度,选择适合自己的大学专业。

此教师培训课程分为初阶培训、进阶培训、远程辅导,并对通过考核的教师发放生涯规划师证书,另有专家团队保驾护航,能够随时解决教师工作开展过程中的问题。

4. 编写特色校本教材

由51选校的专家团队培训出合格的学校骨干教师并协助其设计特色校本生涯教材,教材所有权归属于学校。教材的主编、副主编等可由学校指定。

5. 建设校内生涯咨询室

51选校根据学校实际情况,提供可用于参考的生涯咨询室的设计方案,并提供触屏机和各类生涯书籍，辅助学校完成生涯咨询室的建设。

6. 暑期生涯规划夏令营

51选校根据实际型、调研型、艺术型、社会型、企业型、常规型等职业倾向测评的结果类型，对接一批职业体验基地来组织学生的暑期职业体验活动，让学生亲临现场并通过培训和活动了解职业、了解社会。这种实践活动形式能够让学生充分体验不同类型职业倾向的工作类型。例如，实际型——制造业公司，调研型——科研机构，企业型——创业型公司、孵化基地，艺术型——广告公司、音乐公司，社会型——公益组织或事业单位，常规型——会计事务所，等等。

（四）51选校与学校共同组织经验交流与分享活动

学校在与企业合作过程中组织开展以"生涯教育"为核心主题的经验交流与分享活动，双方在生涯教育相关理论知识和实践经验方面互相学习、互相借鉴，形成优势互补，积极推动学校生涯教育质量的全面提升。

例如，近期我校邀请了51选校生涯教师到学校开展生涯教育交流与实践活动。此次活动主要由两部分组成，第一部分重点讨论"中学生涯教育的研究与实践"，参与活动的人员除了51选校教师，还有我校生涯指导中心的教师，双方经过热烈的研究与讨论，建立了合作关系，未来双方将共同参与生涯主题的研究；第二部分的活动主体为学生，并根据学生对当前生涯知识的了解情况开展了主题为"兴趣启航 科学学科"的专业讲座，目的是激发学生对未来生涯的兴趣，使学生畅想未来升学后所选择的专业科目及发展方向。但是，预想的前提是不脱离自身能力和成绩，这样才能确保选课决策和生涯规划的科学性及有效性。

在51选校和学校生涯指导中心双方教师交流分享的过程中，51选校对所建平台如何开展生涯教育工作进行了详细介绍：一方面，向学校普及了51选校平台包括生涯行政管理措施和生涯教育目标的明确、生涯活动的组织开展、活动设计方案的制定、教学课程的实施、学生个体咨询与辅导以及阶段性教学成果的改善与评估等在内的诸多教学内容及其开展流程；另一方面，总结了学校建立生涯教育平台后对不同层次生涯教育文献的研究成果，并根据研究总体方向，找到了下一阶段生涯教育的创新点与突破点。图2-9为51

选校教师与我校生涯指导中心教师进行交流分享。

图2-9 51选校教师与我校生涯指导中心教师进行交流分享

我校教师在此次交流分享过程中也与51选校教师进行了生涯教育相关工作经验以及既有研究成果的共享,并针对目前我校生涯教育所存在的诸多缺陷与不足向51选校教师吸取经验,提出了未来双方进一步开展合作,携手共创生涯教育美好明天的想法。

为增强学生对生涯教育课程的兴趣,51选校教师在选课指导讲座正式开始之前,让每一位学生完成了一项"中学生兴趣测评",使学生在课前对自己有了一个初步的认识。讲座进入正式阶段后,由51选校专业教师向学生普及"兴趣"在人类认识事物和对待事物过程中的重要性,并介绍兴趣与个人生涯发展的关联。在这一知识阐述环节,教师引入了霍兰德职业兴趣理论等相关理论性内容作为兴趣分析的基础,围绕现阶段理论研究成果解释了"人为什么会有各式各样的兴趣""不同兴趣类型具有什么样的特点"等一系列长期困惑学生的问题,并通过情景假设让学生真正了解霍兰德职业兴趣测评的价值和意义。

假设,在一次抽奖活动中,你很幸运地抽中幸运奖,奖品是一次免费的海岛旅游,具体岛屿已由官方限定,共有6个岛屿可供选择,且每个岛屿都有自己独特的旅游项目和活动。奖品有效时间为一年,即需要在岛屿开展为期一年的生活。

在描述完假设条件后,学生可根据自身兴趣从1~3个岛屿中自由选择。每个字母所代表的岛屿都对应现实中的某种性格类型,如现实型(R)、研究型(I)、艺术型(A)、社会型(S)、企业型(E)、常规型(C),如图2-10

所示。按照顺序依次排列学生所选择岛屿，即可获得相应的霍兰德代码，如I、S、E。

R：自然原始的岛屿。岛上保持着良好的自然生态环境，到处都是野生动物。当地居民以手工劳作为主，粮食作物自产自销，所居住房屋接近原始，喜爱打猎，擅长户外运动	I：沉思冥想的岛屿。岛内有大量天文馆、图书馆、科技馆等。当地居民崇尚科学，热爱观察新鲜事物，具有强烈的学习欲望，可与当地科学家、心理学家深入交流
A：美丽浪漫的岛屿。整个岛屿被浪漫的艺术氛围所包围，是众多文艺工作者艺术灵感的源泉，岛上随处可见街边雕塑和艺人，存在传统音乐、舞蹈、绘画等艺术形式	S：友善亲切的岛屿。岛上原著居民十分热情、亲切，岛内居民有系统完善的互助体系，将教育作为岛上文化知识的传播途径，岛屿充满浓厚的人文气息
E：显赫富庶的岛屿。岛内居民大多是企业经营者，具有丰富的从商经验，善于社交，能说会道，大量岛民从事律师、政治家、企业家等职业	C：现代化、秩序化的岛屿。岛上整体布局和外观形式趋于现代化，可从中找到现代都市的影子。岛内居民在性格上较为保守，具有较强的组织性和原则性，做事高效稳定

图 2-10　假设条件

兴趣测评活动的有效开展可以更加直接、快速地唤醒长期潜藏于学生内心的生涯规划意识，帮助学生树立正确的择校观和生涯观，使学生有勇气对未来可能面临的升学选择和生涯抉择进行探索，对未来生涯规划有更加明确的目标和方向。与此同时，学生生涯意识的觉醒以及学生参与生涯教育的积极性与主动性在某种程度上也有利于学校"职业体验"相关活动的开展。从学生自身角度看，在中学阶段提前接触生涯教育不但有助于提高大学专业选择的可靠性，而且有助于增强未来职业生涯发展的稳定性。目前，各界对于生涯规划教育的意见不一，有人甚至认为学生兴趣爱好与未来择校和人生发展无直接关联。对此，笔者认为无论如何，生涯教育活动的开展始终是为学生提供了一个自我反思、自我体验、自我探索、自我规划的平台，学生可以从中获得许多知识和技能，并学会反思和规划人生。这正是我校大力推行生涯教育的重要原因。

生涯教育实践过程类似于"积土成山，积水成渊"的过程，每一点、每一滴的积累都是未来学生完善自我和发展自我的根基。我校在生涯教育漫长的探索道路上，选择与51选校专业中学生涯教育平台建立合作关系，开放性地接纳和拥抱校外资源，有效推动生涯教育的常态化发展。

第三节　生涯规划教育云平台

51选校在成立之初，就以自身发展理念和企业宗旨为核心，自主研发了一项以生涯教育为主线的教育工具——生涯规划教育云平台。该平台主要分为三大部分：第一，生涯测评系统。该系统主要依托线上的各种测评工具以及平台所收录和组建的各种数据库，如院校库、专业库、职业库等，这些都是平台得以正常运转的重要支撑条件。第二，生涯规划系统。该系统具有显著的信息化和智能化特点，且平台可借助生涯资源库完善生涯规划教育。第三，生涯资源系统。在整个生涯规划教育云平台中，由学校、教师、学生、家长四个方面共同组成了全方位、多层次的生涯规划教育系统，图2-11为生涯规划教育云平台。

图2-11　生涯规划教育云平台

一、生涯测评系统

（一）生涯测评系统是什么

生涯测评系统在学校生涯教育活动开展过程中可以起到哪些作用？生涯测评系统对学校评估能力有哪些方面的影响？这些是目前绝大多数学校对生涯测评系统存在的困惑。对此，本书以51选校平台为例，对生涯测评系统进行大致的介绍。

51选校生涯测评系统的初步建立除了借鉴了业界内多年的实践经验，还借鉴了大量外部技术。51选校的生涯测评系统是基于国内外既有生涯教育相关研究和实践成果，依托云计算和庞大的大数据体系所构建的一整套生涯测评系统。该系统不但具有综合性强和实用性强等特点，而且与初高中生身心发展特点等高度契合。

在新高考改革背景下，各地纷纷贯彻执行"3+1+2"高考方案，这一变化使生涯规划低龄化趋势越来越明显。目前，我国现阶段生涯规划测评主要由传统职业生涯规划测评简化而来，并正在逐渐替代以往复杂的测评体系。

51选校生涯测评系统借助SAS统计分析系统件软SAS建立起了一整套测评体系，该体系可以让学生对自己进行客观化、准确化、专业化的测评，并且包含了一系列测试性的工具，如中学生兴趣测评、人格测验、中学生多元智能测评、职业价值观测试、生涯兴趣测评、MBTI性格测评等（图2-12）。上述各类生涯测评工具能够在某种程度上帮助学生对自身兴趣爱好、性格特征、人生价值等有更加清晰、明确的认识，为学生提供科学合理的选课策略和选课方案，确保学生快速适应新高考模式。

图2-12 生涯规划测评系统常见测评工具

从平台构建理念看，51选校所建立的生涯规划教育平台主要服务对象为广大学校，以为学校提供完整、优质的生涯规划教育服务为目标，旨在通过提供多种生涯教育方案，进一步加强学校在新高考教育改革背景下的统筹协调能力，使其做好迎接新一轮的机遇和挑战的准备，为学校下一阶段的生涯教育相关活动的开展提供科学的参考。从学生角度看，51选校生涯规划教育平台的构建拓宽了学生了解和获取生涯规划知识的渠道，不但有助于使学生的学科选择能力和生涯规划能力得到全面提升，而且让学生能够在平台中积累和掌握大量用以适应现代化社会的知识，为学生迈入社会提供了支撑。

（二）生涯测评系统的功能

随着新一轮高考政策的不断调整和持续推进，生涯规划教育成为了高中阶段一大重点改革项目，除了学校、教师、家长高度关注，社会各界人士也十分重视，一大批与51选校性质相似的企业不断涌现，系统化的生涯教育服务和生涯教育方案的输出，为学校生涯教育的完善提供了科学的参考。但无论是哪一个生涯教育服务机构，均构建了具有自身特色的生涯测评系统，且系统功能设置均涵盖以下三项内容：认识自我、外部探索、决策行动。

1. 生涯测评系统功能——认识自我

在生涯测评系统中，认识自我的功能在于引导学生对自己进行深入剖析，挖掘潜藏于内心深处的自我。与成人不同，中学生身体、精神、心智等各方面尚处于发育和完善阶段，对自己的人生观、价值观和世界观已经有了初步的认识，迫切需要正确的人生引导。生涯测评系统在学生探索自我、挖掘潜能、激发优势的过程中，可以向学生提供多个方面的测评工具，如兴趣测评、能力测评、性格测评、价值观测评以及学科兴趣测评等，并且可以根据学生不同的测评结果，提出一些具有针对性和可操作性的测评总结与规划意见，引导学生走出困境，从个人能力和性格特点入手，帮助学生不断丰富和完善自我。

2. 生涯测评系统功能——外部探索

外部探索功能与认识自我功能是两种相互对立的功能，如果说后者强调对学生自我的一种正确指引，那么前者就是让学生走出自己的世界，大胆探索外部世界。一般而言，外部探索功能的实现主要依托生涯测评系统内部庞大的信息数据库。借助数据库，学生可以检索自己需要的各类信息，如学生未来升学可能需要用到的学校信息、专业信息、职业信息等。其中，学校信息包括多所普通高等学校、成人高等学校的信息，每一所学校的信息都包含本校具有优势性的专业学科信息，学生可以根据系统自动生成的专业排名了解自己所向往的专业的信息。从数据库所收入的近千个职业信息几乎涵盖了我国目前所有的职业类型，除了理财师、医生、教师、公务员、网络人员等广受欢迎的职业，还包括一些新兴职业，如点评达人、试吃员、电竞顾问等。上述信息的归纳与总结消除了学生与外部世界的隔阂，有助于让学生真正融入外部世界。

生涯测评系统为学生"知己（认识自我）知彼（外部世界）"提供了最为直接的平台。外部探索是整个功能系统中的基础组成部分，与其他两项功能存在某种程度上的联系，三种功能只有同时发挥，才能够提升学生认识和分析的客观性与准确性。

3. 生涯测评系统功能——决策行动

决策行动与上述两种功能基本相似，均需要"以学生为中心"，与中学生阶段身心发展特点相结合，在教学方法上尝试引入联合性手段，如"启发性教学＋引导性教学"，指导和帮助学生明确未来如何填报志愿，如何选择专业，如何发展自己。除此之外，生涯测评系统还可通过自带的管理系统和统计分析系统，对校内学生的兴趣爱好和能力等进行全面收集和录入，并以数据表格或统计图表的形式展现给教师和学校，为教师重新规划和布置生涯课程内容及方案、合理安排下一阶段的生涯教育教学计划提供支持。

（三）生涯测评系统的实践过程

1. 施测前的准备过程

（1）了解学生生涯发展困境。生涯教师在对学生进行生涯指导之前，可与学生面对面进行交谈，提前了解学生对生涯知识的理解程度，耐心解答学生的各种疑难问题。值得注意的是，在与学生面对面交谈的过程中，除了要了解学生基本的信息资料，如性别、班级、兴趣、爱好、职业方向，还应就与生涯规划相关更深层次的问题进行询问，如学生目前的学业情况、对生涯规划存在哪些困惑、生涯规划知识掌握程度以及生涯规划中的发展方向是否因父母而有所动摇等。在条件允许的情况下，还应当对学生生涯个案辅导经历进行深入了解。

（2）建立良好的生涯辅导关系。一般情况下，第一次开展生涯个案辅导时，学生可能在心理上产生各种不良情绪，如紧张、焦虑、拘谨等。此时，若再加上生涯辅导教师未取得学生信任，学生依然持戒备心理，并且这种不良情绪一直持续到各项测试活动中，那么生涯测评结果的准确性与可靠性将受到严重影响。为避免这一状况的持续恶化，教师应回顾测试开展前期与学生的访谈过程,调整交谈模式,保持访谈者和受访者的平等性,避免将访谈视为一个单方面的询问过程,尽可能地让学生主动吐露心声,并且在这一过程中可将自己带入学生角色,站在学生的角度思考问题,让学生把自己当成知心朋友,从而为生涯测评和生涯辅导工作的顺利开展奠定基础。

(3)慎重选择生涯测评内容。生涯测评系统囊括了多项内容的测试,但是在实际生涯教育辅导过程中,并没有硬性规定必须完成每一项内容的测试,更多是以解决学生生涯发展过程中所面临的各种问题为前提,有针对性、有目的性地开展各项生涯测评。比如,当某一名学生因自身原因尚未确立明确的生涯目标时,教师可选择生涯测评系统中的兴趣测评内容,使学生通过测试对自己有更加全面的认识,了解自身兴趣范围,能够根据性格、特点以及能力等多个条件逐渐缩小兴趣范围,最终保留的兴趣内容即生涯目标。如果双方没有多余时间参与更多的生涯兴趣测试,则需要教师以询问的形式代替自我测试,在与学生深入沟通与交流后,选择1~2项能够直接、准确、快速得到测试结果的测评内容即可,无须逐条完成测试。

(4)做好生涯测评指导。对于从未接受过生涯测评的学生而言,首次参与测评时常出于对测评要求和测评内容等的片面性认识,认为此次测试结果会纳入最终学业成绩中,对自己日后升学和就业产生不良影响。针对学生的这一顾虑,教师需要在正式生涯测评前进行详细的说明,消除学生对生涯测评的各种不良猜测,使学生全面认识生涯测评,从而更好地推进测评工作的顺利开展。

2. 生涯测评正式实施的过程

正式开展生涯测评时,应尽可能选择教师和学生时间的相对较为充足的一个时间段,并且整个测试环境应始终保持无人打扰状态,最大限度地创造一个安静、稳定的测评空间。如果受其他因素影响,学生在校时间不长,那么在条件允许的情况下,可以让学生在休息或回家的时候进行测试。但是,鉴于教师在生涯测评过程中可以观察每位学生的反应,收集学生遇到不同测试题目时的情绪波动情况,仍应争取让学生在校内完成生涯测试或者有专门的教师陪同学生进行测试,以保证测试结果。另外,在生涯测试正式开展的过程中,教师作为测试的监督者和指导者,应避免对学生的测试产生干扰,可以在旁对学生测试过程中的情绪变化和身体反应等进行详细观察和全面记录。如果学生对测试题目存在疑惑，教师应第一时间予以解答，确保学生最终测试结果的可靠性与准确性。

3. 对生涯测评结果的处理

对求学过程中长期目标缺失的学生，在处理和分析其生涯测评结果时，应将学生自我认知水平、生涯意识、生涯兴趣等作为重点解读内容，并通过指导和帮助学生搜集和统计大量的生涯信息，促使学生对相关知识进行更加深入地探索和了解。如果生涯测试过程中，学生对所选答案犹豫不定、瞻前顾后，那么教师在解读该项测评结果时，可能产生不同的解读。一是测试结果趋近于前期预想。学生个人想法在经过系统测试后得到了更进一步的确定，长期积压在学生内心的顾虑得以消除，这更加坚定了学生以往的信念和目标。二是测试结果与前期预想差异明显。经过统一生涯测试后，学生更加清晰地认识到以往生涯想象和规划的缺陷与不足，而根据此次测试结果可以对其生涯规划目标和发展方向进行灵活的调整。另外，如果测试结果所含信息量较小、范围比较局限时，生涯教师需要积极、主动地与学生进行更加深入的心理沟通，使双方真正意义上进入生涯测试，并着眼于生涯测试全过程以及生涯测试最终结果的可信度等相关内容，致力对高价值、高水平信息的深度挖掘，帮助学生梳理和消除各种生涯困惑。

教师作为生涯测评结果的"第一处理人"，应对生涯测评所反馈的各种结果进行慎重处理，尽量避免学生按照自己的评断和臆想胡乱给自己"贴标签"，或根据测评结果的好坏对号入座。针对学生这一认知，教师应向学生详细说明，让学生认识到好的测评结果与坏的测评结果都是指引我们探索未来生涯的重要依据。同时，教师应当避免学生简单评价测评结果，而要通过引导手段让学生从不同方面和角度对测评结果进行更加深入地了解和分析。与此同时，为避免测试结果影响学生下一阶段的自我判断和自我定位，教师应防止测评结果外流。如果需要与家长就此次测评结果进行交流与沟通，教师也应在寻求学生意见后开展后续接洽工作。此外，如果教师在行业内部相关研究和讨论过程中，需要以某位学生测评结果作为参考依据时，需要提前做好学生个人信息的保密工作，避免学生个人资料处于暴露状态。

针对生涯测评结果，如果学生对最终结论存在诸多疑惑和不解，教师应予以高度关注，确定生涯测评过程中是否有遗漏项目，并对测评结果进行再三确定。经过更深层次的研究与分析后，教师可以从中厘清问题和症结所在，消除学生对生涯测评结果的各种疑惑。

二、生涯规划系统

（一）什么是生涯规划系统

在中学阶段，生涯规划教育工作的全面贯彻与落实极大程度上依赖生涯规划平台，且从某种意义上看，平台的搭建可为学生提供丰富的生涯知识，指导学生做好未来人生规划。本书主要以 51 选校生涯规划教育平台为例，综合阐述中学生涯规划系统及其影响因素、主要内容。

从图 2-13 中可以看出，51 选校所构建的生涯规划系统平台主要包括三大模块，即三大数据库互联系统、学生生涯档案系统以及生涯体验系统。

图 2-13　中学生涯规划系统

1. 三大数据库互联

三大数据库互联系统的建立主要依托三种不同类型的数据库，即院校库、专业库以及职业库。整个规划活动的开展需要提前做好相应的生涯测评，让三者共同作用，如此才能实现不同角色的功能。例如，有助于学校开展智慧化管理工作，有助于提高教师教学的智能化水平，有助于学生自主学习能力的培养以及提高家长参与教学活动的积极性，等等。与此同时，借助科学化、精确化的测试与算法，可以做到生涯测评结果与三大数据库的高度匹配和无缝衔接，促使系统内各类生涯信息实现真正意义上的互联互通。

2.学生生涯档案

关于高中阶段学生生涯档案的建立,学校应在遵循"以学生为中心"原则的前提下,帮助学生明确自己的学习目标,树立正确的人生观、价值观、世界观。在学生生涯档案系统构建过程中,若未能从真正意义上调动学生参与生涯档案建设的积极性,而是将学生置于被动境地,学生在这种被动参与档案建设的情况下,就容易滋生各种负面情绪,进而出现缺乏明确清晰的自我认识、编造生涯规划书、伪造社会实践等情形。另外,在学生生涯档案建设期间,无论是校内各机构、各学科教师,还是校外社会机构、企事业单位等均应积极参与其中,做到统筹兼顾,校内和校外各方协调,共同推进学校学生生涯档案建设。

3.生涯体验

生涯体验课程不同于学科类的课程,其以体验为主,尤其以多种多样的课堂呈现形式让学生由原来的被动变为主动,使学生对自己、对学业、对职业、对世界有更深入地认识,能够让学生真正为自己而学、为兴趣而学。

(二)生涯规划系统的影响因素

俗话说:"三分靠运气,七分靠努力。"其中,"努力"是个体发展的最大筹码,但每个人的努力都不是盲目、无序的,都是经过深思熟虑和系统规划的,进而从某种程度上看,一个人的规划好坏决定了其未来的发展高度,健全完善的人生规划就像助推器,动力充足,会带人去更广阔的天空,使人更接近自己的人生目标。相反,如果人生杂乱无序,如"老和尚撞钟——过一天算一天",那么整个人生就像冲向下坡路的过山车,越走越低,与人生目标渐行渐远。生涯规划教育系统的建立,为人们提供了获取生涯规划知识,了解生涯规划步骤的平台。但在系统早期构建过程中,其与其他内容一样,均存在一些影响因素,如个人因素、环境因素以及社会因素。下面笔者就上述三种影响因素进行系统分析。

1.个人因素

在整个生涯规划过程中,个人因素是其中一项基础影响因素,在个体人生方向和发展前景中具有积极的指向性作用。通过对个人因素的精细化分类,我们可以从中获取更为详尽的信息要素,如性别、年龄、兴趣、爱好、受教育程度、健康水平以及自我人生观、价值观、世界观等。其中，爱好、兴趣、价值观是构成个人因素的三大核心内容。

一个人对未来人生道路和职业类型的抉择很大程度上取决于其性格，特别是在对自己未来生涯进行规划时，除了要考虑职业的受欢迎程度外，还要分析自身性格是否能够胜任，如果性格与所选择职业不相匹配，即便能力再高，也无法在工作中全面施展。例如，一个追求自由随意，对自己的专业能力没有严格要求，对待事物的耐心不够的人将自己的职业定位为医生，其本身性格与医生这个职业所要求的为人稳重、按部就班、精益求精、无私奉献等特点是不相符的。如果其坚持进入医疗卫生领域，不但不利于个体优势的发挥，而且容易在工作中频频犯错，拉低医院对自身能力的整体评价。

"兴趣决定未来。"每个人在一生中可能产生无数个兴趣，这些兴趣的产生很多情况下与人的成长和进步息息相关。从某种程度上看，我们可以将兴趣视为一种"能力"加以培养，如果对某一兴趣集中培养，并使之演化为一种特殊能力，不但可以增加自身所掌握的技能，而且能在未来职业生涯中运用该技能创造更多的工作和人生价值。

2. 环境因素

从影响角度看，环境对个人生涯的影响可以是间接的，也可以是直接的，但无论是哪一种影响机制，均决定和关系着个体目标的制定和理想的树立。而对环境进行深度解剖后不难发现，环境具有一般环境和特定环境之分，其中一般环境更多的是地理环境，特定环境则多为行业内部发展环境。

（1）地理环境。在生涯规划中，人们大多考虑的是职业发展潜力、薪资待遇、行业资讯等，很少有人将地理环境因素纳入考虑范围内。而对地理环境的思考主要是考虑区域对人才的需求水平，处于与当地人才需求相符的环境中的人更加有机会发挥自己的能力。以经济相对不活跃的贫困地区为例，所从事行业大多趋近于农业活动，无机会接触现代智能化工作内容，如果到这些地区就业，其所学才能将无用武之地。因此，在选择未来生涯道路时，应确保自身所处地理环境适宜自身发展，并有着广阔的能力展示空间。

（2）行业环境。行业环境与个人的关系仅次于行业环境与企业发展的关系，但无论两者孰前孰后，行业环境均容易对个人产生某种直接或间接的影响。对行业环境内容进行详细划分后不难发现，行业发展现状、前景、发展趋势以及内部环境等均属于行业环境所属范畴。从个人角度看，个人具有选择某一职业或行业的权利，而良好的行业环境可积极推动个人职业目标的实现。

3. 社会因素

社会因素是除个人因素和环境因素以外的又一影响生涯规划和发展方向的因素，不过其比其他因素的影响程度更深。一个人若要在纷杂的社会环境中走出不一样的人生道路，除了要融入社会这个大熔炉之外，还要对整个社会经济、法制建设等有所了解。目前，社会层级划分、文化建设水平、经济体制建设以及政治大环境等是几种较为常见的社会因素，这些因素可直接影响个体的生涯发展。在这些细化分类中，部分因素之间相互影响。比如，政治大环境决定了经济体制建设，而经济体制建设不但对企业组织体制具有直接的影响，还在某种程度上对个体生涯发展产生了间接的影响。另外，政治大环境还可跨越其他因素直接作用于个人，如良好的政治环境可对社会经济产生积极的推动作用，形成有利于人才成长的环境，而个体在这一环境下可以获取更多物质性内容。对职业生涯规划过程中社会因素进行挖掘和分析，可以为个人职业选择和职业规划提供科学的参考，使人们面对复杂多变的社会环境仍能保持初心，找准职业方向。

生涯规划是一个人进步之阶和成功之基，个人、环境、社会是影响生涯规划的三大主要因素，各要素之间相互影响、相互作用，贯穿个体的整个人生。只有融合各类影响因素的生涯规划，才能够起到指引人生道路的作用。

（三）"五位一体"合力打造职业生涯规划平台

1. 教师是学生生涯规划的引路人

《师说》中有："师者，所以传道受业解惑也。"被誉为人类灵魂工程师的教师，除了要负责知识的传播外，还应当以严要求、高标准引导学生培养正确的学业观、择业观、生涯观，培养学生良好的学习态度和职业态度，与学生携手，共同实现对未来生涯的系统规划。

（1）生涯教师可尝试将专业生涯知识和不同职业或某一行业领域的热点

引入课堂，以此引导学生对现阶段所学课程与未来升学和生涯发展之间的关系产生更加清晰地认识。

（2）教师应尝试从日常课堂氛围入手，营造一种人人参与的生涯课堂氛围，引导学生转变以往以考试成绩为核心的升学理念和生涯理念，对自己未来发展和生涯规划进行重新定位，并通过对学生能力、兴趣等内容进行深入探索，实现对学生生涯规划系统的构建。

（3）学校生涯指导中心教师与合作生涯教育平台相关教师可通过引入各种教学方式，如小班辅导、集体授课、个体指导等，在教学实施过程中完成对学生兴趣爱好、家庭背景、个性心理特征等的了解与分析，并根据学生生涯测评结果对学校生涯规划教育提出适当的意见与建议。

（4）对于临近中考或高考的学生而言，生涯教师应将工作重心转移至高考志愿填写、专业选择以及各学校招生计划等方面，提前向学生普及相关知识，让学生整个人生不留遗憾。

2. 各校和各行业前沿信息是学生生涯规划的坐标

在我们完成某一项计划时，无常的变化总是如影随形，这一点在生涯规划工作中也是如此。对于高中生涯规划而言，"变化"主要涉及两个方面。一方面是升学变化。对于参加高考的学生而言，在正式考试前早已确定了目标学校和专业，但如果学校招生计划临时调整，或学生考试成绩不理想等变化因素出现，将彻底打乱学生计划，不利于学生正常升学。另一方面是行业变化。行业的变化主要集中在工作规范、工作要求、工作内容等方面，如果学生早期因行业中某一特定内容而产生兴趣，一旦该内容被更改或被其他内容所替代，将违背学生选择该行业的初衷，进而使学生形成心理上的落差，甚至逐渐失去工作动力。

3. 校友是学生生涯规划实践中的榜样

"榜样的力量是无穷无尽的。"在学生生涯规划过程中，学校优秀校友可将自己在社会实践中的经历与在校生分享，总结自己在社会学习和工作中的经验，起到一种示范引领作用。在学校开展过几次校友分享会后，我们发现学生在分享会上咨询最多的问题就是关于求学、求职以及生涯发展的问题。对此，学校联合专业生涯教育平台定期组织开展"校友分享会"，通过一个又一个真实求学和求职的故事给予学生启发，引导其以他人为鉴，树立和制定适合自己的人生目标，把握积累基础理论知识的最后阶段，为未来专业技能学习和社会实践奠定坚实的基础。

4. 家长是学生生涯意识的唤醒者

家长是孩子的第一任教师，但对孩子的生涯规划，很多父母并没有明确的方向。生涯教育作为一种全新的理论学说，在短短几年的发展过程中，一举成为教育改革的主要方向，除了教师和学生两大主体外，学生家长在其中也发挥着决定性作用。与教师的生涯指导不同，学生家长对学生生涯规划的影响是潜移默化的，家长的生涯现状可能是学生现阶段所接触的最为真实的生涯案例，所以很多学生将家长所从事的职业生涯作为自己未来可能选择的职业进行考虑。父母日常生活中随意的一句话或一个举动都将成为孩子窥探和了解某一职业或行业的窗口，更有部分家长时常会有意识地向孩子透露自身所从事的职业内容，主动为学生打开通向该行业的大门，当确定孩子对行业感兴趣后，便由孩子自行探索职业优缺点，根据自身性格判断是否适合该职业。这种"以身示范"的生涯唤醒方式为孩子提供了新的发展方向和目标，并且孩子可以学习家长日常工作中处理问题的方式，掌握更多应对挑战的方法策略，真正意义上实现高质量升学和就业。

5. 学生是生涯规划的实践主体

学生作为生涯规划的践行者，在整个规划过程中发挥着主体作用。学生可以畅想自己在未来生涯中所扮演的角色及所要做的事情，但这一切都需要以某种特定条件为前提，如学生应对自身优势和劣势进行深度剖析，对中学生活、大学生活、社会生活有正确的认识，全面了解三种不同生活环境的区别，每个阶段都应设立相应的发展目标和方向，找准学业目标和职业目标的定位，通过对生涯相关知识的探索，做好个人的生涯规划。对课堂所学知识加以践行，实现学生在生涯规划中角色的转变，使其成为自己人生的主导者，提高个人在社会上的价值，确保自己在今后学习和工作能力上胜人一筹。

总之，在构建生涯规划系统过程中，应努力追求"五位一体"，即让教师、校友、行业信息、家长、学生共同参与生涯规划系统的构建与完善，高质量地解决和处理升学目标制定和生涯规划发展中的棘手问题，确保学生个人在社会中充分体现人生价值。

三、生涯资源系统

在生涯规划系统中，专门以资源为主题构建了一套完整的资源系统，该系统主要解决教师生涯教学中资源匮乏、学校和家长无法及时判断和掌握学生生涯走向以及学生学习方式单一等诸多问题。生涯资源系统是学校开展生涯教育的强有力后盾，涵盖了生涯教案、生涯备课、生涯素材、生涯信息、视频资源等多个主题，教师可以根据对学生兴趣和能力的判断，运用丰富的生涯资源开展多元化教学与指导，充实学生的生涯规划内容，提高生涯规划整体质量。图2-14是生涯规划教育的全方位资源系统。

01　协助教师轻松开课

02　提供全方位的生涯资源

03　学生可以免费观看视频资源

图2-14　生涯规划教育的全方位资源系统

（一）协助教师轻松开课

在生涯规划教育工作中，教师作为生涯规划内容的传播者与生涯规划教学的执行者，在生涯课程开展前需要系统设计教学方案，而生涯资源系统能够为学生提供定制化的生涯规划教案。教案模块汇集了全国近40名生涯规划教育专家的教学经验和个性化教学案例，并且系统所收录的每一篇教案均按照一定标准进行了详细分类，教师可以在搜索栏输入自己需要的教案信息，如关键词、辅导背景、辅导目标、适用学生、辅导准备、重点难点、辅导过程、师生活动等，每一个搜索条目下都涵盖相应的教案内容，并且每一个教案都配备了专门的PPT和学生生活单页。此外，生涯资源系统内所收录的教案支持在线收藏、在线预览、免费下载等。生涯教师可以根据实际的教学需求,选择是否下载或使用该教案。教师通过生涯资源系统所提供的教案可以直接进入备课阶段,让教师开课更轻松。

(二)提供全方位的生涯资源

生涯资源系统为教师、学生、家长搭建了一个极具开放性和公共性的资源共享平台,该平台囊括了生涯教育教研素材、学生生涯教育资源、家长生涯教育资源以及各种与生涯规划相关的参考书目等,为教师提供了个性化教学的条件,方便教师获取每个学生的生涯规划资料,了解学生的未来发展目标和方向,进而有针对性地开展生涯教学,提高生涯教学整体质量和效率。从学生角度看,学生通过对生涯资源平台中相关生涯书目的借阅,可以从中了解更多的生涯知识,明确生涯规划,拓宽生涯视野。从家长的角度看,家长可以登录生涯资源系统相应平台,获取学生生涯教育资源,掌握更多学生的生涯愿望,做孩子生涯路上的引路者,助力孩子迈向成功人生。

(三)学生免费观看视频资源

新课程、新高考的落地要求学生在完成主要学科任务之余,还应提早接触高考选课和志愿填报两项内容。这一新要求无形中提高了对学生生涯能力的要求。一般情况下,提到生涯规划,人们普遍认为是大学生就业前需要做的工作,但生涯规划教育的提前使高中阶段开展生涯教育成为必然。

目前,我国线上教育正当时,网络直播教学模式几乎成为一种常规课程教学模式。基于此,我国广大中学机构在探索生涯教育过程中与专业生涯教育企业合作,在相关平台上推出了一系列有关生涯规划的视听课程,使学生可以根据自己需求选择相应的视频,并通过观看视频去接触了解生涯规划相关知识。

该平台主要分为两个视频模块,即"专业说"模块和"职业说"模块。"专业说"模块内的视频内容大多与高校及高校热门专业相关,学生可以通过视频中的详细解说,了解所选目标专业在未来发展中的优势和劣势;"职业说"模块则直指当下社会中新兴的、热门的职业,并以简单的动画形式向学生介绍某一职业的就业前景、职业受欢迎程度以及从事该职业所需要的专业技能等。以律师职业为例,可以介绍律师的起源(包括我国清末明初的律师职业的发展、首部《律师法》的诞生、中华人民共和国成立后律师的发展），从事法律工作者的技能要求、道德品行标准，如何考取执业证书，等等，让学生对自己未来所选择的道路有更加清晰、明确地认识。具体如图2-15所示。

图2-15 平台上所收录的职业视频

视听课主要是将不同专业和职业以视频讲解的方式逐一进行介绍，析毫剖芒，让学生借助趣味性视频对感兴趣的专业及其专业发展前景有更加深入地了解，并全方位了解职业的真正内涵、普及从业人员需要具备的能力以及知识基础等，促使生涯规划日趋简单化、可操作化。另外，系统所采用的教学视频多源于学生日常生活、学习中可以直接接触的内容，将以往笼统性的事物以浅显易懂的形式展现出来，使学生能够站在客观的角度积极探索外部世界。

四、生涯管理系统

福建省同安一中与51选校相互合作所建立起来的生涯管理系统包含几大功能，即导师制功能、大数据功能以及家校互动功能等。正是上述各功能在实际生涯活动开展过程中所发挥的作用，为学校教学管理工作提供了可靠保障，不但实现了学校生涯教育活动的数据化发展，而且驾起了学校、学生、教师、家长之间沟通的桥梁。

（一）导师制功能

从类别上看，生涯导师制中囊括了多种导师形式，如顾问导师、成长导师、特需导师以及学长导师，四者共同组成了"师生一体化"的生涯导师团队，该导师团队的系统构建在一定程度上能有效解决对传统生涯规划教育工作中长期存在的生涯师资问题。

1. 顾问导师

一般情况下，导师顾问多产生于学校的领导阶层。不同于普通教师，学校领导能够实现对生涯规划教育工作整体发展方向的系统把握，可以从宏观层面完成对生涯规划工作的指导，且生涯工作中无较为明确的工作内容和指标。从顾问导师的实际工作角度看，顾问导师主要是为教师或学生解决某些问题，这里的问题并不是传统意义上的教师"教"的问题，或者学生"学"的问题，而更多指的是学生生涯意识尚未被彻底唤醒，没有十分明确的生涯目标。作为顾问导师，必须及时发现这些问题，通过各种技巧了解学生当前生涯规划中所面临的疑惑和不解。

从能力要求看，顾问导师除了要对生涯教育的相关工作内容有所了解之外，还应具备一定的教学经验和生涯经验。顾问导师就像为学生画了一张地图，学生手持地图就会在未来的人生探寻过程中拥有明确的方向。顾问导师通过方案的制定与规划，使学生可以运用此方案解决生涯道路上的各种问题。顾问导师工作是否完成主要取决于导师是否针对学生问题给出了可行性解决方案，如果所制定的解决方案在执行过程中得到了学生的认可，并成功使学生迈向理想的人生道路，那么顾问导师的工作就可告一段落。本书认为顾问导师制强调的是对学生问题的发掘和具体方案的设计。

2. 成长导师

目前，我国大部分高中学校均推出了个人成长导师制，成长导师顾名思义就是帮助学生养成良好的综合素质，规划学生未来人生发展方向的专业教师。一般情况下，成长导师多由学校心理健康教师或者在生涯规划教育方面表现出较高积极性的学科教师组成。与其他普通学科教师不同，成长导师教学任务较为烦琐，除了要负责讲授生涯公共课程、进行各类生涯咨询问题指导外，还有责任指导学生正确开展相关的生涯体验活动，帮助学生制定正确的决策。福建省同安一中根据成长导师制标准在校内筛选了数名教师作为高一新生的成长导师,每个导师所负责人数为5～10人,主要通过个性化教育手法与学生面对面进行沟通与交流,对学生的初中学习情况、升入高中后的思想转变以及生活、心理等方面形成深入了解,并针对学生较为薄弱的环节进行积极的教育和正确的引导,为学生未来的健康成长与综合发展奠定坚实的基础。学校的成长导师与学生交流和沟通的频率为3～4周/次,主要提供的咨询服务内容为心理困惑、学习压力、升学计划、专业选择以及生涯指导等。另外,成长导师还可与学生交换微信、QQ、微博、邮箱等,让学生通过这些信息化平台随时随地向成长导师进行咨询和沟通,从而走出初入高中校园时的惶恐与迷茫,踏上成长的快车道。

3. 特需导师

特需导师组成主要包括各个班级的年段长、班主任以及学科组长等。除此之外,学校教导处、德育处以及政教处等的相关干事均可参与其中。具体而言,特需导师工作内容主要包括以下几方面。一是帮助学生解决日常学习和生活中所面临的各类问题;二是通过相关主题活动的开展,增强学生之间友好互助的氛围,消除学生之间不必要的矛盾,帮助教师与学生或学生与生建立友好关系;三是帮助学生消除现阶段在学习上的各种迷茫和焦虑,引导学生不要将目光聚焦于眼前,而应对人生的不同阶段进行合理规划。

4. 学长导师

在引导学生积极学习和健康成长方面,学长所发挥的作用与学业导师和辅导员的作用不相上下。由于高年级学长与学生在年龄上较为相仿,相较于辅导员或导师,两者有更多的共同语言,并且学长的学习时间早,亲身经历后积累了一定的经验,在生涯规划方面具有一定的发言权。高年级学长可成立专门的生涯规划志愿者协会,在不占用课堂学习时间的前提下,为低年级学生或者同年级生涯经验略显不足的学生提供生涯方面的相关指导,成为"专门"的生涯顾问。从某种程度上看,学长导师在学生、辅导员以及学业导师之间发挥着桥梁和纽带的作用,但区别于其他导师制功能。学长导师自始至终强调生涯规划学习和教育的双向性,在对低年级学生积极指导的同时,形成对自我的不断完善和成长,真正实现自我教育。福建省同安一中根据最新的"学长导师制"选拔了一批具有明确生涯规划和生涯意识较强的学生作为"学长导师"储备资源,并对其进行了系统培训,以提升其专业水准。学校每周都要组织"学长导师"深入各班级学生宿舍一次,利用课余1～2小时的时间与低年级学生进行学习方面的讨论和生活方面的交流,对低年级学生遇到的困难予以及时、有效的帮助。当"学长导师"无法应对遇到的情况时,应及时上报给相关学业导师或者辅导员等。当然,"学长导师制"在高中年级的全面执行应避免对学长导师的学习造成直接影响,确保对学长导师培养与引导的持续性,促进其作为榜样力量的实际作用的全面发挥,加快完成对生涯规划教育工作的系统构建与完善。

总体来看,导师制在学校的大面积执行与落实可以为教师和学生提供双向服务。一方面,在导师制背景下,教师可形成对学生的"一对一"指导;另一方面,通过导师制的开展,学生可以直接向教师请教生涯的相关问题,加深对生涯规划的理解。

(二)大数据功能

福建省同安一中在与"51选校"合作的基础上构建了具有学校自身特色的生涯管理系统,而智慧管理作为系统中的基础环节,可实现对学校教师职业生涯教育情况和学生未来生涯规划情况的统一管理,而且可以通过有效利用现代大数据技术对学生生涯课程学习质量和教师生涯教育水平等进行系统分析。从功能上看,生涯管理系统还可细分为后台管理、学生管理、教师管理、资源管理、活动管理、测评管理、平台设置、升学规划、教学规划、生涯规划以及统计分析等。

当前阶段,大数据已渗透至我国教育领域。作为教育体系的重要组成部分,大数据在生涯教育工作中的开展与实施一定程度上提高了生涯规划指导工作的科学性与精准性,效果十分显著。本次研究主要围绕大数据在升学规划、教学管理以及生涯规划方面的应用进行系统分析与讨论,具体如下所述。

1. 大数据在升学规划指导中的有效运用

在传统认知领域,高考被视为我国开展学校教育的重要指挥棒。据相关数据统计,2020年全国高考报名人数为1 071万人,高考大军如奔涌的"黄河水"努力朝"985""211""双一流"学校奔赴。如何将规模化的考生平均分配至全国各高等院校成为一个耗时、耗力的项目，而该项目任务的完成需要以健全、完善的高考招生录取系统为依托。对于学生而言，如何在不与自身实际情况相背离的情况下，通过对录取规则的了解与解读，对未来高考和升学进行系统、全面的规划，最大限度地降低升学过程中各类风险的发生概率，从根本上实现最优化升学成为关键问题。

在高考政策中，填报志愿是一种对高考录取规划的具体实施形式，也是生涯教育活动全面开展的出发点与落脚点。只有做好前期高考志愿的填报工作，确保志愿填报相关工作机制的科学性、规范性以及完善性，才能保证学生个人生涯规划方向和理想目标的达成。从学生未来发展角度看，高考志愿填报就像登上航海船的最后一张船票。

若要从根本上确保学生高考志愿填报的科学性及有效性，学校就需要从不同维度出发，做好每一项选择，包括升学选择、学校选择、专业选择、地区选择以及费用选择等。而选择工作的开展与落实很大程度上依赖现代大数据系统。基于大数据平台，学生通过与自身实际相结合，从众多学校和专业中择优选择，并以此作为志愿填报的第一方案，最终进入自己梦寐以求的学校。由此可见，在学生高考升学过程中，大数据不失为一种行之有效的辅助工具。

2. 大数据在教学管理中的有效运用

随着我国教育体制的不断改革，作为改革浪潮中的重点领域和关键环节，高考改革备受教育学界和社会关注。按照改革规定，我国先后在北京、上海、辽宁、湖北、广东等地区开展试点工作，贯彻实施高考最新制度、细则及路线。这一教育体制的变革对学校提出了更高的要求，特别是在教育教学组织管理模式方面，需要摒弃传统单一化、固定化的管理理念，积极构建一种与新高考政策相适应的教育教学组织管理模式。当前，各政策实行地区相关学校已经落实了分层教学和选科走班的教学方法。从实际开展角度看，该教学管理模式在教育领域的推行与实施对学校相关管理机构提出了更为严格的要求，其中压力最大的就是教务管理系统。以部分地区所实施的"3加6选3"选科模式为例，各学科通过不同组合后可以得出20种结果，为有效保证这20种不同选科组合模式都能够取得良好的组织效果和实施效果，大数据成为首选。当前阶段，各大高中校园基本已完成对相关大数据系统的建设，这在某种程度上对新高考模式在全国范围内的有效实施奠定了坚实的基础。

3. 大数据在生涯规划中的有效运用

高中阶段是学生从封闭、半封闭学习环境迈向开放性校园环境的过渡期。如何调整学生心态，引导学生快速适应角色上可能发生的变化，成为高中生涯教育的重点，这不但关乎高中教育质量，而且与学生未来的发展息息相关。纵观现阶段我国高中生涯教育，其课程形式仍沿用传统"满堂灌"或"填鸭式"教育手段，将生涯规划相关理论知识单方面地灌输给学生。随着信息技术在各行业领域的全面渗透，人们正式进入了大数据时代。在生涯规划教育开展过程中，学校可将学生专业兴趣和职业倾向测评系统、专业模拟系统、专业行业信息动态监测系统等引入教学中，以学生兴趣和个性为出发点，进行升学计划的制订和生涯发展的规划，如此便能将升学和就业过程中可能遇到的风险降至最低，从根本上实现高质量升学、多机遇就业、高水平薪酬。

从实际运用角度看，大数据与生涯教育的融合并不局限于升学规划指导、教学组织管理、未来生涯计划等方面，在大数据技术日渐完善和成熟的今天，两者的融合程度将得到进一步加深，不但能够以教学工具的形式辅助教师开展生涯教育工作，而且能够成为学生确定科学、有效生涯规划方案的重要信息平台。

（三）家校互动功能

对于学校而言，其所肩负的责任就是教育和培养现代化人才。与学校理念相同，家庭更是以培养孩子核心素养为核心。虽然学校与家庭在文化水平、培养方式以及教育理念方面存在一定分歧，但从培养目的看异途同归。关于生涯教育理念和教育方法，如果能够引导家长和学校进行良好的交流与互动，互相汲取对方的长处，就能够有效弥补自己在某些方面的缺失。这种家校互动模式可以对学生形成系统、科学的指导，使学生从自身兴趣爱好、性格特点以及价值观念等角度出发对事物进行全方位、多层次的对比与衡量，并通过对学生的监督，促使其对现有生涯规划方案进行定期或不定期的评价和优化。从某种意义上看，家庭与学校和谐化、互动化的生涯教育模式对学生生涯意识的形成和未来的成长发展具有积极的推动作用。特别是近些年各高校招生政策不断改变（各高校逐步进入"大众教育"阶段），在此背景下，家庭和学校共同参与生涯教育不仅可以培养学生的生涯规划意识，凸显生涯规划教育的针对性和目的性，还可以在学生生涯规划中形成系统的监督，确保其规划方案制定的科学性与合理性。

在家校互动环节中，生涯规划教育工作的开展主要包含以下几项内容。

1. 角色定位

（1）学校——互动式生涯教育的指导者。在某种程度上，生涯教育的开展依赖学校教育，学校教育过程中组织开展的各种教育活动以及所营造的各种教育氛围都是开展生涯教育的重要前提。例如，通过形式各样的生涯规划活动，学生的生涯意识开始逐渐觉醒；通过教师、优秀学生分享个人生涯经验，学生可以对自己现有的生涯规划进行科学的调整与优化。以福建省同安一中近期所组织开展的专业体验活动为例，学生在活动之前围绕金融专业、机械专业、计算机专业、海洋科学专业进行选择，最终确定体验金融和机械两个专业。活动中由学校的专门讲解人员向学生讲解和普及两个专业具体的专业方向、课程特点、学习特点、就业方向以及发展前景等，同时介绍全国主要大学金融专业和机械专业实力、录取情况以及两个专业学生的职业规划等。学生通过金融专业模拟实训掌握了证券投资的基本程序，通过机械专业模拟实训学会了具体项目开发与设计流程，并跟着教师学会了用Python语言开发关于人工智能的项目，如彩票中奖系统、网络爬虫、数据库的分析与处理等。不同于家庭教育或社会教育，学校教育几乎贯穿学生的整个学习生涯，除了学习方面外，学生在生活中也或多或少地受到一定影响。

（2）家长——互动式生涯教育的支持者。目前，在新高考改革背景下，全国各地纷纷开展生涯教育活动。与其他教育体系一样，生涯教育也有着自己独特的教育目标，即帮助学生对自己的未来升学计划和生涯发展进行科学合理的规划。而说起教育，很多人最先想到的是教师，认为教书育人是教师的天职。但是，教育并不是教师一个人的独角戏，教师只是学校教育中的前线人员。除学校教育外，还有很多教育形式，如家庭教育、社会教育、特殊教育等。其中，家庭教育是除学校教育外的第二大教育场所，家长更是在家庭教育中扮演着"第一任教师"的角色。学生的成长在很大程度上受其所处的家庭教育氛围的影响，特别是在生涯规划教育中，家长所独有的权威感、信任感成为无可替代的教育手段。因此，在开展家庭教育过程中，如果家长能够灵活地应用除家庭资源之外的学校资源，使其与自身发展经历相结合，并且以良好的家庭文化或家风熏陶为基础，便能为孩子未来的生涯发展指明方向。

2. 关系建立

若要确保生涯规划教育正常开展，三方互信关系的建立是首要前提，只有在学校、学生、家长三者之间搭建起一座信任的桥梁，彼此之间产生同理心，使各方在交流与沟通过程中感受到他人对自己的关注、尊重、理解、信赖，才能确保互动式生涯教育在学校与家庭之间的开展与落实。一般情况下，获取学生信任的办法很多，常见的有面对面谈话、组织团体活动、素质拓展训练以及生涯规划课程等。对于教师而言，通过上述一系列活动，一方面可以将自己在生涯领域的专业知识灌输给每一位学生；另一方面可以通过肢体上的接触、眼神上的交流以及倾听等多种方式，将自己关怀、耐心、积极的心态等传递给每一位学生。学生在收到教师一系列信息后，对教师的信任感就会逐渐增强，彼此之间的信任关系得以建立。另外，不同的家庭条件和不同的家庭文化氛围也会对孩子的自身定位产生一定的影响。在不考虑孩子自身定位的情况下，如何通过科学合理的规划，帮助孩子健康成长，养成积极乐观、坚韧不拔的品行，使其在未来进入社会后找到理想的工作和生活方式成为广大家长最为关切的问题。因此，学校应将校内近期开展的生涯规划活动向家长进行宣传和普及，站在家长角度编写与生涯规划教育相关的活动手册，还可以列举一些典型案例，以便家长了解真正的生涯教育。2017年，福建省同安一中从全校3 000多名学生家长中筛选出16位"最美家长"，真正让学校与家庭形成合力，积极打造"家校共育"的现代教育模式。

3. 资源共享

在生涯教育开展过程中，最具有理论优势和专业优势的就是学校，因为学校汇集了各种各样的教育资源和人力资源，不仅拥有生涯教育所需的教学用材、教学设备、教学工具，还聚拢了一大批拥有专业资质的生涯导师、心理咨询师、德育教师、辅导员以及学科教师等，这些资源足够支撑各类生涯规划活动的开展，并且可以对学生各类生涯疑惑进行解答。如果说学校所拥有的资源偏向学校内部，那么家庭教育中的资源优势则更加倾向工厂参观、企业实习、谈话交流等对职业的外部探索。一般而言，家长对孩子的生涯教育尚无系统的方式或方法，其主要依靠他们自身在社会打拼过程中所积累的经验以及工作上的各种见闻。与此同时，家庭中的每一位成员应当交流、共享彼此之间的经验和资源，避免形成家庭生涯教育资源的重复性和交叉性。在某种程度上，这种"家庭与学校""家庭与家庭"之间的资源共享对生涯教育质量的提高具有积极的推动作用。

4. 载体创新

在以"家校"互动模式为载体所开展的生涯教育活动中，学校应按照高中不同年级的学生特点分级开展教育活动。相较于高年级学生，刚入学的高一新生在自我认知方面尚存在诸多缺陷，整体缺乏积极性和主动性，普遍需要教师督促完成生涯规划，并且从能力层面看，其所接受的知识偏向于理论，参与实践的机会少之又少，执行力上存在明显不足。因此，"家校"互动在高一年级生涯教育中开展时，其主要内容不宜偏离生涯规划课程中的相关内容，而应通过这些理论化和专业化知识的传授，形成对学生主观能动性的有效激发，开拓学生视野，引导其正确认识自己，并通过学习方法和生活习惯的改善和优化，快速适应高一的学习和生活，增强其适应能力。另外，无论是教师还是家长，双方在生涯教育中所采取的态度均应开放、自由，在相互合作、相互信任的基础上更加直接、高效地帮助学生完成对未来生涯规划方案的制定。

对于高二年级学生而言，他们基本上已经适应自己的高中学习和生活，并且有了初步的升学计划和生涯目标。在此阶段，学校生涯教育的开展可以在基础生涯知识教学的基础上，适当增加一些校园文化活动，如生涯规划比赛、校友生涯讲座以及生涯社团活动等。家庭生涯教育可以让孩子了解那些正式步入社会或职场的亲朋好友的生涯经历，启发孩子在生涯方面的思考，并引导他们对当前的生涯规划进行优化和完善。

高三阶段是学生为未来升学选择、专业选择、职业选择铺路的关键时期。在这一阶段，学校生涯教育活动的开展可以围绕以下内容，如模拟填报志愿、择校指导、生涯决策、专业学科分析等。家庭生涯教育则可聚焦于家长和孩子本身，通过"亲子交流"方式，对生涯规划做最后的评估，不仅要对孩子的最终决策予以尊重，还应对其选择给予合理的建议。

5. 机制完善

随着升入高中以及年龄的增长,学生逐渐摆脱了对家长的依赖,再加上青春期阶段性格、心智的日渐完善,他们的叛逆情绪越来越严重,并尝试逃离家长的管控范围。对于家长而言,孩子在家的时间越来越少,除了与孩子面对面沟通外,没有更多的信息获取来源,无法了解孩子的近期学习动态和生活情感变化,导致孩子与家长之间形成了一堵"无形"的墙,阻碍了家庭生涯教育的开展。而在"家校"互动模式下,针对家庭内孩子信息资源匮乏的情况所建立的"家校沟通"机制切实有效地在家长与学生、教师与学生、学校与学生之间架起了一座立体化的信息桥梁。

一方面,以新媒体为媒介的沟通。在传统的人与人交流过程中,相互之间的沟通以面对面交流为主,而随着新媒体时代的到来,多元性、传播性以及互动性的网络逐渐代替传统交流形式,成为一种全新的社交载体。依托新媒体,学生与教师、教师与家长、家长与学生之间可以"无障碍"交流,彼此之间的互动性更强,为生涯教育的开展提供了有利环境,同时对学生未来的成长与发展具有积极的推动作用。目前,"家校生"之间最常用的沟通方式有钉钉、微信、QQ等,学校和教师可以借助这些网络化平台与家长直接沟通联系。

另一方面,以学生参与为主的沟通。在高中三年的学习生涯中,学生通过和同学、教师、社会的接触与实践逐渐掌握了基础的社会能力,社会化程度越来越高。而学校作为教育活动的执行机构,有责任、有义务培养和引导学生努力践行社会主义核心价值观,培养具有创造性的人才。学校应指导学生以汇报的形式,对自己近期在学校的学习、生活情况向家长进行说明,并引导学生主动与家长进行交流与沟通,讲述自己在未来升学计划和生涯发展目标制定过程中所遇到的困惑与不解。如此一来,不仅有助于拉近家长与学生之间的距离,消除彼此之间的隔阂,还有助于更深入地开展家庭生涯教育。

6. 科学评估

目前,国内各大高中学校在系统评估互动式生涯教育时主要采用的方式有三种,即实地调查研究、问卷访谈调查、对比研究。其中,实地调查研究主要是组织学生积极参与各种社会实践性活动,让学生深入现场,通过走访进一步了解地区、经济、收入、专业、家庭等因素对未来生涯发展的影响；问卷访谈调查则是通过对学生个体的专项调查，对调查全过程的数据进行收集、整理与分析，以此实现对"家校"互动式生涯教育有效性的综合判定。

　　在学生生涯规划教育的开展过程中，家庭生涯教育是其中一项不可或缺的教育环节。无论是学校还是家长，都应进一步提高对家庭生涯规划教育的重视程度。学校可以主动与家长取得联系并建立互信互通平台，双方可以在交流过程中彼此借鉴和吸收。例如，学校可通过与家长交谈了解学生的性格，后期生涯规划教育便可结合学生的兴趣以及个性特征等情况开展有针对性的生涯教育；家长则在与学校教师沟通过程中了解孩子近期的学习情况以及对未来发展的真实想法，并为其提供科学的建议。除此之外，"家校"互动还可以促使学生对主观自我和客观环境进行有效评估，三方携手共同探寻一条长久发展的道路。由此可见，"家校"互动式职业生涯教育的开展不但可以完善学校生涯规划教育体系，而且对学生未来的升学和发展具有积极的推动作用。

第四节　丰富多元的生涯探索与体验

一、暑期职业体验活动

（一）职业体验活动的开展背景

　　随着新一轮高考改革的深入，学生必须要在学科兴趣与特长、专业选择甚至未来职业发展等方面进行提前的思考与规划，以增强自身发展的源动力与内驱力。如何唤醒学生的生涯发展意识，帮助学生养成生涯成长的能力，使学生发现兴趣、发展特长、选择合适的发展方向并积极提升综合素养成为学校教育面临的重要课题。

　　高考考试内容与录取方式的改革给予了学生更多的选择性，也要求学生有更多的创新性以及更多的自我实践经历。因此，学校需要提供较多的机会让学生在体验中成长并确认自己的生涯目标。其中校外职业体验服务便是不错的选择。

（二）职业体验活动的开展目的

职业体验活动开展的目的是培养学生内在的职业价值观、核心素养，深化其对职场和社会的了解。

（1）让学生接触职场，了解和认识社会需求、职业需求、职业环境和基本状况；了解工作的价值和意义；意识到职业生涯不仅是工作种类的选择，还是人生意义、价值观、生活方式的选择。

（2）锻炼学生的思维能力、团队合作、人际交往、资料收集、分析、表达能力。

（3）尊重各行各业的劳动者，培养学生的劳动精神和敬业精神。

（4）将学校学习和真实社会关联起来，激发深层次的自主学习动力。尤其让那些来自社会底层家庭的学生了解不同阶层的生活状况，从而奋发图强，努力改变自己。

（5）引导学生认识到生涯发展的不确定性，用开放的心态对待世界和自己，认识到未来发展的多种可能性。

（6）通过职业体验，让学生明确事业方向，了解将来可能选择的专业，为学生的选科选考做准备。

（三）职业体验活动的开展情况

为迎接新高考综合改革的到来，培养学生的生涯规划意识与能力，全面提升学生的综合素质，笔者所在学校与企业以及其他学校通力合作开展了一系列职业体验活动。比如，别开生面的生涯互动讲座带领学生初步了解了生涯规划的意义，引导学生体验生涯规划，帮助学生认识和理解了中学阶段生涯规划的具体内容，理解了兴趣与职业的关系；为学生创造了零距离接触大学院校和企业职场的机会，开展了丰富多彩的体验活动。各家合作院校与企业高度重视，精心准备，不仅配备了专门人员接待，还为学生现场讲解，积极答疑解惑。通过参观、听宣讲、看视频、亲自参与等形式，学生对大学院校和企业职场有了更加直观的认识，不仅了解了自己感兴趣的院校和企业，还进一步明确了自己的未来目标。

1. 拨开迷雾，职业体验点亮学生未来方向

近期，笔者所在学校和"51选校"团队一起组织了一场职业体验活动，让805名高一学生实地进入当地各个知名企业，"实战般"地体验各个职业的酸甜苦辣，寻找未来方向。

这是在新高考改革之际，同安一中生涯规划教育的又一次升级，让学生发现自己的兴趣点，进入企业真实体验，进一步激发了学生内在的学习动机。图2-16为学生参观机械化作业。

图2-16 学生参观机械化作业

2. 走进真实企业接触骨干，科学理性规划未来

学校带领805名高中一年级学生分组奔赴当地22家企业，包括生物医学类企业（如泰普生物科学园、明承中医、登特口腔等）、智能制造类企业（如思尔特航天机器人、科德航天科技馆、正新汽车国际文化中心等）、历史文化类企业（如奥林匹克博物馆、古龙酱文化园、悦成老爷车博物馆等）。学生进入各个企业后亲自动手操作，深入体验真实的企业工作环境与内容。另外，企业核心部门的骨干还向学生介绍了该职业的工作内容、需要掌握的专业知识以及职业发展路径等。

"走进企业体验后，我更加坚定了自己的未来方向。"某高一学生在参观泰普生物科学园，了解到最前沿的医学诊断知识后，大呼受益匪浅（图2-17）。该学生坦言自己最喜欢的科目就是生物、化学，也十分期望未来从事医学或者生物学类的职业，然而由于缺乏职业了解，常常心怀忐忑，今天体验后，他最终解除顾虑，并下定决心投身自己向往的职业。当然，还有学生体验相关企业后发现现实的职业环境与想象不一样，认为自身并不适合，于是重新调整梦想。

图 2-17　学生通过 VR 学习医学知识

带领学生进入企业实地体验，一方面可以扩展学生的眼界，纠正过激的职业观念；另一方面是基于新的高考制度，最大化地保证学生可以根据兴趣选择高考科目。本次活动的时间选在学生选科前，就是为了让学生了解选科组合所能够选择的专业，引导学生寻找匹配自身的专业、职业，更加理性地决定未来的发展方向。图 2-18 为本次职业体验活动留影纪念。

图 2-18　职业体验活动留影纪念

3. 创新生涯规划教育，助力学生生涯发展

目前，在学校生涯规划教育过程中，职业体验活动只是其中的一部分。一直以来，笔者所在学校十分重视对学生的生涯规划教育，除了学校教师给学生上生涯体验课程、举办学科心理沙龙外，还邀请相关生涯教育企业特聘讲师为学生开展别开生面的生涯互动讲座等系列活动，通过分析未来职场发展趋势，结合实际例子给学生提供建议。这些丰富多彩的生涯职业教育活动

主要是为了让学生对职场有更加直观的认识，同时激发学生反思自己的学习生活，进一步确立未来的目标。

二、生涯体验中心建设

（一）新高考改革下建设校内生涯体验场所势在必行

1. 高考改革政策契机要求

如何突出现代教育核心理念——"以人为本"，站在人性化角度分析和观察学生的兴趣爱好，给予学生更多选择的机会，提升学生选择的多元化，将中学生涯和未来职业生涯深度融合，成为新高考改革后广大学校需要重点研究的课题。

新高考政策的落地在全国教育领域掀起了一股巨大的变革浪潮，其中变化幅度最大、影响范围最广的内容主要有7个，具体包括考试观念彻底颠覆、文理科正式取消、生涯规划备受关注、志愿填报以专业代替学校、可根据喜好自主选择课程、以综合素质评价推动学生个性化及全面化发展、综合评价招生。在教育新环境、新观念、新变化的背景下，学校在设计和开展生涯规划教学内容和教学活动时，需要突出学生的主体地位，坚持四个要点，即"择学生之所好，择学生之所长，择学生之所适，择学生之所需"，确保学生制定的生涯规划符合自己和社会发展所需的双重标准。而生涯体验中心的建设主要是立足学生生涯体验的强烈需求，通过对学校内现有生涯体验相关环境资源的盘点与构建，在与学生未来成长和生涯发展等需求相结合的基础上，打造一个完全适应学生的现代化生涯体验活动环境。另外，学校可基于生涯体验教室等相关教学配置，制定具有学校自身特色的教学资源和教学内容，构建特色化的生涯教育中心，发挥标杆引领作用。

2. 生涯教育发展理念导向

国际某项学生评估测试显示，我国学生对知识的掌握水平明显优于英、美等国，但大多数学生只是停留在单纯的记忆阶段，对知识并未表现出浓厚的兴趣，单一地认为学习是为了考试。这种错误观念的形成与生涯教育的缺失息息相关，如果学生对未来的生涯规划长期处于迷茫、无助的状态，将直接阻碍其未来的人生发展，并且这种影响具有"终身化"的特点。因此，在基础教育的基础上增加生涯教育，从唤醒学生生涯意识到学生形成基础的生涯观念，再到具备成熟完善的生涯体系，都应做到全程贯穿生涯教育，全方位地发展学生，积极培养学生终身学习的思想，为学生将来踏入社会后高质量地完成工作任务奠定坚实的基础。

特别是近年来部分学校现代化生涯教育发展理念的提出，将行动教学作为发展导向，结合学生发展的终身化目标、学校实际情况以及生涯教育理论与实务，制定出一整套高中生涯教育总体目标表——"自由心灵""自主探索""主角追求"，并按照不同年级阶段设定了特定目标，即生涯认知、生涯体验以及生涯选择。

3. 学校创新教育方式需求

"教书育人"是学校一切工作开展的核心目标，而教育的发展始终蕴于创新的道路上，只有不断对落后的教育方式进行创新，才能够从真正意义上推动学校教学质量的进步和提升。从教育方式创新本质看，教学内容是其中一项重要的创新指标，而生涯教育作为一项全新的教育内容，无论在教学理念还是教学模式上均异于传统的教学内容。另外，生涯教育活动的开展在某种程度上依赖生涯体验中心，该中心所面向的主体大多为12～18岁的中学生，中心内设置了大量与社会上各类职业相关的模拟场地，每个场地都配备仿真化职业道具和设施，便于学生从中选择自己感兴趣的职业，甚至扮演职场中的某一角色，从而对该职业所具备的特点有更加深入的了解。

此外，生涯体验中心为实现对学生生涯认知的有效启迪，从不同维度进行了尝试，如兴趣、性格、能力以及价值观等。为引导一些目标不明确的学生更加有效地找到自己真正感兴趣的专业或者职业，学校还聘请了专门的职业指导师和生涯规划师。

上述内容均属于新时代背景下生涯教育在教学方式上的创新。要想提高生涯教育质量，学校就必须加快改进传统的教育方式，以满足现代生涯教育的各项需求。

（二）生涯体验中心设计理念与思路

在生涯体验中心设计过程中，设计者必须严格遵守以下几项理念原则：

开放性设计理念、幸福性设计理念、自由性设计理念以及希望性设计理念。具体如图 2-19 所示。

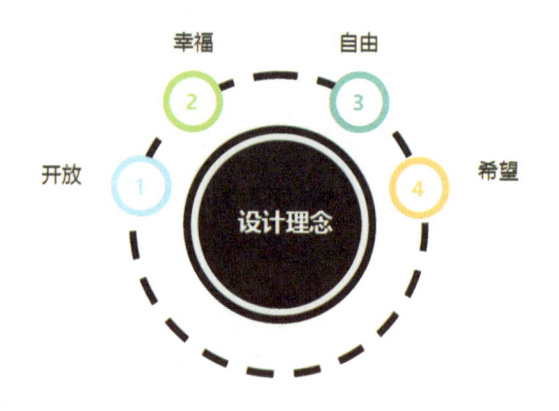

图 2-19 生涯体验中心设计理念

1. 开放

对于学生而言,以往所接受的教育无论在内容还是形式上都受到不同程度的时间和空间限制。而生涯体验中心在设计过程中始终强调"全开放"原则,尝试将生涯体验中心打造为一个面向学校广大教师和学生的公共性服务场所,教师可从中获取生涯规划的相关教学材料和方案,学生则可接受大量有关生涯规划指导的优质服务。

2. 幸福

从某种角度看,"幸福"设计理念的提出重点在于体现学校的"人文关怀"。然而,中学阶段的教师和学生被繁重的教学和升学任务压迫,整个教学环境仿佛被巨大的阴霾笼罩,学生在这种缺乏关怀和交流的学习环境下逐渐迷失方向。生涯体验中心在早期的设计中就积极引入了"幸福""关怀"等理念,旨在为教师和学生提供一种平等的交流空间,使他们体验到在以往的教学和学习中所不曾体会通的幸福。

3. 自由

生涯体验中心在设计之初就对校内和校外资源共享的决议进行了分析,并提出了生涯教育"自由化"的概念。以往学校官方网站所收入的生涯信息和资源多被学校和教师控制,而生涯体验中心建设落成后,学校、教师、学生、家长等均可通过设置个人登录账户和密码自由登录,真正让每一个来访者从内心感受到自由。如此一来，生涯体验中心逐渐成为教师教学思想的放松空间，也成了学生自我认知能力的提升基地。

4. 希望

为确保学校所培养的人才符合现代人才培养标准和市场需求，生涯体验中心严格遵照国家所提出的一系列生涯规划发展策略等相关要求，对各方生涯资源进行了统一、有效的整合，开展了多渠道、多层次的体验活动，为学生搭建了一个广阔的生涯体验平台，提高了学生的升学能力和生涯规划能力。

而从校内生涯体验基地规划来看，整个设计从物理空间入手，在对不同空间进行详细划分后开始着手建设生涯课程相关体系，如生涯理论课程、校内体验课程、校外实践课程、线上生涯课程等。为增加生涯教育的创新性和技术性，生涯体验中心还在生涯体验基地规划设计中积极引入了新一代的教育技术和教育设施，以提升整体生涯教育的质量。为配合整合后的教育技术，生涯体验中心还对传统单一、固定的学习方式进行了调整，突出体验式、探索式、合作式等与学生课程相配套的学习方式的创新应用。对上述内容进行设置与完善后，生涯体验中心还要赋予生涯体验基地各项功能，以确保所提供的生涯规划指导服务有效甚至高效。表 2-1 为校内生涯体验基地规划。

表 2-1　校内生涯体验基地规划

物理空间	课程体系	教育技术	学习方式	功能性
生涯主体长廊	生涯理论课程 校内体验课程 校外实践课程 线上生涯课程	大数据应用 生涯资源平台 生涯测评平台 生涯规划平台 职业体验设备	与学生课程相配套的学生体验式、探索式、合作式学习	潜移默化功能
自我认知室	^	^	^	自我认知功能
生涯活动室	^	^	^	指导功能
职业体验室	^	^	^	体验功能

（三）生涯辅助设施

1. 生涯一体机

生涯一体机（图 2-20）集中了多个功能，所面向的服务对象多为学生，主要服务内容包括生涯测评、视频资源学习、生涯课程、大学查询、生涯规划探索、职业信息查询以及专业查询等，旨在使学生通过对自己的进一步了解，切实提高升学选择和生涯规划的合理性与科学性。

图 2-20　生涯一体机

2. 生涯主题挂画

从文化装饰角度看，学校在建设生涯规划体验中心时专门设置了一个具有浓厚文化氛围的生涯长廊（图 2-21），整个长廊挂置了许多与生涯相关的内容，如生涯教育知识、学校文化理念、学校办学宗旨、名人名句等。这不但为学生打造了一个了解生涯规划教育的专属空间，而且有助于学生理解学校所秉承的文化理念，对学生提高自身的生涯规划能力具有重要意义。

图 2-21　生涯主题挂画

3. 生涯读本

学校还在生涯体验中心收藏和陈列了大量生涯类书籍，学生可以在浩瀚的书海中汲取营养，从而认识自我，并通过阅读生涯读本意识到生涯规划与未来发展的关系。目前，生涯体验中心所收录的书目主要有《新高考高中职业生涯规划读本》《生涯规划与高考志愿规划全攻略》《金字塔原理》《中学生生涯规划教师用书（初中版）》《把生活折腾成你想要的样子》《我的命运我做主》《出路—生涯发展实战指南》《生涯规划与管理（高中版）》《新高考模式下的高中生涯规划指导》《生涯发展与规划：人生的问题与选择》《你的职业性格是什么？（第 2 版）》《发现你的天赋》等。这些生涯读本的收录不但能够在学生范围内形成对生涯知识的广泛普及，而且能够在某种程度上营造良好的生涯教育氛围。

对于学校而言，要建立职业体验基地并不是一件容易的事情，这需要借助社会的力量（如相应职业学校的力量等），但是学生又非常需要通过动手实践确认自己的未来方向，所以实践基地的工作非常重要，必须提高其工作效率。

三、家长职业真人秀

高中阶段是人生的重要阶段，是学生初步形成未来的世界观、人生观、价值观的关键时期，是学生心理变动最激烈的阶段，也是学生积累知识、能力以应对未来职业发展的关键阶段。学校和家长要对学生的职业规划做出正确的引导，提供各方面的支持，进而促进学生完善心智、全面提高自身素质。

由于学生缺乏足够的职业经验，他们在职业决策中常依赖家长和教师的建议。可以说，家长、学校教师以及其他因素都会对高中生职业决策产生重要的影响。平时学生忙于学业和应对考试，难以真正了解社会上各行各业的职业性质与价值，大多停留在感性的表面认知上。对于高中生这一特殊的年龄阶段，很多家长希望将自己的人生经验传授给孩子，并希望对他们起到一定的引领作用，但是缺少交流的契机与场合。鉴于此，设计关于职业生涯的讲座可以发挥家长的优势，增进家长与学生之间的交流，逐步扩展学生的眼界，纠正其过激的职业观念。

基于上述考虑，笔者所在学校在与学生家长的共同合作下，为学生打造了一场职业生涯规划初体验——家长真人秀。

参与此次活动的家长包括社会各阶层的人士，有大学教授、部队将士、警队警员、创业先锋、企业家、收藏者、法官、工程师等。他们经过精心准备，走进教室，与学生分享入职以来的起伏波折、成败得失。随着家长的宣讲内容和节奏，教室里的学生时而开怀大笑，时而感慨深思。

（一）长大后我就成了你——法官

在此次课堂开讲中，有一位家长是来自法院办公室的法官。该家长的讲座围绕着"军人"和"法官"两个职业展开，为学生讲解军人的职业以及如何通往法官之路，做一名称职的法官（图2-22）。在讲解过程中，为了让学生有更直观的体验，他还穿上法袍，带上法槌等进行现场演示。在课堂讲解过程中，他感受到了学生对这两个职业的好奇和崇拜，也希望日后能创造更多的机会带领学生走进法院参观体验。

图 2-22　家长为学生生动讲解法官职业

（二）长大后我就成了你——银行行长

参加本次"家长真人秀"活动的家长中还有一名来自中国银行支行的行长。作为一名常年处于银行工作环境中的资深财富管理专家，该学生家长在课堂上向学生详细讲解了什么是银行、银行行业的就业优势有哪些、银行需要什么样的人以及如何进入银行等相关知识（图2-23）。其中，在课堂分享环节中，学生提出最多的一个问题是"如果我要从事银行相关工作，需要具备哪些能力"。对此，该家长指出，如要进入银行工作，就必须具备团队合作能力、与人交往的能力、动手操作能力以及深厚的专业知识等。除了解答学生问题外，这名来自银行的家长还建议学生在未来将学习放在首位，打好基础，避免自己被社会淘汰，并将自己收藏的箴言分享给学生——"纸上得来终觉浅，绝知此事要躬行"，建议学生在高考结束后积极参加各种实习活动，提前体验社会，学习人际交往，培养合作能力。

图 2-23　家长为学生讲解银行行长职业

经过这一场生动、全面的"真人秀",学生不仅了解了银行在国内的发展历程,对银行的重要性有了更加深刻的认识,还了解了银行行业的发展前景等,激发起了其对银行工作的向往,并树立目标为之努力。

(三) 长大后我就成了你——计算机探索者

计算机是人类智慧的结晶,人们可以通过计算机查找目标信息,其是人们生活中一位形影不离的"朋友"。本次家长真人秀活动中便有一名从事计算机工作的家长,他对计算机提出了自己的认识与理解(图 2-24)。在"真人秀"正式开展前,该家长便开门见山地说:"计算机除了王者荣耀和淘宝外,还有其他内容。"这一说法立刻激发了学生的兴趣。紧接着,该家长按照步骤详细介绍了计算机的组成(硬件和软件)、计算机专业分类(计算机科学与技术、软件工程、网络工程、信息安全、物联网工程、数字媒体技术)、相关工作发展前景(软件工程技术开发、网络工程设计与维护、计算机网络系统和信息安全管理、通信技术和电子技术科研与教学等),还向学生推荐了几所 A 类和 A+ 类计算机院校,如北京大学、国防科技大学、哈尔滨工业大学、上海交通大学、南京大学、华中科技大学、北京邮电大学等。在介绍完计算机基础知识后,该家长还提出了学生从事相关工作需要具备的职业素养,如始终保持好奇心、勇于打破传统逻辑、有足够的勇气忍受长时间的挫折等。其中,该家长认为软件工程师和信息技术专家最核心的技能就是解决问题的能力。

图 2-24　家长为学生讲解计算机职业

学生在听取计算机职业的介绍后，对计算机的认识不再局限于相关衍生产品（如游戏软件、购物软件等），了解到以往教师不曾介绍过的更加专业的计算机知识，并且活动中所提出的几所专业学校为学生今后择校提供了新方向。

（四）长大后我就成了你——工程师

参加此次"家长真人秀"活动的还有一名来自银鹭食品集团有限公司的总工程师家长，该家长在活动中主要通过学生提问方式，从专业角度为学生解答各种疑惑（图 2-25）。例如，针对"工程师在社会就业大环境中的地位"问题，该家长做出了如下回答："适者生存，每个行业都面临外部和内部的竞争，目前工程师行业对专业人才的需求量较大，但在人才需求背后还隐藏着现代人才与企业需求不匹配等问题。"另外，该家长还回答了学生所提出的"工程师对知识和能力的要求"等问题，他认为应具备思想道德素质（爱国守法、明礼诚信）、科学文化素质（了解科学知识、掌握科学方法）、实践能力素质（操作能力、创新能力、就业能力）、体质心理素质（兴趣的多样性、意志的坚定性、情绪的可控性）等。此外，针对即将迎接人生转折点的学生，该家长还对学生进行了心理上的开导，通过与学生分享个人经历消除学生对未来学习和生活的焦虑与恐慌，引导学生满怀信心和期望勇敢奔向未来。

图 2-25　家长为学生讲解工程师职业

通过一场场"家长真人秀",学生基本形成了一个明确的目标和方向,并努力朝着自己设定的目标大步前进。

四、心理学科沙龙

心理学科沙龙是笔者所在学校举办了近 10 年的王牌学法指导的活动,过去主要强调学科如何学习。如今,学校不断优化活动形式,让它焕发出新的活力。今年的心理学科沙龙活动增加了学科教师介绍本学科专业、大学介绍以及未来职业介绍等环节,不仅教学生怎样学,还激发了学生的兴趣,引导学生建立目标意识。具有生涯教育受训背景的学科教师给学生介绍自己的专业、行业等内容极具指导性,从过去单纯的教方法转为现在动机与方法相结合的方式愈加事半功倍,学生也能更好地制定目标,完成个人的生涯规划。

学科沙龙活动一般是在每个学期的第一次月考后开始,由年级心理教师调查学生的薄弱学科,邀请 9 大学科教师围绕本学科高中学习方法进行介绍,学生可以自由选择想听的学科。近年来,为了适应新高考政策,我们进一步优化了活动方式,在内容上增加了本学科未来发展方向和可选专业等内容,由优秀教师进行分享,一直以来反响良好。

本书在此列举几类学生认为未来发展前途较为局限的学科,具体分析如下。

（一）学科沙龙之地理

地理是高中阶段一门极具综合性、区域性、交叉性的学科，对学生的知识水平、创新思维、理论联系实际能力等有着较高的要求。相较其他偏向文科类的综合性基础学科，如历史、政治等，地理学科在研究门类方面较为广泛，不仅涉及地质学、大气科学、天文学，还涉及自然学、化学等内容，所以学生普遍认为地理学习难度大，难以在短时间内改善成绩，再加上教师无法针对每一个学生定制专门的学习和提升方案，导致学生长期在"低成绩圈"死循环，逐渐形成了对地理学科的厌恶心理。另外，教师通过调查上一学年学生的地理学习情况发现，绝大部分学生错误地认为地理学科只是一门副科，无须在该学科"浪费"过多的时间和精力，不追求在考试中取得高分。这种以"主科"和"副科"对学科进行层次划分的方式会使学生逐渐失去对地理学科的学习兴趣，学生无法产生积极的学习动机。

针对学生不注重地理学科的现象，我校在此次心理学科沙龙活动中从地理教研小组选出一名代表，通过活动向学生重新介绍地理学科及地理专业学生未来生涯发展方向。活动开展前，地理教师介绍了在以往高考政策中地理专业的招生要求，与其他学科不同，地理学科所招收学生偏向理科生，只有部分学校在生源不足的情况下，才会以文科生作为补充，而新高考政策的实施彻底解除了地理学科在招生政策上的禁锢，为理科生和文科生提供了平等的竞争环境。在讲解了新高考背景下地理学科各项变化后，地理教师还介绍了大学中与地理相关的专业，如理学、工学、管理学、农学。其中，理学相关门类还可细化为地理信息科学、地质学、地理化学、自然地理与资源环境；工学包括测绘工程、遥感科学与技术、地质工程、勘察技术与工程、环境生态工程等；管理学包括土地资源管理、城市管理、公共管理、旅游管理等；农学作为与地理连接最为紧密的门类，具体分为水土保持与荒漠化治理、自然保护与环境生态以及农业资源与环境等。图2-26为当下热门地理专业就业方向。

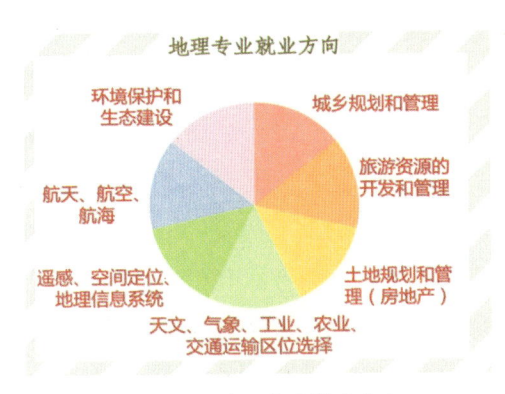

图 2-26 地理专业就业方向

另外，地理教师还系统介绍了学习地理的作用，通过引入生活实例，加深了学生对地理学科的认识。例如，在讲到学习地理可以提高生活品质这一作用时，地理教师列举了能依据太阳位置或手表（有时针和分针）确定大致所处位置，能根据地图查找目的地及沿途景点或商店，等等。通过生活中小小的例子，让学生认识到生活处处有地理，帮助学生重拾学习地理的兴趣。

地理教师还对没有明确专业选择意向的学生进行了指导，列举了上海20种分科组合的录取人数，其中录取人数最多的组合是"物理＋化学＋地理"。这一统计结果表明，地理作为一门多样性、综合性学科仍然是热门选考科目。与此同时，建议学生不要选择以下三种组合，即"历史＋政治＋地理""物理＋化学＋历史""地理＋生物＋政治"，上述组合的问题在于竞争激烈、高中与大学衔接困难等。在听完系统介绍后，学生对自己未来选考科目的范围有了明确概念。

（二）学科沙龙之历史

我国是一个拥有五千年历史的文明古国，历史文化底蕴深厚，中学生在深感民族自豪的同时，更应该深入透彻地了解和掌握国家历史。但从目前历史学科整体开展效果来看，尽管学生对国家传统历史知识怀有强烈的学习兴趣，但由于受到传统教学理念的影响，教师在历史课堂上对历史知识的讲解大多以平铺直叙方式开展，与历史事件和人物连接不紧密，并且教师与学生无过多沟通和互动，再加上历史学科概念性的知识、典型历史事件、时间、人物等较多，对学生记忆能力有着较高要求，所以历史教学效果并不理想。

另外，历史教学所采用的教学模式也是导致学生参与课堂教学积极性不高的主要原因。目前，我国仍有部分学校沿用以教师讲授为中心的传统教学模式，课堂仿佛是历史教师一个人的舞台，学生像是观众席上的看客，学生的学习兴趣主要停留在历史纪录片、《百家讲坛》等视频资料方面。

为加快推进学生将兴趣转化为一种爱好，使学生在课堂上有强烈的自我代入感，我校在尝试改变当下教学方法和手段的基础上，增加了与历史相关的专业发展课程，该课程主要由历史教研小组选出的代表负责。

在学科沙龙活动中，历史教师向学生详细解读了历史专业可选择科目，如考古学、民族学、历史学、世界历史、文物保护技术、汉语言文学、地理学科、政治学科以及中国共产党历史、马克思主义研究等（图2-27），并引入了2020年湖南留守女孩考入北大考古系的案例。该案例中的女孩考取了湖南省2020年高考文科第四名的成绩，她是一位典型的"留守儿童"，当得知该学生金榜题名后，学校50多位教师共同庆祝这名寒门学子来之不易的成功。而在大家欢欣雀跃之余，该女孩所选择的专业在网络上掀起轩然大波，她在生涯和兴趣之间选择了后者，毅然选择了北大考古学专业。谈及为什么会选择相对冷僻的考古专业时，她说："我从小就喜欢历史和文物，受到樊锦诗先生的影响，所以报考了考古专业。"

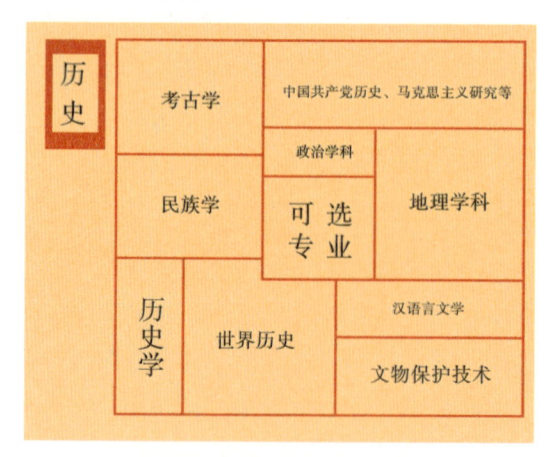

图2-27 历史专业就业方向

得知该事件后的樊锦诗先生也送去祝福，鼓励她"不忘初心，坚守自己的理想，静下心来好好念书"。

历史教师力求通过案例，使学生在致力思考如何提高分数、如何利用分数优势选择专业、如何顺利踏上大学生涯历程之余，回归自己的那份初心，在分数和兴趣之间进行权衡，做出不会让自己后悔的选择，也为未来寻觅一个灵魂归宿。

（三）学科沙龙之生物

生物学又可细分为生物科学和生物技术，两者均属于自然科学。由生物学所衍生出的生物工程被列为四大科学技术之一，关乎民生发展，也是现代知识经济的核心内容。在人们的日常生活中有很多地方都涉及生物技术，如医药卫生、食品轻工、能源工业、农牧渔业、冶金工业、环境保护等。其中，医药卫生领域是现代生物技术最先登上的舞台，也是目前现代生物技术应用最广泛、成效最显著、发展潜力最大的领域。

为进一步提高学生对生物学科的学习兴趣，学校借助心理学科沙龙活动，由生物教师解答学生关于生物学的疑问，并对学生的未来职业规划进行系统化指导。首先，生物教师列举了目前世界上的一些生物学应用，如研制基因工程疫苗，为人类抵制传染病的侵袭；其次，生物教师例举了一些与生物学有关的职业；最后，生物教师介绍了高等院校中与生物学相关的热门专业，如生物医学工程、生物技术、生物资源科学等。

前期通过有针对性地开展学科指导，加深了学生对非主科学科知识的了解，提高了学生科目平等的意识，使学生的学习积极性与主动性得到提高。后期通过职业规划指导，使每个学生都参与自己生涯规划的制定，有针对性地解决学生存在的自我认知、生涯意志、心灵成长、学习能力等方面的困惑，在一种开放、自由的氛围中开阔了学生视野，实现了各科互补，促进了多学科融合。

五、大学初探索

（一）大学概况

我国高校数量众多，多达几千所，而且类型多样。据2017年教育部的统计数据显示，普通高等学校就有2 631所，由1 243所本科院校和1 388所高职院校构成；1 243所本科院校又由817所公办本科院校、417所民办本科院校、7所中外合作本科院校以及2所内地（大陆）与港澳台地区合作本科学校构成（图2-28）。

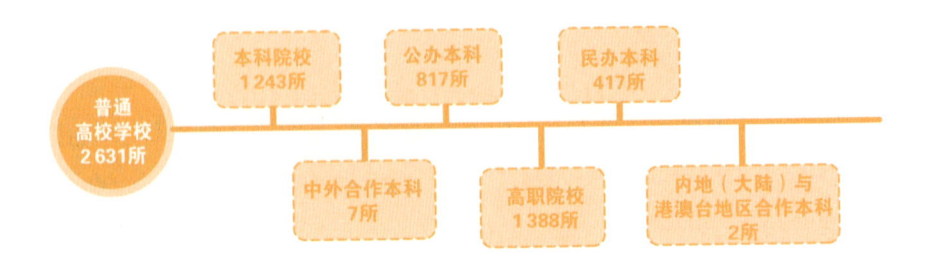

```
普通高校学校 2 631所
├── 本科院校 1 243所
│   ├── 公办本科 817所
│   └── 民办本科 417所
├── 中外合作本科 7所
├── 高职院校 1 388所
└── 内地（大陆）与港澳台地区合作本科 2所
```

图2-28　我国高校构成情况

这些学校按照不同的分类标准又有不同的分类结果。

1. 从院校层次上分

我国高校可分为"211"和"985"工程院校、各省重点本科院校、各省普通本科院校、民办本科院校以及专科高职学校。另外，教育部、财政部、国家发展改革委在2017年9月公布了世界一流大学和一流学科建设高校及建设学科名单，这也成为院校分类的新指标。

2. 按教育部对学科的划分和大学各学科比例以及科研规模划分

大学的类型由"类"和"型"两部分组成。按教育部对学科的划分和大学各学科比例，大学可分为综合类、文理类、理科类、文科类、理学类、工学类、农学类、医学类、法学类、文学类、管理类、体育类、艺术类13类；按科研规模，大学可分为研究型、研究教学型、教学研究型、教学型4种类型。比如，北京大学按教育部对学科的划分和大学各学科比例属于综合类，按科研规模属于研究型。所以，北京大学的类型是综合类研究型，简称综合研究型。

3. 从院校专业特色（比例）上分

按院校专业特色分，我国高校可分为综合类、理工类、农林类、医药类、师范类、语言类、财经类、政法类、体育类、艺术类、民族类、军事类12类。

4. 从隶属关系上划分

所谓隶属关系，即某所高校由哪个部门主管。20世纪50年代初期，很多高校由部委和地方分别管理，通常分为教育部所属高校、中央部委所属高校和地方所属高校三种类型。1992年后，部门办学的趋势减弱，中央和地方两级办学的新格局逐步形成。目前，我国高校大体分为两种：中央部属高校、地方所属高校。

中央部属高校指国务院组成部门及其直属机构在全国范围内直属管理的一批高等院校。目前，全国共有中央部委直属高校100多所。地方所属高校（省属高校）指隶属各省、自治区、直辖市、港澳特区，大多数靠地方财政，由地方行政部门划拨经费的普通高等学校。地方所属高校占我国高校总数的绝大多数。

（二）大学学习内容

大学的学习内容多样，同高中时期的学习内容有较大差异。大学的学习内容大体可以分为两大块：一是正式课程，如必修课程、选修课程和第二专业课程；二是非正式课程。

必修课程有公共必修课和专业必修课；选修课程有公共选修课和专业选修课；第二专业课程主要是除本专业之外的、学生可以申请选择研修的第二个专业的课程。

非正式课程主要是社团活动、志愿服务学习、打工实习以及其他。大学的社团各种多样，参与社团活动可以学习到书本上没有的知识。

（三）大学多元发展

大学为学生提供了开放、自主的文化氛围，进入大学后，学生有更多的机会在学习、休闲活动和打工过程中进行自我探索、角色探索和职业探索，通过多种途径实现自我发展。

大学中多元发展自我的途径有以下几种。

1. 专注学业

大学学习是自修之道。大学毕业生要想适应瞬息万变的未来世界，就必须在大学期间开始培养思考的方法、举一反三的能力，激发自我潜在的思考能力、创造能力和学习能力。

2. 职业志趣

丘吉尔说："能使个人工作和志趣结合的人是真正幸运的人。"研究表明，大多数大学生对自己所学的专业不满意。这就要求学生在大学阶段了解自己的职业志趣，确定自己的职业方向。

3. 社会实践

大学生活为大学生提供了丰富多样的社会实践机会，如假期实习、公益活动、培训活动、家教等。不同的社会实践活动带给学生的能力提升程度也是不一样的，学生在参加社会实践时要充分考虑自己的需求，这样才能有最大的收获。

4. 人际关系

走上工作岗位后与人相处的能力会变得越来越重要，甚至超过了工作本身。所以，学生在大学生活中要培养自己的交流意识和团队精神，要学会与不同的人相处及合作，学习如何与他人交流沟通。

（四）影响选择大学的因素

在学生选择大学时，容易受到多种因素影响，这些因素除了外部因素之外，还包括自身所看重的因素。以下是几种影响学生选择大学的常见因素：城市资源、综合排名、校风校史、生源构成、交流机会、校区环境、办学水平、师资力量、男女比例、就业机会、地理气候、学科优势、硬件设施、社团活动、考研机会、风俗习惯、社会知名度、图书馆资源、校友资源、留学氛围等。就业机会这一因素是大多学生及其家长选择学校时最为看重的因素，因为如果所选择学校或专业整体就业水平不高，毕业生就业质量较差，那么学生的未来发展前景就不会好，无法遇到适合的就业岗位。

例如，刘丁宁曾是辽宁省的一名高中生，她是2013年和2014年两届辽宁省高考文科状元。2013年高考，刘丁宁考了668分，为辽宁高考文科状元，被香港大学以全额奖学金录取。2013年10月，刘丁宁离开香港大学重回母校复读，只为追寻纯粹国学。2014年高考，刘丁宁以666分的成绩获得辽宁省高考文科最高分，进入北京大学中文系读书。

之所以选择回到母校复读是因为她想追寻更纯粹的国学，觉得北京大学中文系可能更适合自己对学业的追求。

（五）揭开大学神秘面纱

学生进入高中阶段后，学习压力逐渐增大，学习动力时而中断，唯一能够激起学生学习欲望的就是"考个好大学"，他们对大学的憧憬和向往是美好的，大学代表着学生新的起点、新的希望。每一位学子都曾幻想过自己进入大学殿堂，那么大学到底是什么样的？我校通过组织各种"大学探索"活动，与学生共同揭开大学神秘面纱。

在活动开展前，学校以数10名高三学生为研究样本，随机调查了学生是否参观过大学，其中仅少数人回答到过自己喜欢的学校，其他学生对所向往学校的了解均来自学校网站或其他新闻资讯。为满足学生"去大学看一看"的愿望，为给学生了解大学校园生活、学习环境、科研项目、校园文化等提供契机，让学生感受大学魅力，我校组织开展了参观大学的社会实践活动，通过参观、聆听集美大学接待教师的宣讲，带领学生体验大学学术研究氛围，感受大学行思中的风景。学生还参观了集美大学标本馆，大家一进展览馆就被那千姿百态的标本深深地吸引住了，对生物科学萌生了浓厚的兴趣。另外，通过在厦门大学的深度研学，学生近距离感受到了其"自强不息、止于至善"的校训，树立了正确的人生观和价值观，研学为学生尽早做好学习生涯规划打下了基础。图2-29为学生参观集美大学和厦门大学时的合影。

（a）集美大学　　　　（b）厦门大学

图2-29　学生参观集美大学和厦门大学

参观大学等社会实践活动能够让学生更加明确自己的目标，学习更有驱动力，并学会了在实践中检验、在检验中讨论、在讨论中明辨、在明辨中认识。

第五节　学生个性化的生涯发展指导资源

一、个人测评报告

（一）兴趣测评

目前，生涯领域在测评活动开展过程中应用频率较高的是霍兰德职业兴趣测评，该测评方式由美国职业指导专家霍兰德提出，测评内容全部由其本人整理所得，包括职业咨询经验、职业类型理论等。通过研究，霍兰德认为："一个人所选择的职业类型某种程度上取决于个人职业兴趣特性。"世界上没有相同的两片树叶，每个人的兴趣各有不同，从人格维度上看，职业兴趣类型大致可以分为6种类型：艺术型、事务型、企业型、研究型、社会型、实际型，上述6个维度经过打乱重新排序便可成为不同人的性格结构。

艺术型——这一类型的人普遍具有较强的创造力，喜欢接触和追求新鲜化、新颖化的事物，所要得到的结果必须与众不同，具有强烈的表现欲望，不断尝试证明自身存在的价值。同时，他们对任何事都抱有理想化心态，追求极致与完美，在艺术和实际中更加注重前者，艺术个性和才能十分突出。乐于表达内心所想，容易陷入复杂的心态环境。[1]

典型职业：艺术设计师、演员、导演、广告制作人、摄影家、歌唱家、乐队指挥、作曲家、诗人、剧作家、小说家等。

社会型——善于人际交往，能够不断认识新朋友，善于言谈，对别人总是表现出极强的指导性；对于社会上各种问题关注度极高，渴望为社会贡献自己的力量；不断编织属于自己的人际关系网络，对社会道德和社会义务等内容高度重视。

典型职业：教师、教育行政人员、公关人员、咨询人员等。

企业型——对权利、物质、财富、权威的追求异于常人，表现出高水平

---

[1] 张鲁君.浅谈基于霍兰德职业兴趣六角模型提升档案工作者的职业价值感[J].兰台内外,2020(13):77-78.

的领导才能；乐于接受挑战，面对风险毫无畏惧，有巨大的野心和远大而崇高的抱负；为人处世讲求不脱离实际，善于运用权力、地位、金钱对事物和人进行评判，对某一任务的完成具有强烈的目的性和针对性。

典型职业：营销管理人员、项目经理、销售人员、企业领导、法官、政府官员、律师等。

事务型——严格遵循各项规章制度，各项任务的完成都有前期计划可追溯，有耐心、有条理，对他人指挥和领导具有较高的接受性和服从性，对领导或其他职务的兴趣度不高；对一些事情的细节和实际开展情况高度关注，工作中时刻保持谨慎、保守心态，毫无创造性可言，安于现阶段状态，不愿牺牲自我卷入混乱的竞争。

典型职业：秘书、会计、办公室人员、行政助理、图书管理员、打字员、投资分析员、出纳员等。

实用型——工作过程中对工具有一定的依赖性，动手能力极强，做事干脆利落；擅长开展一些目标明确、项目具体的任务，不善于社会交际，思想较为陈旧保守，为人谦虚谨慎。

典型职业：计算机硬件人员、制图员、摄影师、农民、修理工、厨师、机械装配工等。

研究型——此类型的人多属于思想家，不具备实践能力，但思维想象能力较强，具有强烈的求知欲望，遇事善用大脑进行理智判断、分析。挑战性、创造性、独立性工作内容是此类人群的首选。受教育程度较高，博学多才，不善于领导他人。对于问题的思考十分理性化，精益求精，喜欢逻辑推理，向往进入未知领域。

典型职业：科学研究人员、工程师、系统分析员、电脑编程人员、医生等。

在体现不同兴趣类型相互之间的关系时，霍兰德以六边形代替，认为6种兴趣类型正好对应六边形结构，点对点可体现结构的规律性，整个结构按照顺时针依次为 R、I、A、S、E、C，从 R 到 C 为一个完整周期（图2-30）。在两个兴趣类型中可以形成的关系主要有三种，即相邻关系、相对关系以及相隔关系。其中，关联度最大的是两个相邻的兴趣类型，而相对的两个兴趣之间的关联度则相对较小。

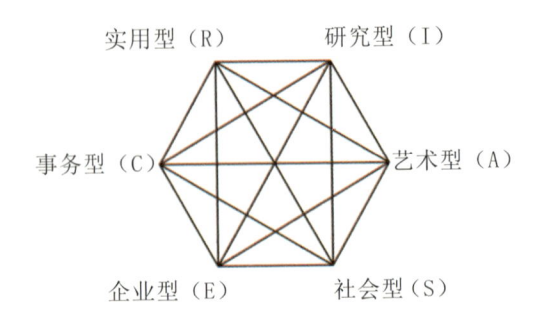

图 2-30　霍兰德职业兴趣测试概述图

那么，如何测评学生兴趣呢？我校采用的测评方式和流程如下：以计算机在线作答为兴趣测评的主要方式，由相关生涯教师提供给学生兴趣测试网站的登录账号和登录密码，让学生进入计算机信息教室，在线上进行统一作答。在兴趣测评正式开展前，生涯教师要向学生说明此次兴趣测评的主要目的，让学生在了解测评背景的前提下，消除对兴趣测评的忌惮，主动参与作答。在整个测评过程中，学生关于测评内容的回答主要分为两个选项，"喜欢程度"或者"不喜欢程度"，整个兴趣测评活动需要开展时间大约为20分钟。

上述各不同兴趣类型中，分数划分标准如下。

（1）0 分——表示最低分数，完全不喜欢此类型。

（2）3～30 分——表示不喜欢此类型。

（3）30～45 分——表示一般或常规喜欢此类型。

（4）60～90 分——表示喜欢此类型。

（5）90 分以上——表示特别喜欢此类型，为最高分数。

艺术型、事务型、企业型、研究型、社会型、实际型 6 种兴趣类型之间并非完全独立的个体，绝大多数人在某一类型方面表现尤为突出，除此之外，还兼顾其他 1 或 2 种类型，如主类型为艺术型，次类型分别为社会型或实际型。在对学生兴趣类型进行选取时，应按照学生兴趣测评所得分数的高低依次进行选取，所得出的分数最高的前 3 种类型可称为"兴趣代码"，若两个兴趣代码之间分数相差甚少（未超出 5 分），则两码可在位置上进行互相调换。

比如，某学生参与兴趣测评后，量表分数结果为实际型（R）——64分、研究型（I）——63分、艺术型（A）——57分、社会型（S）——51分、企业型（E）——53分、事务型（C）——49分，那么按照从高到低的顺序排列，可得出学生最终兴趣代码RIA。但是，从不同兴趣类型实际得分情况来看，R与I类型之间的分数仅相差1分，表明实际型（R）可以与研究型（I）进行互换，在互换顺序后所得兴趣代码还可以是IRA。RIA或IRA的兴趣代码便是该同学的兴趣特质，表明其乐于进行技术方面的研发或创新，对科技类事物兴趣较为浓厚，在专业选择方面可以为学生提供机械工程、土木工程、化学工程等专业，在后期生涯规划时可以向具有研发性质的机构和行业发展。

又如，某学生兴趣量表分数结果为实际型（R）——39分、研究型（I）——41分、艺术型（A）——72分、社会型（S）——70分、企业型（E）——71分、事务型（C）——63分。抛开该学生的区分值，单从分数最好的艺术型（A）、企业型（E）、社会型（S）来看，三种类型之间分数差距明显在5分范围之内，所以其兴趣代码有6种排序的可能，即ASE、SAE、SEA、AES、ESA、EAS。该学生的兴趣代码决定了其兴趣特质中艺术性格占主导，在未来大学专业选择时可推荐艺术设计、服装设计、音乐表演、学前教育、金融管理等，未来从事职业可以有画家、服装设计师、外交官、导游、领导者等。

我校早在2019年1月9日至2019年1月14日，就以上机测评形式开展了兴趣测评活动，此次兴趣测验主要选择福建省同安一中高一年级全体学生作为主要测评对象，学生人数总计902名，其中有826名学生参与了霍兰德职业兴趣测评，测评活跃度大约为91.57%。从高一年级与测评总体情况来看，各个班级兴趣测评完成率较高，其中完成率最高的就是学校新疆班和高一（16）班，两班测评完成率高达100%，其他班级排名情况如下：高一（9）班和高一（12）班的兴趣测评完成率均为98.15%，高一（3）班兴趣测评完成率为85.45%，高一（14）班兴趣测评完成率为84.00%，高一（10）班兴趣测评完成率为83.33%。

通过深入分析各兴趣类型平均分的数据，各类型平均分平均值、最大值及最小值如下：实际型（R）最小值为0，最大值为85，平均值为41.97；研究型（I）最小值为1，最大值为88，平均值为47.14；艺术型（A）最小值为7，最大值为90，平均值为48.48；社会型（S）最小值为8，最大值为86，平均值为45.45；企业型（E）最小值为1，最大值为86，平均值为45.25；事务型（C）最小值为5，最大值为75，平均值为38.84。通过观察、比较各兴趣类型整体情况发现，平均值最高的是艺术型（A），平均值最低的为事务型（C），分值仅为38.84。

在6个不同类型之中，受测学生首码的选择应以平均分最高的类型为依据，在深入分析了受测学生首码情况后，得出了不同首码的人数与百分比情况：实用型（R）受测频次为85人，占比约为9.65%；研究型（I）受测频次为216人，占比约为24.52%；艺术型（A）受测频次为248人，占比约为28.15%；社会型（S）受测频次为132人，占比约为14.98%；企业型（E）受测频次为176人，占比约为19.98%；事务型（C）受测频次为24人，占比约为2.72%。其中，艺术型（A）中首码人数最多，其后依次为研究型（I）、企业型（E）、社会型（S）、实用型（R）、事务型（C）。根据首码分布情况可以看出，参与此次兴趣测评的同安一中高一年级学生大多倾向艺术或创作。

基于生涯兴趣测评结果，笔者建议学校在教学活动和课程设计过程中充分利用学生的特长，创设多样化的课内外教学活动和课程，让学生用自己感兴趣的方式快乐学习。此外，还建议学校为学生提供更多社会实践活动，让学生能够在活动中了解自己的兴趣特点和爱好。具体建议如下。

第一，鼓励学生创意创造，提升研究性学习能力。根据生涯兴趣测评结果不难看出，福建省同安一中学生的兴趣特质主要集中表现在艺术型（A）方面，相较其他特质，学生创造能力和自主能力较为突出。因此，教师在课堂上开展教学活动或者计划组织各种课外娱乐活动项目时，应注重与学生主观能动性的发挥相结合，鼓励学生大胆创意、大胆创造，摒弃传统形式化、教条化、流程化的教学风格或教学模式，为学生搭建一个真正属于自己的舞台，让他们在舞台上自由表达自我感受，充分展示自己的创意与能力。

第二，积极组织各种实践活动，开展生动多样的生涯体验活动。相较艺术型（A），学生在实用型（R）方面的表现较差，这也从侧面反映出学生缺乏对该方面的系统认知与了解。对此，学校应组织并开展一系列可与社会直接接触的实践性体验活动，可以选择实用型（R）中常见的职业角色作为体验目标，如外科医生、绘图人员、计算机硬件人员等，还可以组织一些深入企业、单位进行实地参观和了解的活动，给予学生接触6种不同职业兴趣类型相关专业、职业及行业的机会，并让学生注意在参观过程中收集和积累相关专业领域内的最新资讯，不断开阔自身在该领域的知识视野，增加自己的见识，并以此作为评估自己感兴趣职业类型的依据和标准。第三，倡导相互合作，营造互帮互助的学习氛围。在分析了测评中首码分布情况后，发现社会型（S）是仅次于艺术型（A）和研究型（I）的性格偏好，此类学生对人际关系十分注重，其所在之处都充满着浓厚的人文关怀氛围，喜欢以团队协作形式开展活动。根据这一特点，学校在课程内容的设计和教学活动的开展过程中，可以积极引入合作式教学模式，以小组形式对班级学生进行划分，引导学生在小组内相互讨论、相互协作，促使学生在团队合作背景下共同进步、共同成长。

（二）人格测验

人格是一个人心理活动的综合体，但这种活动一般较为稳定，从人格和个人才能的关系来看，个人才能的全面释放依赖特定人格。所谓人格测验，就是一种测量人格特点的标准化工具，该工具形成的理论基础为人格理论。通过从某一特定方向考察和测验一个人的人格特质，有助于个体对自身个性特质产生更深层次的认识和了解。

笔者所在学校采用的人格测验主要涵盖4个方面的因素和12个方面的特质，其中4个因素包括人际关系、严谨性、内外向、开放性，12个特质分别为客观、服从、乐群、社交、亲和、建议、深思、秩序、变通、感觉、探究、领导。以上几方面的测验可以让学生对自己的个性有更加全面、真实的了解，辅助学生对自我进行深入探索，并且某种程度上可以为学生的未来生涯选择提供科学参考。

纵观心理学整个发展历程，"人格类型论"和"人格特质论"一直以来都是"人格理论"中两大最具争议的论点。"人格类型论"认为，每个人都具有独特的人格，而这些人格类型可以指引我们进行人格划分。需要注意的是，"人格类型论"中的每一个人格类型都具有非连续性和独立性的特点。例如，目前所接触到的最为常见的一种人格分类——内向人格和外向人格。"人格特质论"认为，每个人的特性具有同一性，只是这种特性具有明显的等级之分。"人格特质论"和"人格类型论"最大的区别是"人格特质论"更加突出人格划分过程中的连续性;"人格类型论"在实际测验过程中受欢迎程度更高,不但能够通过更为简单、快速、便捷的形式提供相应的"人格认知",而且能够实现对人格画像特征的快速勾勒和细节深化。在生涯教育实际开展过程中,"人格类型论"下的相关测验能够在某种程度上实现"人职匹配"。

【案例说明】

留守少年小奇今年读高一,父母为维持一家生计长年外出打工,小奇基本由爷爷和奶奶养大。升入高中后,由于学校距家较远,小奇被父母寄宿至舅舅家。小奇上高一后面临的第一个问题就是选科,小奇所在学校在当地升学率一直不理想,如果小奇坚持与其他学生一样选择常规高考文化课道路,考入本科院校的概率极低。而小奇父母远在外地,责任意识较为薄弱,疏于对孩子的管教,对孩子学业漠不关心。对此,学校多次与小奇第二监护人爷爷和奶奶进行沟通,提出让小奇选择升学途径,如参加艺术考试。从小奇的角度来看,学业和生涯一直都是困扰小奇选择的两大问题,对于学校和教师的升学建议,小奇也陷入了两难:一方面,小奇自己对知名大学抱有一丝希望,想凭借高中三年学习生涯改变人生,与众多考生竞争,尝试跻身本科院校,但由于缺乏良好的文化课基础,小奇无论在学习进度还是课堂学习效果方面均落后于其他学生;另一方面,如果听从学校建议转变人生目标,选择艺术道路,考虑到艺术生对天赋和艺术细胞的要求,再加上尽管艺考分数线低于常规高考文化课分数线,但前期需要投入大量的资金,如美术生需要消耗大量颜料、白纸等绘画用品,音乐表演需要报名参加各种表演培训班和购买各种表演服饰等,小奇表现出了一丝退却。

本书尝试应用霍兰德职业兴趣测验和明尼苏达多项人格测验两种方式,演绎"人格类型"和"人格特质",图2-31为霍兰德职业兴趣测验结果。

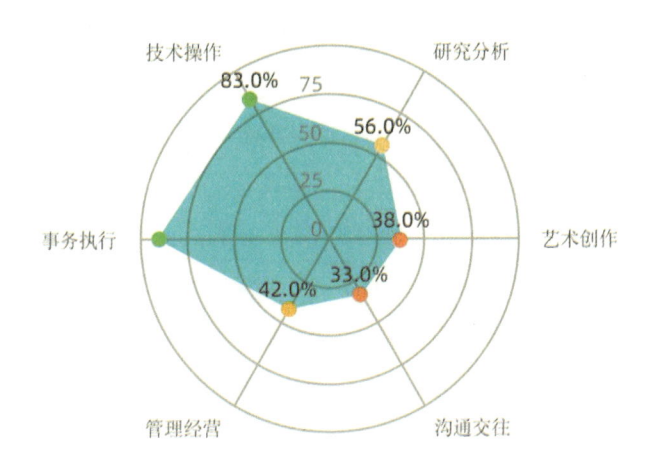

图 2-31 霍兰德职业兴趣测验结果

从兴趣测验结果来看，小奇人格类型组合编码为 CR（事务型和实用型），其中分值最高的霍兰德代码占比为 83.0%，分值最低的沟通交往人格占比仅为 33.0%，分值差为 50%，这种分值上的高低差体现了小奇兴趣分布的多样性。另外，根据所测的代码结果不难看出，小奇是传统意义上按部就班的人，十分关注事物的细节，善于钻研，有非常强的动手能力，注重办事效率，为人谦虚谨慎，对于本次研究并未表现出强烈的反抗心理，而是迫切希望得到测评结果。另外，从图 2-31 中可以看出，沟通交往和艺术创作是小奇的两个弱势人格，表明小奇日常生活中不善于和他人交际，缺乏专业的艺术素养和创作能力。（注：详细测试内容见附录。）

另一项数据为明尼苏达多项人格测验所得，显示小奇属于极其内向的人（Si，D），这一测试结果与霍兰德职业兴趣测量中 S 分值偏低结果趋近，尽管小奇外在表达不足，但思维拓展能力极强，具有较为丰富的想象力（Sc），在任务执行过程中缺乏果断性，由此造成自身缺乏创造力（Pd49，D66），被埋藏于小奇思维层面的想法和创意未能通过行动系统转化和形成表达。小奇对一些新鲜事物具有强烈的接触心理（Pa，Ma），但在接触后容易陷入深深的纠结和固执（Sc，Pa），思维转变能力极强（Ma），无法集中精力坚持完成工作，无论毅力还是耐力都稍显不足，特别是面对突如其来的挫折时，容易中途放弃，产生逃避心理和退缩行为（Hs，Pt）。这一点也在对小奇亲友调查访谈后得到了验证，亲朋好友眼中的小奇在家中表现乖巧，不惹是生非，但在学习成绩上不尽如人意。小奇内心具有强烈的自卑感（Hy），时常表现出过度的自我克制（L，Pd），在面对外人时不会表现出明显的情绪变化和起伏，给人整体印象较为成熟、稳重，与年龄稍显不符。小奇的这种表现与其家庭教育或者寄宿经历息息相关，小奇不善于在他人面前展示真实的情感（Hy，Pt），缺少强烈的目标感（Pd），特别容易在选科过程中陷入自我迷茫。并且通过对小奇所获情感方面分值的统计与分析发现，小奇对自身情感状态相对满意，整体体验感较好，另外这种积极的情绪持久性、深刻性和稳定性较好；从另一个分值 Sc 来看，小奇内心深处潜藏有丰富的想象力，但由于不善于展现，其思维与现实表现存在强烈的偏差。

美的艺术来自内心情感，有情感和体验参与的美才称得上真正的艺术。因而，从某种角度来看，艺术是体验和情感的结合体。小奇在个性上具有内在性，选择艺术道路不失为一种最佳选择。将双重兴趣测评的结果与小奇对动漫感兴趣的情况相结合，笔者认为可以将美术作为其通向成功道路的一种有效途径，但由于小奇在艺术道路上起步较晚，需在保证文化课成绩的基础上，加大对艺术课的学习力度，确保艺术课和文化课达到高考录取标准。

（三）多元智能测评

多元智能理论是一项专门研究心理学的智能化理论，由美国心理学家加德纳于 20 世纪 80 年代正式提出。该理论认为，智能是一种特殊能力，产生于某种特定的情景之下，是人们在处理和解决问题过程中所发现的一种具有创造性的能力。加德纳还认为一个人至少拥有语言、逻辑—数理、音乐、空间、身体—动觉、自我认识、人际交往、自然观察 8 种主要智能（图 2-32）。现阶段仍被广泛采用的"智能本位评价"理念也是加德纳提出的。该理念在教学领域的创新应用使学生对自身学习结果进行评价的渠道和范围得到了有效拓展。从某种意义上说，多元智能理论是对传统"一元智能"的一种延伸，给人一种面目一新的感觉。特别是在新一轮基础教育课程改革持续深入的今天，教师对学生的评价陷入一种激励性评价和批评式评价的"死循环"，而多元智能理论的提出无形中拓展了学生评价方法，提升了评价工作的全面性和发展性。

图 2-32 多元智能理论结构图

图 2-32 中的 8 种智能是每个人所必备的几种智能，因人的差异在具体表现程度上存在不同，个体与个体之间在智能上的差异主要表现在各智能之间的随机组合。加德纳对人的智力的判断与衡量是以其问题解决能力和社会创造能力为标准的，这一观点的提出为智能的定义提供了参考，即智能是个体在解决问题和创造社会价值的过程中所展现出的一种能力。

在受到"多元智能理论"启迪后，对"智能"概念的探究开启了全新的旅程。传统智力测验多为简单的智能商数等内容，可对"部分智力"进行检测，可为孩子哪一门学科学习能力更强等提供参考，但在其他方面作用不大，如适应新环境、结交新的朋友以及理解新情境等方面。

加德纳认为，人的大脑好比一台运转的电脑，每个大脑只拥有一种智能，而多元智能理论下的大脑同时拥有数台电脑，多台电脑同时运作所达到的效果显著优于单一电脑。由此可见，作为高级动物的人类的智能构成具有多元性特征，每个人都具备发展多种智能的能力。但有一种特殊情况是当大脑遭受重创后，其中部分智能将难以被充分挖掘，甚至逐渐消失。

（四）工作价值观测评

生活中每个人对自身所处的学习环境和工作环境都抱有不同的态度，价值追求也不尽相同。美国著名心理学家舒伯总结了 15 种日常生活、学习、工作中较为普遍、常见的职业价值观。每种价值观都代表着个体在实际工作中的目标和追求，具体如下。

（1）美的追求——个体能够不断创造美好的事物，并将这种美好与他人、社会共同分享。

（2）安全稳定——该工作失业风险较小，不会受到金融危机的威胁。

（3）工作环境——部分个体在选择岗位时，十分注重岗位所对应的工作环境，整体环境条件和物质条件如果较为充裕，就能够增加个体对工作本身的兴趣。

（4）智性激发——此类工作对个体独立思考能力、思维创新能力要求较高，即使个体现阶段尚未具备实际所要求的能力，但可在实际工作中不断提升能力，为将来更好地适应工作奠定基础。

（5）独立自主——这种类型的工作对个体无过多强制性要求，个体可以按照自己习惯的方式开展工作，对工作效率要求不高。

（6）多样变化——在同一个工作当中，可以坚守一个岗位，也可以对其他岗位和智能进行尝试和挑战。

（7）经济报酬——薪资报酬较为理想，能满足个体在精神和物质上的双重需求。

（8）管理权利——该工作中个体占据主导地位，有权利给别人分配工作内容。

（9）帮助他人——参与此类工作的个体可更多地接触公益性质的工作内容，聚焦社会福利和社会服务等。

（10）生活方式——个体可以在选择工作的同时，不改变自己的生活方式，并在工作过程中不断朝理想的方向努力。

（11）创造发明——可以通过工作创造、生产、发明、设计一种全新事物。

（12）上级关系——与管理者平等对话，和睦相处。

（13）同事关系——所接触的人与自己的价值观对等，合作共事所达成的效果高于个人努力。

（14）成就满足——工作中时常因某项工作的成功而获得喜悦感。

（15）名誉地位——此类工作大多为比别人要求严格的"高级工作"，受人尊敬。

可以让学生在上述 15 种工作价值观中选择最认可的 5 种，对这些关键词进行深度解读，并将关键词按照等级进行排序，引导学生思考选择这一关键词的原因。学生在完成上述测评内容后对自己的工作价值观基本已经有了一定的了解，可以在今后按照相关标准选择适合的职业。

二、生涯数据库

（一）生涯数据库的基本内容

1. 专业视频

生涯数据库可以为师生提供专业的生涯视频，如普通高等院校本科专业解说栏目，该视频主要采用一种生动、活泼的表达方式，针对学生所要了解的专业进行有针对性和专业性的解说。图 2-33 为平台专业视频内容。

图 2-33　普通高等院校本科专业解说视频

2. 高校数据库

目前，信息被收录至生涯数据库平台的高校多达 3 000 所，每一所学校的信息都包含本校基本信息，如名称、类别、地址、报考与选课要求、专业类型等。另外，高校数据库平台还可提供个性化查询服务，学生可根据自己未来想到哪个地区发展选择相应的省份选项、学校类别、学历层次、分数要求等各类属性，从众多高校中筛选适合自己的学校。同时，数据库可根据学生的选择历史记录，提供智能化推荐服务，拓宽学生选校范围，为其提供更多参考。

3. 职业数据库

学校与企业合作所构建的生涯数据库中，有一个板块为职业数据库，该数据平台从《中华人民共和国职业分类大典》中筛选了与初高中教育联系最为紧密的职业，共计148种，大致划分为管理和销售职业族群、商业操作职业族群、技术职业族群、科学和技术职业族群、艺术职业族群以及社会服务职业族群等（图2-35）。学生在进入职业分类界面后，可按照自己的喜好选择其中某一个族群，然后跳转至下一界面，该界面涵盖该职业族群中的所有职业种类，如艺术职业族群中就包含画家、室内设计师、平面设计师、园林设计师、戏剧表演家、导演、影视制作人、漫画家等。在每一种职业的相应页面还会展示具体的"职业概况""就业发展路径""推荐专业""教育背景"等。

职业分类

管理与销售职业族群	商业操作职业族群	技术职业族群
科学和技术职业族群	艺术职业族群	社会服务职业族群

图 2-35　生涯数据库内职业分类

4.专业数据库

专业数据库内所包含的532种专业均选自《普通高等学校高职高专教育指导性专业目录（试行）》。专业页面内专业分为两大类：一类是本科专业，另一类是专科专业（图2-36）。尽管专业有本科和专科之分，但是内容介绍方面基本一致，如专业概况、推荐高校、报考选课、推荐职业等。整个专业数据平台中所收录的专业内容都相对完整，学生可以直接通过专业关键词搜索，快速获得专业信息。

专业分类

本科专业	专科专业
哲学	哲学类
经济类	财政学类 金融学类 经济与贸易类 经济学类

图 2-36 专业数据库专业分类

（二）生涯规划教育系统——学校板块

生涯规划教育系统为进一步增强学校管理主体地位，在平台上构建了专门的学校板块，学校可进入管理后台，完成各项管理工作，如学生管理、教师管理、资源管理、统计分析、活动管理等，并且可以通过大数据平台所提供的分析结果监测学校生涯规划教育水平、教师教学质量、学生学习情况以及资源分配情况等。图 2-37 为生涯规划教育系统中的学校板块。

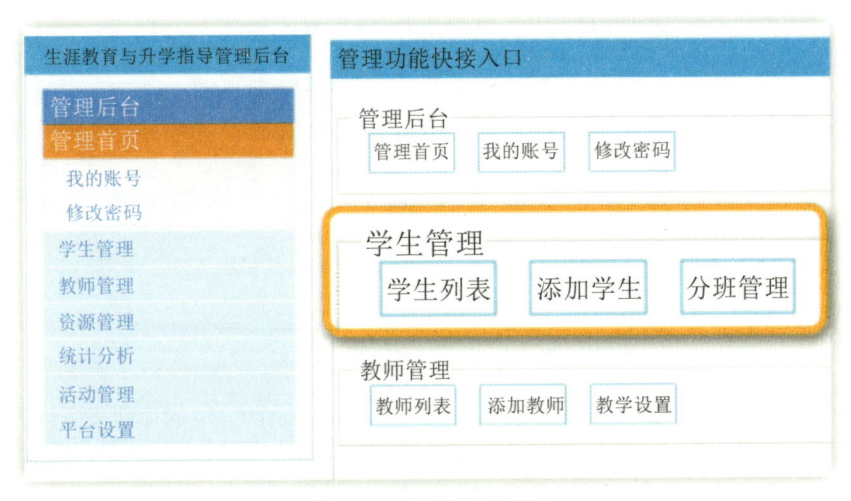

图 2-37 学校板块功能

(三)生涯规划教育系统——教师板块

在生涯规划教育系统内,除了设置有学校,还为教师等不同角色规划了对应的板块,如教师板块。在该板块内,教师可通过对已有课程资源的系统运用以及平台个性化数据的展示,实现对每一个学生及其历史教育背景的深入了解,为后期教学提供方向,在提高生涯教学针对性和决策科学性的基础上,减轻教师教学压力和教学负担。

(四)生涯规划教育系统——学生板块

生涯规划教育系统还为学生设立了专门的板块,学生可以通过各种智能化平台,如云端数据库、测评工具等,初步认识生涯,进行自我了解、自由探索。其中,多元智能、职业倾向测试等测试工具可让学生完成自我测量,并生成分析报告,家长、学校都可以参考学生的能力特征,从而明确学生的学习动机,由各方共同监督,保证学生的学习效果。

(五)生涯规划教育系统——家长板块

家长可从学校资源、学生成长档案中了解孩子,参与孩子的生涯规划。在家长板块,家长可以从成长档案中查看孩子最新学习情况,提高家长对孩子生涯成长的关注度。另外,家长也可以通过平台为学校提供学生社会实践资源。学校可以统一安排,并充分利用社会资源,为学生创造更多参与社会实践的机会。

三、生涯档案

(一)建立生涯档案的必要性

生涯档案是学校了解学生的第一手资料,每一个学生的生涯规划档案都囊括了学生的家庭背景、学习能力以及人生规划等;生涯档案是教师评价学生阶段性学习成果的重要指标和依据;生涯档案是学生正确认识自我和生涯规划的起点,也是激发学生生涯兴趣的源泉,可推动学生在生涯探索中不断成长。积极构建学生个人生涯规划档案不仅可以提升学生生涯设计能力、自我规划水平，促使学生充分发挥主观能动性，还能够从某种程度上使学生成为自己的主人，自主参与各种教育活动、管理活动以及生涯活动，引导学生进入教育的最高境界——自我教育。

1. 生涯档案是家、校、生"三线"的连接纽带

在学校、学生、家长之间建立学生生涯规划方案，可以在彼此之间形成无形的桥梁，学校可随时与家长取得联系，沟通学生近期在校表现，通过家长校外学习情况的反馈，学校可以了解学生课余时间的学习情况，家长通过生涯档案中学生的校内学习情况同样可以获取学生近期的学习情况，这种双方互联互通的模式可以形成对学生的全方位管理和监督，为学生营造健康、稳定的学习环境，促使学生健康成长。

2. 引导学生规划未来成长道路

生涯规划档案的系统构建使学生的兴趣、天赋、成长等得到了有效整合，学生可借助生涯规划档案中的基本信息，了解自己各学科的学习情况，培养自我认知能力，学会在成长道路上有取有舍，规划好自己的未来，在多方教育和关怀下茁壮成长。另外，学生还可以通过对生涯规划的理解，明确生涯认知，设计生涯规划，掌握生涯进展，按照自己所设定的职业目标奋勇前进。

3. 便于家、校对学生生涯信息分析跟踪

在生涯规划档案建立之前，家长若要获取孩子在校学习信息，需与教师联系，通过教师讲解了解学生近期学习情况。生涯规划档案建立后，家长可以在系统档案平台随时随地获取学生信息，如作息时间、课程安排、生涯规划，甚至可获取部分任课教师的相关简介，为家长搭建了一个深入了解孩子的平台。从学校角度来看，学校可根据学生档案所记录的考试成绩，从横向和纵向等不同角度进行比较，了解学生不同学科的学习成绩变化情况，并且可以全面分析和追踪学生生涯规划执行情况和开展效果。与此同时，教师可以根据学生生涯规划执行情况，为学生提供相关方面的意见与建议，引导学生对现阶段生涯规划进行科学的优化与调整，围绕学生自主思考能力进行针对性培养，鼓励学生勇于探索新事物，在不断实践中掌握新知识和新技能，实现对学生潜在能力的深入挖掘。

4.培养学生积极向上的学习心态

生涯规划是学生通过各种学习计划、学习策略、学习行动的执行，逐步向目标靠拢的活动过程，也是学生自我认知、自我探索、自我成长、自我实现的过程。生涯规划档案可以引导学生充分考虑生涯规划和学习中可能影响自身学习的因素，确保规划执行时做到有的放矢，激发学生的学习兴趣和学习动力，使他们保持积极向上的学习心态。

（二）生涯档案建立方法

生涯规划档案是学生崇高理想和人生目标、未来职业和生涯规划等诸多信息的集合地，缺少基础文化知识和良好人生规划的生涯活动是不完整的。因此，作为生涯教育活动的策划者与执行者，学校应建立真实、有效的学生生涯规划档案。目前，全国各学校所建立的学生生涯档案主要划分为学生家庭情况、学生基本资料、学生自我分析、职业价值取向四类内容。

1.学生家庭情况

（1）收集学生家庭背景信息，如家庭人口数量、成员信息以及是否存在复杂社会关系等。

（2）登记父母基本信息，如父母年龄、受教育水平、目前所从事行业等。

（3）学生家庭经济情况，如父母经济来源、薪资水平、社会福利等。

将所收集信息以文字或表格形式纳入学生个人生涯规划档案作为参考资料。

2.学生基本资料

（1）学生姓名、性别、出生年月、籍贯。

（2）学生家庭住址、联系方式、信息登记时间。

（3）幼儿园至中学所有学校名称、班级、上学时间、班主任姓名等。

（4）不同学年九大科目考试成绩以及班级和年级排名。

（5）学生的特长、兴趣爱好以及未来所向往职业和生活方式等。

此次调查统计资料最终统一采用文字或者表格形式归入档案。

3.学生自我分析

学生对自我的分析主要是对自己当前阶段职业兴趣、性格特征、学习能力、优点与缺点等的深入挖掘。

（1）兴趣分析。学生根据自身实际情况，明确自己感兴趣的点和不感兴趣的点以及喜欢做的事和不喜欢做的事。

（2）性格分析。认识自己属于哪一种性格，如开朗、理智、纯真、谦逊、忠诚、果断、乐观等。

（3）能力分析。能力是一个人在完成某项特定任务时所表现出的一种综合素质，每个人在具体实践过程中都可能展现出不同的能力，如一般能力、特殊能力、创造能力、认知能力、管理能力、元认知能力、组织能力、协调能力等。

（4）优缺点分析。引导学生对自己的优缺点进行分析，可以让学生对自己有一个更加清晰的认识，对个人优点要继续保持，缺点和不足应加以纠正。常见优缺点如下。

优点：具有较强的环境适应能力，不挑剔，不指责；具有基本的为人准则，正直、善良；性格较为随和，不与他人争夺名利；具备基本的表达能力，善于交际；对任何事物都抱有一种积极的心态；发展目标清晰、明确；等等。

缺点：心浮气躁，无法安心定神，做事专注力不足；常被不良情绪所支配；具有严重的"拖延症"；知识面狭窄，理论与实际联系能力不强；与人交流过程中时常无意中伤他人；缺乏自制力，不善于自我控制；等等。

4. 职业价值取向

在学生个人价值取向中，职业价值观是其中重要的组成内容，学生在对未来职业进行选择时，除了要树立远大理想和明确个人特长以外，还应学会处理来自社会和自我两方面的价值关系。目前，常见的职业价值取向可以分为以下五类。

（1）科学价值。不排斥任何学习活动，对新知识有强烈的追求和获取欲望。符合此价值取向的职业主要有科研、财务会计等偏向技术性的职业。

（2）实用价值。十分看重岗位薪资和福利报酬，在过程和结果之间更加注重前者。符合此价值取向的职业主要有市场推广、销售等。

（3）社会价值。待人热情、友善、平易近人，与他人互信互助。符合此价值取向的职业主要有护理、教师、市场营销等。

（4）政治价值。有着较强的支配心理，不论组织能力还是管理能力都强于他人。符合此价值取向的职业主要有经理、督导等。

（5）审美价值。擅长艺术创作和艺术品鉴，有所追求，有所创新。符合此价值取向的职业有文学家、广播节目主持人、诗人、小说家等。

高中生生涯规划目前正处于摸索阶段，也是一个动态的变化过程。在生涯规划时，学生要同家长一起多思考和探索，不断地调整和修正个人生涯规划，具体决策由家长和学生自己慎重选择。

四、生涯视频

在对生涯教育开展情况进行全面调查后发现，目前我国生涯教育的实施途径较为丰富，如社会实践、社团活动、生涯咨询、开设课程、学科渗透、校外兼职等均属于生涯教育常用教学方法，其中最主要的一种教育形式为开设专门的生涯课程。生涯课程与其他常规性学科课程不同，生涯课程十分注重教育的综合性、系统性和全面性，在强调理论知识的普及和宣讲基础上，还兼顾为学生创造良好的情境体验和活动空间。在大数据背景下，信息化、网络化大提速，网络上的资源种类也越来越丰富，视频资源是当下热门资源，无论是专业化视频资源，还是自行录制的短视频资源，均为生涯教育的开展提供了一定量的素材，特别是将其中一些极具创意性、新颖性的视频引入生涯课堂，可激发学生的学习兴趣，引导学生集中精力参与生涯学习，有助于生涯课堂教学效果和教学质量的全面提升。

生涯探索是生涯教育中除自我认知外的第二大教育内容，该教育环节的主要目的是引导学生通过自己的方式获取多元化生涯信息，深入探究个人发展与社会发展之间的关系，总结在个人实际发展过程中社会发展所产生的影响和发挥的作用。

本节引入生涯视频教学案例，在视频教学的辅助下启发学生对学习目标、生涯规划、职业方向的认识与了解。

【案例介绍】

生涯视频教学主题：我的家庭职业树。

生涯视频教学素材：《寻梦环游记》。

在明确生涯视频教学主题，并完成前期准备工作后，即可进入正式课堂教学环节。

第一步，由生涯教师进行课堂教学导入。

教师："同学们，今天我们聚在一起探讨的不是学习成绩，也不是高考宣誓，而是'生涯'。'三百六十行，行行出状元'，关于行业，我国最早的记载可以追溯至唐代，并且资料显示当时真实的数据为36行。那么，在经历过千百年自然演变后，哪些行业还一直延续？又有哪些新的行业产生呢？今天让我们一起来探讨。目前，我国的职业种类早已超过360种，2015年版《中华人民共和国职业分类大典》中的相关数据显示，我国目前职业分类结构为8个大类、75个中类、434个小类、1 481个职业。那么，面对这么多职业种类，我们该怎样去认识不同职业，并做出科学合理的职业选择呢？关于这一点，我们先要了解当下社会发展形势与每一个人之间的关系，特别是在成为社会成员之前，我们先是一个家庭内的成员，而家庭又是组成社会脉络的核心细胞。将目光聚焦到家庭上，以最直接、最简单的方法了解和认识职业。"

第二步，教师以问题形式引入本次教学主题。

教师："接下来的时间，我们一起观看名为"寻梦环游记"的动画电影片段。该影片是以米格一家为重点讲述的一个家庭类故事影片。同学们在观看影片时回想一下我们今天的主题'我的家庭职业树'，数数影片中有多少人物，每个人物从事的职业是什么？"

视频观看结束后，学生回答教师前期设置的问题。

学生："这部影片中有小男孩米格、米格的偶像（墨西哥歌神）、米格的高祖母、米格的奶奶、米格的太奶奶、米格的爸爸和妈妈、米格的舅爷爷。""米格的奶奶和太奶奶都是鞋匠，太奶奶的爸爸是音乐家。""米格还有一个音乐梦……"

学生回答完问题后，教师进行引导。

教师："我们可以尝试把米格的家族比作一棵大树。同学们可以根据影片内容以及自己对影片的理解，画出一棵大树，并在树上用自己能够识别的方式对人物和职业进行标记。可以参考教师提供的职业家族树（图2-39）。"

图 2-39　职业家族树

第三步，教师引导学生与大家分享家人的职业情况。

具体分享和讨论可以围绕以下几点展开：①你的家族中从事最多的职业是什么？②你的家人的职业集中在技术领域、管理领域还是服务领域、研究领域？③他们对自己的职业评价是什么？④你会考虑的职业是什么？⑤你绝不会考虑的职业是什么？⑥你感兴趣的职业有哪些？⑦你期望进入的职业领域能够带给你什么？

第四步，教师对课堂分享内容进行系统总结。

通过学生的分享与讨论可以看出，家庭成员从事的职业对我们的职业选择和生涯规划有很重要的影响。在学习和生涯发展中，我们常常需要从家庭资源中获得不同方面的支持，如物质支持、情感支持、信息支持和意见或建议等。总的来说，学生在生涯规划开展前，应对客观信息进行全面收集、分析，以正确判断生涯规划所需要的物质支持和情感支持。

将视频引入生涯教学中在一定程度上打破了传统生涯教学环境，丰富了生涯教学形式，提升了学生的认知能力。

第三章　学校生涯教育分年级实施内容

第一节 高一：生涯启航

一、转变角色，适应高中

在我国，每一个人都有接受教育的权利，只是进入高中阶段后，学生具备了自主选择权，可以根据自己的实际情况选择是否继续接受教育、接受教育的种类等。在很多情况下，选择往往还伴随着责任，学会对自己负责不仅是一种态度，还是奔向成功的钥匙。成为高中生，你准备好了吗？

当初中生涯结束，进入高中生涯后，你会从中感受到很多高中与初中的差异，如高中学习难度大幅提升，学习科目数量增多，活动的可选择性更强，对各种能力的要求有所提高，有了更加广阔的探究和实践平台，良好的人际关系更显重要，说话、做事开始与责任挂钩，等等。因此，进入高中阶段后，以往所具备的能力和素养需要"系统升级"，只有这样，学生才能逐渐适应高中生活并掌控主权，将人们定义的"噩梦般的高中"转换为"享受高中乐趣"，为自己的高中生涯留下美好的回忆。

（一）转变角色

每个人进入全新、陌生的学习环境后，都或多或少地展现出各种不适应。一般情况下，对于适应能力较强的人而言，态度和意识不会随环境的变化而变化，其能够在短时间内做好心态上的调整，并快速融入新环境和新状态。还有一部分适应能力较差的人，面对周围环境、同学、教师的变化，难以全身心投入学习，常常在课堂学习和与人交流过程中不知所措。针对此类尚未进入高中角色的学生，教师可尝试通过改变学生角色认知，让学生真正意识到自己不再是初中生，引导其从不适应新环境的情绪旋涡中走出来，以使学生更快地适应新角色和新环境，信心满满地迎接来自高中的全新挑战。[1]

金色九月是迎接新开始、开启新希望、放飞新梦想的时节，学生经过了人生第二个关卡，重新踏上了另一段求梦之旅。在这段旅途中，学生转变成高中生的角色，朝着理想和目标继续前进。面对前方未知挑战，学生该做好哪些准备，扮演哪些角色呢？

角色1——独立者。

学生从初中生角色转变为高中生角色的这一过程意味着学生逐步摆脱依赖，开始走独立自主之路。高中生活不像初中有专门的生活教师负责日常生活和学习，高中生活一切时间都归学生自己管理，学生应当学会对自己的时间进行合理安排，主动掌握和处理人际关系，开始习惯单独思考各种问题和解决方案。但是，要实现真正意义上的独立，需要经历十分艰难的过程。学生必须尽快克服各种不适应，快速熟悉学校环境和班级同学，以积极的心态实现角色的转变，熟悉学校规章制度和班级行为规范，认识新同学，使学习逐步走上正轨。

每一个体都在学校、家庭、社会扮演着不可或缺的角色，拥有不同于他人的经历和特质，当然在某些方面也有诸多不足之处。对于高一年级学生而言，其生理和心理均处于发展的黄金期，其在学习能力和学习经验方面仍有很大的进步空间。因此，学生不能一味地停留在过去，可以尝试在新环境下，通过各种有效的方式弥补自己以往学习过程中的缺点与不足，唤醒自身潜藏的巨大能量，逐渐摆脱对教师和他人的依赖，独立应对高中角色变换，成为真正意义上的独立者。

角色2——学习者。

无论在初中阶段还是在高中阶段，学生扮演的角色始终是学习者。在进入高中前，学生还扮演着"佼佼者"的角色，考试后以优胜者的身份步入高中生涯，但高中集结了各个初中的精英学生，以往在初中所聚集的"明星光环"逐渐被其他比自己成绩更优异的人取代，在初中担任过班干部的学生属于领导他人的角色，进入高中后恢复了普通学生身份，扮演起了被领导者的

---

[1] 邓璐.我的生涯兴趣地图——高中生涯规划教育课[J].中小学心理健康教育,2020(28):54-59,59.

角色。这种角色上的巨大落差造成学生心理上的不平衡，理想中的高中学习与生活和现实产生了强烈冲突，失落感油然而生。对此，学生应从"失败者"的阴影中走出来，保持一颗平常心，在新环境中找准自己的位置，意识到造成这一角色转变的原因不是自身能力不足，而是高中平台更广阔、台阶更高了，可以尝试不断提高自身学习能力和专业水平，回望过去自己有哪些不足，在高中阶段对这些不足进行针对性的改善，把自己的过去和现在比较，逐步进行自我提升，扫除因失落带来的阴霾。

角色3——体验者。

当你以成功者的身份回望高中生涯时，你会发现高中是自己一生中最难以忘怀的时光，有你在长廊上为成绩落泪的身影，也有你为目标奋力拼搏的身影。成功不是一蹴而就的，需要付出很多努力，而这些努力的背后还要有正确的决策，特别是对初入高中生涯的高一学生而言，为确保自己未来三年充实、有效，应结合自身实际情况设定一个理想的目标，并围绕这一目标完成对自己高中生涯的科学设计与规划。在规划执行过程中，除了学生本身是学习者角色之外，学校扮演着指导者的角色，学生可以通过学校提供的一系列活动平台和机遇，把握当下，努力培养和提升自身学习能力。如果学生对某一科目或者某一课题感兴趣，可以通过相应的选修课和综合课进行深入的了解和研究，以进一步培养该方面的兴趣爱好。另外，学生还可参加学校的社团活动，体验参与各种活动的乐趣。

（二）高中变化

为了帮助学生更好地适应这一重要的过渡阶段，教师应带领学生更全面地了解高中学习与生活的特点。

为引导学生更好地从初中阶段向高中阶段过渡，快速适应高中新环境，本书从高中学习强度、高中学习模式、高中生涯规划、高中心理变化等多个变化维度出发，带领学生初步认识和了解高中学习和生活。

1. 高中学习强度

高中学习强度的变化最为直观，不但在知识总量上有明显提升，而且没有太多时间进行由初中到高中的过渡

从知识量来看，初中的知识量相对较少，且学习时间充裕，如果以数量

对初中知识和高中知识进行衡量,那么高中一年的学习量大约是初中三年的学习量。以数学学科为例,初中所学到的所有知识点到高中则变成了基础内容,将初中所有知识量汇总到1本书中,那么高中知识量可以汇总3~5本,且每一本都是重点。英语学科也有类似情况,这主要体现在英语学科要求掌握的单词量上,一般情况下,初中生掌握1 600个英语单词即可达到标准,而高中生在1 600个单词的基础上增加了19 000个单词,并且有500个左右的短语需要掌握。无论数学还是英语,学习量和记忆量都呈直线上升趋势。正是由于这一变化,学生在初入高中时感到异常吃力,相关研究领域将这种知识跨度大、难度大的现象称为"陡坡效应"。

从初高中过渡来看,学生在初中升高中过程中无过多时间进行过渡,高一年级首个学期便开始直接接触高考重点知识。比如,在学生从小学升入初中时,为使学生得到缓冲,初中第一学年所涉及内容基本与小学相通,等同于帮助学生复习知识点,为下一阶段的深层次学习奠定基础,且这些知识点不会出现在中考中,与此不同的是高中一年级阶段所学习的知识在高考中占比最大,几乎达到了40%~50%。

上述两点仅是高中快节奏学习生活中的一个小小角落,你是否准备好迎接高中生涯?

2. 高中学习模式

初中阶段,学生所要学习和掌握的知识总量较少,且大多为一些具体化和形象化的知识,针对这种具象化的内容,教师所采用的教学方法以直观教学为主,即围绕其中某一知识点进行反复、多次的讲解说明,或者进行"一对一"辅导。从学生角度看,学生在该阶段的学习方法相对单一,主要是被动学习,也就是教师讲、学生听,属于一种被动接受、机械训练、死记硬背式的学习方法,这种学习方法不但容易形成对教师的依赖,而且不利于学习能动性的发挥。

高中变化最大的就是知识量的增加,除此之外,学科与学科之间的交叉性和综合性越来越强,对学生的知识理解能力、分析能力、概括能力、综合能力、实践应用能力等的要求越来越高。从教师教学角度来看,教师不再对每一个知识点进行详细讲解,而是选择其中最具代表性的题型进行重点讲解,每个题型讲解次数基本在1~2遍,不再像以往一样反复、多遍地进行讲解，留给学生的课堂时间越来越多，学生需要独立思考问题的解决方案。与此同时，高中共九门学科，每门学科教师的教学内容和教授方法具有很大的差异，这种差异性的存在对学生的学习方法也提出了不同要求。针对这一改变，学生应培养独立学习、独立阅读、独立思考的能力，遇到问题先自己进行分析，通过回想课堂知识点找到能够有效解决问题的方法。另外，在学习方法上，学生还应尽可能地打破传统、被动式的学习方式，摆脱死记硬背，有技巧、有策略地学习。

3. 高中生涯规划

纵观小学和初中学习生活可以发现，学生对教师和家长表现出极大的依赖性，没有过多的自主选择权，也没有机会参与选择，很多情况下都是教师提出学习要求，学生按部就班地学习。进入高中后，以往掌握在教师和家长手中的选择权回到学生手中，学生可以自主选择，如文科和理科的选择、校园社团活动的选择等。特别是新高考政策在各个试点相继实行后，"3+3"新高考选科模式的设计给予了学生自由选择的权利，学生可以根据自己的学习兴趣、学习能力、性格特征、擅长科目、理想专业等自主决定科目组合。而若要从真正意义上发挥这一选择权，需要进行多方面的探索，如自我探索、大学探索以及生涯探索等。需要注意的是，尽管学生的选择权越来越大，但每一个选择背后所承担的责任也逐渐变得更加沉重，对责任的履行需要学生自主探索和自主思考。

4. 高中心理变化

在对青少年心理发展进行深入研究后，心理学专家提出了"初高中衔接阶段与学生生理和心理发生变化阶段相冲突"。这种冲突性主要表现在两个方面。一方面，学生认为上了高中就是大人了，幻想过成年人生活，摆脱稚气，也渴望拥有属于自己的独立空间；另一方面，希望被同学、教师、家长、学校、社会信任和认可。但由于并未真正涉足社会工作生活和社会人际交往，学生尚未积累此方面经验，面对突如其来的变化或挑战，难以在短时间内制定出相应的应对策略，面对各种棘手问题和挑战，这种内心的不丰盈使各种负面情绪开始一点点滋生。例如，有些学生天生性格较为内向，从不主动与他人沟通、交流，人际交往对此类学生而言难度甚至超过学习，并且他们总是孤身一人，能够与他们交换真心的人少之又少，这使他们的高中生活被孤独感充斥。还有部分学生将初中毕业视为一次"解放",错误地认为结束初三紧张的学习生活后,可以彻底放松自己,逐渐沉迷于各种与学习无关的娱乐活动,高一一晃而过,各科成绩拉响警报,面对一落千丈的成绩,学生的懊恼感、失落感、沮丧感似洪水决堤一般冲刷着自己的心灵。

总而言之,高中是学生人生中一个重要的转折点,面对高中学习强度、学习模式、生涯规划以及学习心理上的各种变化,学生应提前做好准备。首先,从"认识自己"出发,对自己前期学习生涯中养成的各种学习习惯进行总结,对自我进行科学的评价,了解自己在学习方法、学习态度上的优势与不足,制订个人学习计划,为学习能力的提升指明方向。其次,要学习如何规划未来生涯,通过参加学校的各种生涯活动,开启探索自我、大学、职业等的漫长旅程,促进自身生涯素养的全面提升,同时面对复杂的选择要具备一定的决策能力,为即将面临的升学选择和生涯选择做好规划和准备。最后,应做好未来人生的自我管理,并通过不断地自我激励在心理和行动上逐渐摆脱对教师、父母的依赖,在学习、生活以及生涯规划上真正走向独立,努力成为有责任、有担当的独立个体,用自己的力量开拓出一片属于自己的生涯天空。

(三)适应变化

随着现代科技的进步以及全球进入知识竞争时代,国际上公认的组织结构逐步走向解体,并表现出极大的不稳定性,这一点在不断升级的雇佣矛盾背景下展现得淋漓尽致,由于双方发展的不适配,无论组织还是个人,对职业生涯的态度和看法都产生了变化。

目前,社会上绝大部分工作者对自身工作和发展逐渐摆脱了传统的"铁饭碗"思想,开始尝试通过跨越组织边界谋求适合自己的发展空间和机会,并且不再过度关注工作中的各种物质性内容,如薪资、职位、头衔等,精神上的满足、新知识的获得感以及职业满意度成为其最新追求和发展方向。

这种观念和思想上的变化使终身雇佣观念彻底沦为过去式,个体可以根据自身喜好自由选择工作单位、岗位等。而当每个人拥有一定权利后,随之而来的就是责任,组织结构上的改变也使每一个人都需要为自己所选的职业生涯道路负责,积极地开展职业生涯管理,在新环境中保持虚心学习的态度，加速成长。也就是说，只有具备较强的自我管理能力、自我适应能力以及学习能力，并能够主动适应和预见变化的人，才能在复杂环境条件下更好地生存，在达到自己满意标准的同时，获得上层组织的高度赞许。

1. 自主管理个人职业生涯发展

当下，我们所处的世界充满各种各样的变化，在这种环境下找准自己的位置，以更加主动、更加自主的方式应对和适应不同决策过程的转换，做自己人生职业生涯和发展轨迹的推动者，成为每个人生涯探索过程中无法绕开的挑战。

从某种角度看，在时间和空间相对自由以及选择较为多样的环境背景下，我们可以尝试融通不同内容，如职业生涯、奋斗目标、生命意义等，在反复选择和践行过程中追求自我存在的价值和意义，打破长期笼罩的消极"阴霾"，给自己留一丝缝隙，这样，阳光才能照进来，情感才会变得更加柔和、积极，理想才会变得更加坚定、丰满。若要真正实现这一转变，应做到"旁观者清"，如明确学习方法和未来职业，对学习和工作伙伴的要求做到心中有数，等等。另外，还需要进一步了解未来学习或工作环境，预想未来可能的大学专业或行业领域，更要学会珍惜和享受当下，在不断探索和实践中成长，这样才能更好地拥抱未来。

践行自主管理的过程就像设计师设计产品，构思、创意、设计、推广、销售，每一个步骤都是自我完善和优化的过程，只有经过精心制作的产品才算得上好产品。

2. 积极培养个人竞争力

传统生涯背景下，个人对组织展现出极大的"顺从"，这种"顺从"换来的是一个人生命周期的职业生涯发展，具有长期性甚至终身性的特点。但随着我国社会主义市场经济的不断发展，多数单位在用人机制上进行了调整，特别是在待遇方面，收回了对个人稳定保障的承诺。在此背景下，个体在价值观方面也产生了细微的变化，将工作绩效和个人能力的双重提升作为未来的追求方向。以往个体在岗位任职过程中具备岗位专项技能即可开展相关工作，但随着现代科学技术的进步与发展，单项能力已无法适应各类新技术、新作业、新工艺，个体需要掌握的技能越来越多，如需要掌握自我净化能力、处理问题的能力、人际交往能力、明辨是非能力以及变通能力等。与此同时，个体需要学会保持工作和生活之间的平衡，面对工作中的挫折应尽可能地不迁怒生活，并且在日常工作中积极培养自己的合作能力，懂得与他人分享自己学到的知识、经验，尽可能地使自己同时拥有"内部市场竞争力和外部市场竞争力"。

"物竞天择，适者生存。"学生若要想在成千上万的高考大军中脱颖而出，通过高考改变自己的命运，就必须提前认识自我，根据不同职业生涯所要求的能力进行重点优化和改善，通过生涯教育课中相关兴趣测评确定适合自己的专业，尽可能扬长避短，在学校生涯教育的辅助下提前进行未来人生规划。特别是在新高考背景下，提高个人适应能力，融入高中，融入社会迫在眉睫。

3. 建设个人生涯发展的社会支持系统

从系统构成看，社会支持系统主要包括人、组织、机构、平台。之所以称之为社会支持系统，主要是因为其能够为个体职业生涯发展提供一定的支持和帮助。对社会支持系统的数量和质量进行衡量，可以从以下三个方面入手。

（1）当自己无法独自从职业生涯发展困境中挣脱出来时，你认为自己得到他人帮助的概率有多少？

（2）你认为的这些"他人"具体包括哪些？

（3）"他人"所能给予你的支持和帮助具体是什么？

从实质来看，一个人拥有的社会支持系统是否强大直接影响着其勇气和信心。

对于处于高中阶段的学生而言，其生涯发展中固定的社会支持系统主要如下：①父母提供的学费、生活费等资金支持；②同学提供的情感支持；③学校提供的资源支持，教师提供的知识支持、信息支持以及建议支持等。这些都是学生未来职业生涯发展中不可或缺的支持系统，不仅可以指引学生在未来生涯发展中做出正确的选择，还在某种程度上可提供大量宝贵的反馈信息和指引信息。

4. 提升个人的生涯适应力

生涯适应力主要是指在执行具体生涯发展任务的过程中，对一些可能发生的变化或突发性事件的应对能力。相关研究数据显示，如果个体的生涯适应力高于普通水平，在处理生涯发展中各项任务和命题时，常抱以健康、积极的态度，即使是在当前局面难以扭转，几乎失去转机机会的情况下，也会不断尝试从其他角度入手打通思路，重新规划方向，并对新规划的方向提前预测，沿着自身所铺设的道路逐步向理想和目标靠近。这种强大的生涯适应力是个体打开职业生涯发展大门的黄金钥匙。

一般情况下，具有强大生涯适应力的人群在日常生活中主要表现出如下四个特点。

（1）面对任何事物与挑战都充满希望，严格按照个人制订的计划行动。十分向往和憧憬未来生涯发展，对自身生涯发展关注度极高，时常反思学习、工作、生活等个人过往发展经历，正确评估个人在生涯发展中展现出的特质及竞争力，并对近期生涯发展状况进行系统考量，根据考量结果确定未来发展方向和奋斗目标。

（2）具有高超的自我管理能力和强烈的社会责任感。具有强大的生涯适应力的人往往认为无论生涯发展方向是否存在偏差，自己都是责任人并具有主观意识，决策能力极强，所制订的计划可行性较高。

（3）勇于尝试新鲜事物，始终保持探索精神。注重通过体验、行动、交流了解和突出自己的兴趣与能力，善于对各类信息进行收集、统计、分类；具有强烈的好奇心和纯粹的求知欲，愿意尝试和体验一切新事物、新可能、新机会。

（4）满怀信心。对自己有着高度的信任感，有足够的信心应对来自学习、生活中的各类问题，并主动与他人建立合作关系，共同面对困难和挑战。

二、科学匹配，选定科目

为进一步推进并落实教育信息化建设，中共中央、国务院于2010年7月29日颁布了《国家中长期教育改革和发展规划纲要（2010—2020年）》（以下简称《纲要》）。《纲要》明确指出，在现代教育发展过程中，信息技术作为一项跨时代的内容对教育的影响也具有一定的革命性与时代性，各教育单位需要高度重视信息技术与现代教育。《纲要》在执行过程中为确保战略目标的全面实现，将"加快教育信息化进程"视为一种基础保障措施。2012年

3月13日，教育部又印发了《教育信息化十年发展规划（2011—2020年）》，进一步细化了《纲要》所提出的教育信息化目标任务。

  2014年，国家相关教育部门颁布了高考改革相关政策，在此次变革中，上海和浙江作为试点率先开展了全新的高考制度模式。2014年12月，教育部又围绕高考改革，先后颁布了两项配套的意见与方案，即《关于加强和改进普通高中学生综合素质评价的意见》和《关于普通高中学业水平考试的实施意见》。随着政策文件由试点向全国范围的普及，已经基本形成了符合我国教育特色的高中考试招生模式，该模式集合了分类考试、综合评价、多元录取等多种元素。

  不同于以往小范围的改革，本次高中考试改革是一次由内而外、自上而下的"全身性"调整和改动。党的十八届三中全会的报告中强调了高考改革进度，并对更深层次的改革进行了重大战略部署。国务院所出台的一系列高考改革相关文件更是拉开了高考改革的序幕。

  在此次高考改革浪潮中，最为突出的内容就是设置了具体的考试科目，明确了招生录取相关机制。在改革之后的考试招生工作中，学生的地位更加突出，学生被赋予了自主选择的权利，学习过程中的各种基础性、多元性以及选择性需求等均被有效满足。传统应试教育中"千人一卷""分数至上""一考定终身"的教育方式和教育理念被选考、学考、必考、统考取代，传统评价模式被综评与分评相结合的教育模式和评价方法所替代。这种通过改革考试促进课程改革的方法在一定程度上推动了教学管理、选科指导、分层走班、生涯规划教育以及综合素质评价等诸多方面的改革。

  新高考改革的一大特点是取消了过去的文理分科，实行统一高考和高中学业水平考试相结合的方式，由考生自主进行"6选3"（或"7选3"）的科目选择。在新政策下，学生的自主选择权增大了，其可以根据自己的意愿搭配出自己的学科组合。但这也给很多学生造成了困扰，究竟该选择哪三门学科呢？所选科目如何与理想的专业、大学相匹配呢？

  为此，福建省同安一中与所合作企业51选校通过将企业内部最新的互联网技术与高考改革政策相结合，研发了一套集生涯规划教育平台、智能选科辅助系统、选科走班系统、综合素质评价等于一体的新高考解决方案，共同推进和开展生涯规划教育，通过对同安一中学校内部各类信息化资源的系统优化与整合，借助现代信息技术的力量，推动整体教学质量和教学效率的提升，进而从根本上实现"校企"未来发展的科学性与和谐性。

这里将和学生一起解读选考科目的政策要求，了解选科的原则和基本流程，探讨如何进行选考科目的决策，帮助学生理清生涯决策的思路，学会科学决策。

（一）新高考改革信息化发展形势

为加快推动《关于深化考试招生制度改革的实施意见》（国发〔2014〕35号）的全面贯彻落实，除上海、浙江等试点地区外，其他各个省市纷纷加入试点工作以及信息化产品建设工程。不同地区根据当地实际高考政策开展情况相继推出了一系列优化和解决方案。其中，最具效果的方案主要包括两种：一是分层教学；二是走班排课。在不偏离学校教学目标和教学原则的前提下，调整后的学生志愿满足率整体上升，基本可以达到"优"的状态。值得注意的是，在选排课建设过程中应提前做好区域排课和市级排课的应对方案，等级按校级、区级、市级逐步上升。在互联网飞速发展的今天，政策的调整以及管理的变革等已不再是高考改革面临的最为核心的问题，取而代之的是思维的创新和理念的重构等。

福建省于2016年5月印发了《福建省深化考试招生制度改革实施方案》，对福建省新高考进行了详细的规划，具体可以归纳总结为如下三点。

（1）"两依据，一参考"，即根据统一高考成绩，根据高中学业水平考试成绩，参考高中学生综合素质评价信息录取。

（2）将考试进行细化，设置了等级性考试与合格性考试。其中，等级性考试主要是在物理、化学、生物、政治、历史、地理6科中选择3个，即"6选3"。

（3）加快推动当地各类高等院校或高职院校进行分类考试改革等。

为支持新高考中学业水平考试和综合素质评价两项重要内容的改革，福建省教育厅配套下发了两个重要文件，即《福建省普通高中学业水平考试实施办法（试行）》和《福建省普通高中学生综合素质评价实施办法（试行）》。2018年8月，福建省教育厅组织新高考系列培训班。2018年8月31日，福建省教育厅印发《福建省教育厅关于做好普通高中（2018级）课程实施有关工作的通知》和《福建省高中阶段学校考试招生制度改革实施意见》两个文件，分别就"平稳实现课程教学与考试评价改革有机衔接"与"深化考试招生制度改革"做了相关的部属与指导，正式开启了福建省新高考改革工作。

（二）心理冲突视角下的决策选择

心理学中有个"心理冲突"的概念。明白"心理冲突"的概念和分类有利于我们理解决策选择的困扰。它是指两种或两种以上不同方向的动机、欲望、目标和反应同时出现，由于莫衷一是而引起的紧张情绪。心理冲突按形式分为以下四类。

（1）双趋冲突，即通常所说的"鱼与熊掌不可兼得"。选择利益最大的是最好的结果。

（2）双避冲突，即通常所说的"左右两难"。选择危险性最小的是最好的结果。

（3）趋避冲突，即通常所说的"进退两难"。两件事物中一个有利，另一个有弊，容易抉择。但当只有一种选择且有利有弊时，选择就比较困难。

（4）双重趋避冲突，即两个目标或情境对个体同时有利和有弊，面对这种情况，当事人往往陷入左右为难的痛苦取舍中。

例如，单身汉有自由之乐，也有寂寞之苦；结婚有家庭之乐，也有家务之累。又如，在选择工作时，有的机会是物质待遇优厚而社会地位不高，另有的机会是社会地位高而物质待遇菲薄。

人的生活是多层面的，有家庭的层面，有事业的层面，也有社会的层面。在不同层面中遇到的问题都需要个人选择判断。在选择判断时，有的重在感情，有的重在理性，还有的因患得患失而不得不考虑利害关系。如此看来，日常生活中心理冲突的困扰在所难免。

（三）选科的流程

1. 结合兴趣、性格、能力和价值观确定专业范围

在选择具体专业过程中，应尽可能以自身兴趣、性格、能力以及价值观等作为匹配条件，将文科和理科科目与上述内容一一匹配，确定最佳选项，为今后的学习铺路。此外，还可以对自身的兴趣以及擅长的科目进行挖掘，

并以此作为选择专业的重要依据。

擅长理科的学生——①擅长数学：可选择的专业主要包括物理专业、统计学专业以及数学专业等；②擅长物理：可选择机械专业、通信与信息工程专业以及电子工程专业等，成功概率较大；③擅长化学：化学专业、材料专业、化工专业、生物类专业以及环境专业等不失为最佳选择；④擅长生物：生物类专业较为热门的选择主要包括农学专业、医学专业、制药类专业以及生物专业等。

擅长文科的学生——①擅长语文：可以选择新闻传播学专业、中国语言文学专业等；②擅长历史：历史科目下的热门专业主要包括考古学专业、文物专业、世界史专业以及文物与博物馆学等；③擅长艺术：艺术类型的专业较为丰富，如音乐与舞蹈专业、戏剧与影视学专业、美术学专业以及设计学专业等；④擅长政治：哲学专业、宗教学专业以及逻辑学专业等。

2. 结合专业情况、特点选择中意的学校

通过学校或生涯教师所提供的相关资料，了解各个高校的基本信息以及热门专业，并对各专业开展情况以及学习特点等进行深入了解，在掌握专业要求和标准的基础上敲定专业和学校。

在我国，大学基本分为两大类，一类是专业性大学，另一类是综合性大学。学生可通过进入所要考取学校的网站主页，了解学校近1～2年来的招生信息以及大致的学科信息，将搜集到的信息进行整理后完成对学校类型以及专业优质的判断。除此之外，还可在相关部门所整理的全国高校优秀专业排行榜等相关信息中获取一些高校信息。

3. 查阅中意专业的选考科目设置，并做统计分析

在新高考政策正式实施后，不仅高中学生需要做出各方面调整，高校也要在相关招生政策和专业方面做出系统调整。例如，在各专业确定0～3门选考科目，确定后相关信息需提前两年进行全面公布，这一调整对考生而言是一次良好的机遇，学生要报考的专业只要有1门在其所规定的选考科目范围之内即可。

4. 结合专业意向，完成选考科目匹配

目前常见的几类匹配形式主要有三个专业方向，即理工方向、医学和农学方向、人文社科方向。各方向具体科目搭配如下。

163

（1）理工——物理、化学、生物、技术。

（2）医学、农学——物理、化学、生物。

（3）人文社科——政治、地理、历史。

5. 专家建议

相关专家建议，学生应对高中各学科具体特点以及相关课程内容设置进行深入了解，运用渐进法、排队法两种方法，先从众多科目中将自己不擅长的科目排除，再从余下的学科中甄选出理想的三门学科，确保所选择的科目有助于自身优势的发挥和缺陷的规避。

（四）选科的原则

第一，通过各种途径获取意向高校招生标准，了解大学在选考科目方面的相关要求，比较自己感兴趣的大学和其他大学在选考科目要求方面的差异。除了大学之外，所要填报的学校专业对选考科目的要求也应当多加了解。

第二，对意向大学及其专业进行自主"窥探"，如果未能提前对专业加以了解，选考科目的选择便如同写文章言之无物。因此，在对大学专业进行深入探索前，需对以下几项内容进行明确：该专业所涵盖的内容与自身兴趣是否契合；进入该专业是否有助于自身潜能的全面发挥；未来可能从事的行业和领域包括什么；从该专业中可以学习到什么；等等。

第三，在上述原则的基础上，可以提炼出"充分了解自己"的原则，该原则在选考科目中尤为关键，对自己的了解可以是兴趣、潜能，也可以是性格、价值。未来生涯中哪一条道路最适合自己，哪一个专业可以助推自己走向理想道路等均需要以充分了解自己为前提。

（五）学科与专业的匹配

与其说大学是新的生涯起点，不如说是高中的另一种延续，这一点在大学学习内容上表现得尤为明显。很多大学课程与高中课程一脉相承，这种情况对在日常学习中对部分学科表现出极大兴趣的学生可能是一种眷顾，学生在进入大学后可借助高中接触和掌握的专业知识更好地学习。因此，学生在选择学科时应当多留意观察学科所对应的专业，根据自身感兴趣以及较为擅长的学科选择对应的专业，尽可能地发挥学科优势。

表 3-1 为各门学科与部分专业的匹配表，学生可以此为参考进行科学合理地选择，针对每一个学科与大学专业的匹配度，需要以高校招生网站所发布的相关信息资料为准。

表 3-1　学科与专业匹配表

学科	相应的专业（类）
物理	应用物理学、地球物理学、理论与应用力学、材料科学类、电子科学类、信息与电子科学类、机械类、海洋科学类、核工程与核技术学、热能与动力工程、工程力学、测控技术与仪器、航天航空类和武器类
化学	化学类、地质学类、生物学类、材料类、化工与制药类、核工程类、林业工程类、食品科学与工程类、基础医学类、公共卫生与预防医学类、医学技术类
生物	科学类、生物工程类、医学类、环境科学类、植物生产类、草叶科学类、环境生态类、动物生产类、动物医学类、水产类
思想政治	哲学类、法学类、经济学类、马克思主义理论类、社会学类、政治学类、历史学类、教育学类、工商管理类、公共管理类
地理	水利水电类、地质勘探类、气象类、地图测绘类、城市规划类、旅游类、酒店管理类、资源管理类、地理教育类
历史	考古学、民族学、博物馆学、历史学、世界历史、文物保护技术
技术	技术机械类、土建类、能源动力类、测绘类、工程力学类、电气信息类

（六）选科决策平衡单

为进一步践行新高考政策背景下各专项要求和标准，确保学校对当前阶段学生选科（6选3）意向的深入了解，福建省同安一中高一年级的全体学生依托51选校生涯规划教育平台，开展了第一次模拟选科调查。该调查活动开展时间始于2019年1月26日，止于2019年2月4日，调查时长为10天，主要面向高一年级902名学生，调查方式采用的是线上登录51选校生涯规划教育平台。本次调查中，902名学生于2019年2月4日全部提交了选科意向，调查完成率高达100%。

在对学生各学科选择结果进行整理、统计后发现，高一年级学生中绝大多数有意向选择物理学科，且人数最多，达到607人，约占全体调查学生人数的67.29%；排名第二的意向学科为化学，大约523人，占比约为57.98%；生物学科、历史学科以及地理学科差距不大，分别为492人（约占54.55%）、442人（约占49.00%）、421人（约占46.67%）；而在所有学科中选择人数最少的是政治学科，人数只有221人，约占24.50%。

表 3-2 为各种选科组合结果统计，在 20 种选科组合中，"物理—化学—生物"组合被选择次数较多，有 137 人选择，约占全体调查学生人数的 15.19％。"地理—政治—生物"的学科组合被选择人数最少，仅 10 人，约占全体调查学生人数的 1.11％。

从整体看，选择"全理"组合的有 137 人，约占全体调查学生人数的 15.19％；选择"两理一文"组合的有 478 人，约占全体调查学生人数的 52.99％；选择"全文"组合的有 32 人，约占全体调查学生人数的 3.55％；选择"两文一理"组合的有 255 人，约占全体调查学生人数的 28.27％。

从文理倾向看，倾向于选择理科（全理+两理一文）的学生占多数，共有 615 人，约占全体调查学生人数的 68.18％；倾向于选择文科（全文+两文一理）的学生占少数，共有 287 人，约占全体调查学生人数的 31.82％。

表 3-2　各种选科组合结果统计

选科组合	属　性	选择人数	占全年段人数百分比	
物理—化学—生物	全理	137	15.19％	15.19％
历史—地理—政治	全文	32	3.55％	3.55％
物理—化学—历史	两理一文	66	7.32％	52.99％
物理—化学—地理	两理一文	97	10.75％	
物理—化学—政治	两理一文	30	3.33％	
物理—生物—历史	两理一文	62	6.87％	
物理—生物—地理	两理一文	66	7.32％	
物理—生物—政治	两理一文	31	3.44％	
化学—生物—历史	两理一文	68	7.54％	
化学—生物—地理	两理一文	40	4.43％	
化学—生物—政治	两理一文	18	2.00％	

续 表

选科组合	属性	选择人数	占全年段人数百分比	
历史—地理—物理	两文一理	72	7.98%	
历史—地理—化学	两文一理	31	3.44%	
历史—地理—生物	两文一理	42	4.66%	
历史—政治—物理	两文一理	29	3.22%	
历史—政治—化学	两文一理	22	2.44%	28.27%
历史—政治—生物	两文一理	18	2.00%	
地理—政治—物理	两文一理	17	1.88%	
地理—政治—化学	两文一理	14	1.55%	
地理—政治—生物	两文一理	10	1.11%	

第一步，列因素。应当运用表格工具完成对平衡单表的制作，而后列举几种可能会对选考科目产生影响的相关因素作为"考虑因素"。在平衡单中，主要为咨询者提供了自我物质得失、自我赞许与否、他人物质得失以及他人赞许与否四个方面需要思考的因素。

第二步，赋权重。严格遵照1～5等级标准对每一个"考虑因素"的重要性进行详细划分。一般情况下，重要性越大，权重越高，相反，则越低。

第三步，打分。按照"考虑因素"顺序依次对物理、化学、生物、政治、历史、地理、技术科目进行打分，得分越高优势越高，相反，得分越低优势越低，积分范围主要集中在+5至-5之间。

第四步，计分。主要是针对各高考学科加权后的分数进行全面统计，统计方法为因素×权重分。比较7个科目最终得分，其中整体得分最高的前三位作为选择方案。表3-3是陈同学用平衡单法做的"7选3"方案。陈同学的3个选考科目依次为地理、生物、物理，可以针对这一组合选择相应的大学和专业。

表 3-3　陈同学的"7 选 3"方案

考虑因素	权重系数（1～5）	权重科目						
		物理	化学	生物	政治	历史	地理	技术
学科兴趣	4	4	3	5	1	1	4	3
学科基础	5	5	2	4	3	3	4	3
专业倾向	3	3	3	2	0	1	3	0
职业倾向	2	4	1	5	-1	1	4	1
发展前景	3	3	2	4	1	2	3	2
师资水平	4	4	3	3	2	3	5	3
家长倾向	2	-1	2	3	5	4	2	1
同伴建议	2	0	2	1	-1	-3	3	2
⋮	⋮	⋮	⋮	⋮	⋮	⋮	⋮	⋮
得分		81	59	88	34	44	92	53
选择		√		√			√	

（七）生涯规划下的选科整体解决方案

在现代生涯规划教育全面实施的背景下，福建省同安一中所采取的选科决策方案以加快推进新高考改革政策及相关指导思想为前提条件，以各类现代化互联网服务和技术为主线，如互联网云端服务、信息化技术以及大数据分析挖掘技术等，以开发、建设区域特色应用为主要手段，加快完成对新高考、新教改科技及服务于一体的选科整体解决方案的系统构建。

此方案的主要切入点是如何应对高考改革后所衍生的一系列新型高考选科问题。学生通过学习生涯规划相关内容后，学校可以校内实际教学资源情况、教师队伍建设水平、教学管理方案等为依托，动态设置分班指标，由走班选科系统对教学过程中可能出现的各种因素进行全面统筹，智能规划走班路径最小但利用率最高、最契合学校实际情况的走班方案。智能走班选科可通过管理、选科、分班、调课、排班、排考、走班考勤管理以及教学评价系统等功能得以实现。

通过新高考政策落地后走班制教学所需的信息发布系统、电子班牌以及移动端应用可以轻松做好校园信息的发布管理、家校信息的互通、各班级课表信息的展示，实现学生自动考勤，增强学校信息化水平，提升走班制教学效率。选科后，智能化的走班选科系统不仅可以满足学校在管理和教学方面的各种需求，还能在一定程度上协助学校解决新高考背景下所衍生的一系列问题。

1. 走班选科系统

走班选科系统可将原本复杂的选科组合和管理过程变得简单化、便捷化，学生和家长可以更加直观地从海量学科、专业、大学等信息中锁定自己的目标。同时，选科工程可以进行实时、有效的统计，让学校系统、全面地了解选科组合人数以及各科选择的学生分布，做到对现有教学资源的有效把控。

走班选科系统支持学生进行课程预选和多轮选科，同时提供学科与专业、专业与大学、专业与职业等信息作为学生和家长选择的参考。走班选科系统可以对学生的选科结果进行分析，对科目组合的人数进行统计，以便学校及时掌握每个学生的选科情况，并及时对教学资源进行相应调配。

（1）在线选科。

①教务选科设置。支持学生在选科过程中进行不同轮次的设置、开始时间的设置、停止时间的设置以及自定义选科要求的编辑等。在学生具体选科过程中，支持学生根据自身情况自由组合选科类型，并进行固定组合配置。选科学生管理系统支持模板导入以及直接添加系统中已有学生数据两种方式，可进行删除、查找操作。系统配置完选科任务后直接生成选科通知。

②学生选科。学生选科支持电脑PC端和微信端两种登录方式。学生通过相关账号信息和密码登录系统进入"我的选科"界面后，页面可显示学生的基本信息，如姓名、学号等，并且为确保学生能够在规定时间内换成选科，界面内还设置了相关选科提示，选科方向主要包括物理、化学、生物、政治、历史、地理、技术。另外，学生还可查看自己以往的选科记录。PC端与微信端不同，学生在PC端选科时可以查询相关专业信息。例如，学生选科组合为"历史—政治—地理"，可选择专业类别包括哲学类、经济学类、财政学类、金融学类、经济与贸易类、法学类、政治学类、社会学类、民族学类、马克思主义理论类、公安学类、教育学类等。以哲学类为例，点击哲学类一行可出现普通高等学校专业目录，主要报考专业有哲学（中西人文综合实验班）、哲学（哲学基地班）、哲学（弘毅学堂国学班）、哲学（现代哲学国际班）、哲学（科技哲学与逻辑学方向）、逻辑学、宗教学等。相对应的可选择学校包括北京大学、复旦大学、东南大学、山东大学、同济大学、中

国政法大学、上海大学、郑州大学等。

③选科结果统计分析。a.学生选科结束后可对结果进行修改或删除操作；b.如果未通过系统选科，可直接根据要求填写模板导入系统；c.学生选科结束后直接生成选科确认单（word格式），学校、学生、家长三方签字确认；d.选科结束后，系统会根据1科、2科、3科对结果进行分析：2科组合最高的是"物理—化学"，紧随其后的是"化学—地理"，排名第三的是"化学—生物"，而选择人数最少的学科组合是"历史—技术"。3科组合中最好的是"物理—化学—地理"，占比约为66.67%，"物理—化学—技术"组合与"生物—历史—地理"组合占比均为16.67%。

④选科状态监控。系统能够支持实时选科状态的监控，监控内容包括选科倒计时，实时选科组合情况，已选学生名单查看，未选学生名单查看，已选名单、未选名单导出。例如，在福建省同安一中6月20日的选科中，系统结束选科时间后，显示学生选科人数中已选634，未选−634，学生选科组合共35种。在选科详情栏可以看到选择最多的组合依次为"政治—历史—地理""技术—政治—地理""技术—政治—历史""技术—历史—地理""化学—历史—地理"。选择最少的组合从少到多依次为："地理—生物—历史""物理—政治—历史""物理—生物—政治""物理—历史—地理""技术—生物—历史"。另外，系统还会显示已选名单，教师可以随机导出已选科目名单相关信息，如学号、姓名、班级、选择科目等。

⑤选科轮次对比。多轮选科后需要查看选科情况的变化。系统支持多轮次的选科情况对比，对比内容包括参选人数、2科组合、3科组合、具体科目选择数量、具体学生选科组合变化情况。

（2）分班。学校可以依据自身的师资情况、教师安排、管理方式等动态设置分班指标，由系统全面统筹各种因素，规划出走班路径最短、课时利用率最高、最符合学校实际情况的走班方案。

智能分班包括行政班分班、教学班分班、走班方案三大部分。其中，行政班分班包括以成绩等因素为依据的精准分班、插班上课以及分单元进行分班等。分班过程中以原班级优先、走班人次与自习人数最少、走班路径最短为基本原则。可对固定科目、成班人数、班级人数上下限等属性进行设置，进而生成最优化的教学班分配，最后形成走班方案。

提供精准分班工具和服务可促进不同班级学生不同分层方案的实现，如男女生数量均衡，京籍非京籍学生均衡，各班按总分/单科/某几科平均分、名次段均衡或呈梯度划分班级。分班也可以按一定规则，如成绩排名结合选科结果，按校区并考虑其他因素等方案进行班级划分。除了能很好地实现优先固定、固2走1、全走班等常见的分班方案外，也能最大限度地按照学校的走班方案制定出最符合学校实际情况的分班方案。

（3）排课。结合数十位一线排课教师的宝贵经验，借助先进的计算机算法和大数据技术，逐一满足教案平齐、课时均匀、连堂、合班、走班等要求。独有的语义化规则配置方式和教师课表逐一评价体系只为排出最具人情味的课表。

课表排编有两种方式，包括固定排课和走班排课。同时，支持固排、不排、优先排等规则，这种独有的规则配置交互方式即便是对计算机不熟悉的教师也能轻松地将规则录入系统中。系统采用约定优先的模式，对于教案平齐、课程均匀分布、主科优先安排、连堂课不跨上下午等一些基本原则不用进行设置即可排课，但如果有必要，教师也可以修改这些基本原则，支持跨年级教师排课及调整。

2. 电子班牌

51选校是专为校园应用需求而开发的多媒体信息发布系统和电子班牌解决方案，可在学校的大门、教学楼、班级门口、图书馆、宿舍、食堂等位置设立各种显示设备，如交互平板、液晶电视、查询屏、LED屏等，发布学校介绍、信息公告、校园文化展示、班级文化建设、课程安排、天气预报、会议通知、校园新闻，以及结合校园一卡通和新高考走班排课，实现学生走班考勤、信息查询、门禁管理等。

学校各级单位负责信息发布的工作人员可以通过网络编辑并发布节目，集中管理校园内不同地点的屏幕，有针对性地发布不同的信息，不仅支持发布图片、滚动字幕、视频、音频等各种类型的节目内容，还支持接入实时的媒体直播信号。

校园信息发布系统具有很强的扩展性，完全能满足未来业务和应用需求的增加，并可以在增加新业务、新功能时进行同步升级，不影响现有系统的正常使用。

福建省同安一中电子班牌主要应用模块包括五大部分，即校园信息发布、班级文化建设、学生走班考勤、学生展示查询、物联感知交互。

（1）校园信息发布。校园管理员或者班级管理员可随时随地通过网络登陆校园信息发布管理后台服务器，进行素材上传、节目编排、节目发布等，并通过网络将节目发布到各播放终端进行播放，连接在播放终端的显示设备将节目显示出来。电子班牌可以发布校园动态、校园风采、学生风采、活动宣传视频、时间、天气、HTML等。

（2）班级文化建设。班主任和班干部可以根据自己班级的特色，完成班级主页的个性化设计。班主任和班干部可以将班级课表在电子班牌展示。班主任可通过微信发送班级通知并在电子班牌实时显示。电子班牌还可以显示班级名称、时间、天气等信息。

（3）学生走班考勤。随着高考制度的改革，学生走班课考勤成为刚需，需要找到一种简单的办法实现考勤、统计、查询等功能。电子班牌增加读卡器，结合学生校园一卡通，有效地解决了这一问题。学生手持学生卡，在选修课教室电子班牌上刷卡，登记考勤时间，完成考勤，然后将考勤数据及时上传给班主任和校领导。学生还可以通过电子班牌查询自己考勤的历史记录。

（4）学生展示查询。电子班牌可以用来展示学生的图片作品、活动视频和学习园地资源等，也可以供学生查询出勤情况、生活小常识、校园网信息、教育咨询信息等。

（5）物联感知交互。电子班牌内置传感器和呼吸灯，可以实时监测环境数据，如PM2.5、温度、湿度、CO_2浓度等。电子班牌通过人体感应传感器和呼吸灯功能，实现更智能的人机交互。电子班牌定时进入屏保模式，当有人接近电子班牌的时候，电子班牌退出屏保，显示可交互首页。

三、认知自我　拟定方向

（一）增强自我认知

在整个生涯规划中，自我认知始终被认为是一切生涯工作开展的重要前提条件，只有不断地对自我进行摸索和认识，才能够降低在未来职业发展方向上的不确定性和盲目性。

1. 认识自我，树立正确的价值观

在现代社会背景下，很多高中生在升学观和生涯观层面严重偏离实际，认为大学与电视剧中所描绘的一般，自由开放、课余时间丰富，还认为自己作为大学生，未来就业必须要有高薪资、高福利、高物质的"三高"待遇。另外，学生向往国家重点高等学校，认为只有在重点高等学府才能激发个人潜质，有助于个人认知范围的拓宽。从实际来看，很多重点高等学校招生人数较少，很多学生想进入重点学校，竞争十分激烈，而一些普通高等学校特别是一些经济欠发达城市的偏远学校常年招生工作不理想。通过这一点不难看出，如果在择校过程中，学生盲目按照个人意愿选择学校，将个人理想和社会现实之间的差距抛之脑后，不但不利于自身价值的实现，而且不符合社会价值的衡量标准。这种错误性、自我性、盲目性的生涯规划可能使学生在高考落败后产生强烈的失败感。如果学生把这种升学观带到职业生涯规划层面，同样易使其产生挫败感和失望感。对此，在对未来生涯发展进行规划设计时，学生应树立正确的价值观，以自身实际条件为基础，以整个升学和生涯环境为核心，考虑自己的目标方向、个人能力，在所有内容完成初步转型后，做出适合自己的最佳决策。

2. 认清个人能力优势，挖掘自身兴趣所在

对于刚迈入高中的高一学生而言，为能够顺利度过高中三年，他们需在开学第一学期就学会客观分析自身条件。首先，学生可以通过回顾初中三年的学习能力和所取得成绩，对自我进行科学评估与分析；其次，收集教过自己的教师以及同学对自己的评价；最后，运用人才量化表完成对自我的一次系统测试。学生可以通过上述各种方式获得信息数据，以便对自己的升学意向、生涯倾向、性格爱好以及优劣势等进行系统了解。"兴趣比天才重要"是物理学家丁肇中最喜欢的一句箴言。当一个人对某种专业或职业产生浓厚兴趣后，所表现出的态度肯定是十分积极的，无论是在现阶段的学习过程中，还是在未来的工作过程中，只要具备积极的心理和态度，发挥自身优势，不断开拓进取，努力学习和工作，就能够实现在学业或生涯上的成功。相反，如果学习内容或岗位与自身兴趣相悖，不但是对时间和经历的一种浪费，而且不利于凸显个人能力。因此，在对未来升学计划和职业生涯进行规

划时，学生除了要明确自身能力所对应的专业或工作外，还应厘清学习、工作与兴趣的关系。只有综合考虑专业技能和个人兴趣两方面的内容，才能确保学业开展的有效性和生涯规划的全面性。

3. 明确自己的性格气质类型

所谓自我认知，就是从不同维度对自己进行分析，是践行"知己"的一个过程，也是对"我是谁"这一哲学问题的探索与回答。对于学生而言，除了要明确上述兴趣和能力等内容之外，还应掌握自己属于哪一种性格气质类型。巴甫洛夫是俄国著名的生理学家，其在生理学研究过程中发现大脑皮层活动（高级神经活动）有兴奋和抑制两个基本过程，并且这两个基本过程的平衡性、强度性、灵活性因个体不同而不同，所形成的特点也极具差异化色彩。巴甫洛夫依据这三个不同方面的特点变化，将高级神经活动分为四种基本类型，即胆汁质、多血质、黏液质、抑郁质。需要强调的一点是，上述四种传统气质类型并不适用于所有人。因此，学生应学会对自身气质有效控制和掌握，在对自身性格进行塑造时需严格按照社会相关要求，这也是对其综合修养水平的有效提升。学生应对自身气质中较为积极的一面加以展现，尽量避免消极气质的显露。例如，胆汁质学生应不断提升在自我控制方面的能力；多血质学生应当勇于面对学习和职业上的各种困难，养成扎实的学习和工作作风；黏液质学生应努力克服拖延症；抑郁质学生应隐藏自己的各种弱点，如疑心较重、自信心丧失等。下面通过一个实际案例明确性格与专业、职业方向的关系以及个人性格在专业学习和职业发展中所发挥的作用等。

例如，一名学生从高中起给人的印象就是不善言辞，比较内向、腼腆，与他人的主动交流较少，但在了解到该名学生目前所从事的职业为销售员后，教师和同学都为之惊讶，而且其工作成绩十分优异，是其他工作伙伴学习的榜样。

通过这一案例不难看出，一个人的个性是否对未来专业选择和职业方向具有直接影响仍是目前和未来尚待进一步研究的课题。但任何事物都有其两面性，性格往往也是一把双刃剑，学生在对人生目标进行规划时，一定要学会扬长避短、优势互补，确保所选择专业和职业与自身实际能力相符。

学生在完成对自我的全面认识后，可以轻松自如地回答"我是谁？""我想要什么？""我能做什么？""什么能支持我？"等一系列问题。但从另一角度看，学生在选择专业和进行生涯规划时，往往忽视一些同学关系、亲友关系以及领导态度等因素，未能实现对自身发展因素的全面调动，使升学选择和职业选择的出发点有所偏差。这一现象进一步说明要想明确升学目标，规划生涯发展路径，学生需要征求认识自我。

（二）认知自我的方法

关于对自我的认识，目前可行的方法有很多，常用的方法主要有两大类：经验法和职业测评法。

1. 经验法

经验法指在人际交往中根据过去的活动结果，由他人或本人对自己进行主观的分析和评价。

经验法的评价主体为本人或者他人，主要评价内容为以往人际交往活动中的相关结果。

（1）我反省——回顾过去，发现自我。子曰："见贤思齐焉，见不贤而内自省也。"（《论语·里仁篇》）英国画家瓦茨说过："反躬自省是通向美德和上帝的途径。"海涅曾说："反省是一面镜子，它能将我们的错误清清楚楚地照出来，使我们有改正的机会。"周恩来对自省的态度："要让我写自己的历史，我就写我的错误。"从这些名人名言都表明了成功的秘诀在于自我反省。经常回头看自己来时的路，每一个成长经历都可能成为探索自身兴趣和强化自身能力的有效路径，如哪一项事情在执行过程中费尽周折，哪一项任务完成得轻而易举，哪一门作业让人产生无尽的痛苦，哪一种训练是在轻松愉悦的心态下完成的等。

（2）班级、社团或其他活动——参与活动，亲身体验。绝大部分人对班级、社团或其他活动抱有一种固有思维模式，在还未了解活动内容时，便表明对活动无任何兴趣或者不适合此类活动等。如果只从活动表面看，很难辨别自身对活动是否感兴趣、是否合适，不真正参与其中，很难体会其中所蕴藏的乐趣。因此，学生应当积极参与各种课外活动，在活动中给自己一个真正锻炼的机会，了解自己的价值观、性格、兴趣以及各项能力等。

（3）他人评价——旁观者清，指出盲点。"以人为镜，可以明得失"（《旧唐书·魏徵传》），唐太宗的这一经典名句告诫我们要将他人视为一面与自己相对的镜子，观察他人镜子中所呈现出的自己，可以了解他人知道但自己不了解的一面，这里的他人可以是自己的朋友、父母、师长、同学，也可以是生涯教师。

2. 职业测评法

职业测评是一种运用心理测验开展职业心理测评的方法。从原理上看，心理测验主要通过个体对每一问题的具体反应来推断个体心理特征，简单地说，即通过个体外部所表现出的各种行为模式对其内部心理行为模式和特征进行推论。心理测验的检测方法是间接性，可对个体自身和他人都不知道一面进行分析与评价。

为确保职业测评实际效用的有效发挥，要注意以下几点：一是要确保所选用的心理测验工具具有一定的权威性；二是在参与测验过程中，个体一定要根据客观意识真实、有效地回答序所提出的问题，尽可能排除主观情绪化对答题的影响；三是确保答题环境无任何干扰因素。

（三）选择出路　明确目标

在完成目标分解和目标确立等相关内容后，所要选择的道路就基本明晰了。在整个高中阶段，每个人都有不同的发展方向，每个方向又指向多个路线，学生可在众多路线中择优选择。无论最终选择哪一条路线，学生都将开启全新人生，只要不与道路方向偏离，就能沿着道路走向成功，最终实现梦想。

1. 选择出路

（1）国内大学。升入大学是学生学习生涯的终极目标，也是90%以上学生的共同选择。这场奋斗历程需要持续3年之久，3年内，学生需要学习大量课程、掌握大量知识，从众多课程中找到与自身兴趣和特长相契合的专业发展方向，并通过一场高考检验3年的学习成果，而这一成果不仅是学生交给自己、教师、父母的一份简单的答卷，还是选择学校和专业的重要依据。他们在这份答卷上付出了大量精力和汗水。但这种"大众化"的学习状态和学习目标并不能应对高考所衍生出的一系列挑战，如果不想让高考成为自己人生中的一大遗憾，就应该在高一阶段为高考铺路，为每一阶段制订详细的计划，安排合理内容，如表 3-4 所示。

表 3-4　高考之路计划表

目标院校			
个人兴趣与家族优势			
专业的就业趋势			
准备计划	高一	高二	高三
高考改革准备			

表 3-4 中详细规划了高一至高三整个学习内容和计划步骤，高考志愿的确定一个长期观察和分析的过程，并不是只有在知道高考成绩后才加以考虑，可以在高三、高二，甚至高一时就将其纳入规划。高一阶段，学生可以根据初期所制定目标和方向选择专业和院校，针对这一选择背后可能出现的各种情况，如滑档等，提前做好应对策略，除了主目标院校外，也要对其他同类型、同等级、同水平院校予以参考，为自己留出另一条出路。目标院校和目标专业的选择和确定可以同步开展，如查看所选院校和专业历年相关招收情况和录取资料等。在对上述内容了解后，学生还需要考虑目标专业是否与自身兴趣相符，是否符合其他家庭成员期望，如果目标得到多方认可，即为最佳专业目标。同时，学生在确定专业范围时应结合家族优势，判断在自己未来学习和就业时，家族能否助自己一臂之力。如果家族中从事教师职业的人很多，而恰巧自己希望成为一名合格的教师，那么未来无论在专业选择还是职业选择过程中都可达到事半功倍的效果。如果自身兴趣与家庭期望冲突，就需要考虑清楚是听从父母的建议还是坚持自己初心。上述一切都需要学生以对自己选择的专业近年来整体就业和人才发展趋势的了解为前提，不能将学习视为一项固定的任务，学习要有方向性和目标性，应当以未来职业兴趣和生活追求为前提开展相关学习活动。

（2）出国留学。"留学热"在我国的形成和发展可以追溯至 1872 年，当时清政府派遣了一批幼童赴美留学，他们是我国历史上最早的官派留学生。当时的留学是知识分子寻求救国救民之路的一次尝试。如今，许多家长都有让孩子出国留学的念头，国内很多学生在接受完九年义务教育后，开启了人生另一趟旅途，打开了知识的新大门。

但出国留学之路存在各种不确定性和挑战性，孤身前往陌生国度求学，挑战重重。对于已经将出国留学作为一条发展之路的学生而言，在正式踏上旅程前，他们所需考虑的内容较为广泛，首要考虑的因素是经济因素，其次是留学目的以及各种能力等。面对复杂、烦琐的因素，学生需要为此制订一个详细的计划，表3-5是针对目前绝大多数出国留学学生可能会遇到的问题而制订的计划表。

表3-5 出国留学计划表

经济实力	家里的经济实力可以支持你去哪些国家留学		
留学目的	留学回国／留学在国外发展		
能　力	三年规划（已有能力／待发展能力规划）		
	高一	高二	高三
学习能力			
语言能力			
生活自理能力			
征求建议	家长	教师	在国外或准备出国的同伴
目标学校	全球排名	目标专业	所需要的准备

表3-5对学习环境和学生自身实际情况进行了全面梳理，并且充分考虑了多种因素，如家庭经济条件、出国留学目的以及教师和家长建议等，协助学生确定出国留学的目标学校及获取学校相关资料。在对这些基础因素进行考量之后，学生还要结合自身实际能力，如学习能力、语言能力、生活自理能力等，明确还有哪些地方需要进一步完善和提升，以及整个提升过程可能消耗的时长，如果这些提升目标无法在有效时间内完成，是否针对这一情况制定相关的备选方案等。

对出国留学目的、所需能力等内容进行梳理后，出国留学就不再是仅存于脑海中的一个简单设想，学生对其有了更加明确、全面的认识和规划。在做好详尽的留学计划后，他们就可以与志同道合的朋友结伴而行，共赴留学之路，为人生留下美好的印记。

（3）就业创业。与升入大学和出国留学相比，就业创业是一项极具挑战性的社会活动，需要更多承受挫折和磨难的勇气。如果高中生在毕业后选择就业或者创业，需要付出异于他人的艰辛和努力。我们不希望学生将就业创业作为高考失利和留学无望后的冲动性选择，而希望是其经过深思熟虑后的道路选择。选择就业或创业并不意味着失败，更多的是开拓人生的勇气和能力表现，但在此之前，同样需要对就业创业过程中的相关问题进行梳理和明确，提前做好应对风险的准备，制订就业创业计划表，如表3-6所示。

表3-6 就业创业计划表

就　　业		创　　业	
现有技能		资金成本估算	
可从事的职业		人力资本估算	
高中还希望发展的能力		创业优势	
长远的职业规划		创业不足待发展的内容	
目标职业的前景		创业的未来前景	

表3-6主要分为就业和创业两部分。从就业上看，需要考虑的是当下所具备技能、以自身能力现在可以从事的职业、高中期待掌握的技能、职业生涯的长远规划以及目标职业前景等；从创业上看，除了要具备行业所要求的专项能力外，还需进行要一些资金成本、人力资本等方面的估算，了解创业优势、不足、前景等相关内容。上述这些内容看似简单，但在执行过程中面临各种各样的风险和阻碍，也是学生进入社会的第一张试卷，要想在这张试卷上快速作答并取得好成绩，需要在高中三年做好全程准备。一旦选择就业创业，即使未来道路充满荆棘，学生也要勇敢地面对困难，创造光明的未来。

2.明确目标

（1）目标任务分解。看过对以上三条不同道路的分析后，你是否已有想达成的目标，这个目标是否与自己理想目标一致，对于一些问题能否坚定回答"是"，本书列举了以下问题。

第一，所选择目标与自身信念和价值观是否完全契合？该目标是否符合自身所追求和向往生活？

第二，是否有充足的动力和能力推动目标的实现？

第三，该目标的可获得性和可实现性的概率有多少？

第四，目前所具备知识和技能是否满足其要求？

第五，目标是否具有明确性和针对性？

不是制订出详细、可操作的计划就可以了，与设定目标相比，将其付诸实践要困难得多。

而且，在整个目标探索和践行过程中，相关操作计划的制订只是接近目标的第一步，与目标的前期确定和计划内容相比，为目标而努力奋进的过程更加简单。对于已完成设定目标的分析的学生，他们还需要思考以下几个问题。

第一，目标中的每一个步骤或环节是否具有可行性？在目标计划开展过程中是否遇到过各种困难？

第二，对于困难和问题是否具有针对性的解决方法？具体如何解决？

第三，对于目标的实现，自身所具备技能和特长能否成为一种优势？

第四，在目标计划的实现过程中自身有哪些劣势可能形成阻碍？

第五，身边是否有能提供帮助的人或事？是否有阻碍目标计划执行的人或事？

第六，放弃现阶段所开展的事是否会对终极目标产生影响？

第七，现阶段所热衷的事能否促进最终目标的实现？

（2）定期评估与反馈。完成对个人职业生涯的系统规划意味着明确了未来某一时间段的任务目标。这一规划的完成使学生未来学习更具方向性，并且可指导、约束、规范学生的学习生活。

但我们所处环境是一个不断变化、发展、创新的复杂环境，现实的多变性可能使早期规划不符合变化后的格局，导致现实和预期之间的差距越来越大。对此，学生应重新评估原来的职业生涯目标与职业生涯规划，根据实际情况灵活调整计划内容和方向，达到与自身发展、社会要求的双重契合。另外，还需对规划执行过程进行定期或不定期的评估与反馈，学生在这一过程中可以对自身有更加全面的认识，实现对个人生涯规划的优化和完善，确保规划的顺利开展与实施。

以人际关系范围为标准，可以从自我评价、家庭评价、学校评价以及朋友评价四个方面对职业生涯进行系统评估与反馈，详细评价与反馈内容及标准如表3-7所示。

表 3-7　职业生涯评估与反馈表

评价方式	评价者	评价内容	评价标准
自我评价	本人	1. 自己的才能是否充分施展 2. 对自己在学习中的表现是否满意 3. 对自己现阶段目标的达成是否满意 4. 对自己现阶段的能力是否满意	根据个人的价值观和个人的能力、水平
家庭评价	家庭成员	1. 是否能理解并给予肯定 2. 是否能给予一定的帮助和指导	根据家庭文化
学校评价	教师	1. 是否给予肯定 2. 能否提出进一步提升的建议 3. 能否给予一定的帮助	根据学校情况和教学任务
朋友评价	朋友、同学	1. 是否能促进彼此的进步 2. 能否给予彼此一些帮助	根据个人情况

为确保每个阶段所反馈成果的清晰性和明确性，可将其中某个部分作为单项表，对其进行记录，防止与其他评估内容混淆。这种评估与反馈可以具体到各个层面。针对评估过程中的每一个反馈都应当细心搜集，如哪些评估反馈是自身已完成但他人尚未发觉的，哪些评估反馈是他人早已注意到，但自己未察觉的……如果一个规划没有任何评估反馈，便无法获取与之相关的开展境况和完成程度。表 3-8 是评价返回报告，该表可以协助学生对自身所处环境进行梳理和适应。

表 3-8　评价返回报告

反馈人	反馈内容	心得体会
本人		
家人		
学校		
朋友		

（3）方案修正。在得到上面的评估结果之后，学生需要考虑自己是否对近期的努力有了一定的认识？周围的人是否给了自己更多的建议？现阶段的成果是否与之前的规划相符？对这一阶段进行评估反馈之后，自己的方案是否需要进一步修正？

在修正自己的规划前，先要明确修正规划的目的：在获取评估和反馈相关结论后，对自身近期的努力和进步是否有一定程度上的认识？是否从评估结果中汲取了他人经验和建议？目前所获成果与前期规划是否存在较为直接的关联？经过全方位、多层次评估与反馈，是否需要对当前方案进行优化和调整？

在对生涯规划方案进行调整之前,需要对此次优化的目的进行明确。

①对自身各类强项充满信心。

②抓住有助于自身发展的各种机遇。

③充分挖掘各关键点,并根据其目前缺陷与不足进行系统弥补。

④针对待改进内容制订详细的行动计划。

⑤针对及时予以自己反馈的他人,选择合适的方式给予回应并表达自己的感谢之情。

⑥推动行动计划的全面实施,促进自身不断进步与发展。

目标修正过程中需要遵循的基本法则下如下。

①修正目标的准确性。在修正过程中,不能将计划与目标相混淆,如果习惯性地将目标作为更改对象,最终将一无所获。一旦确立某种目标,可修改的概率是非常小的。

②修正目标的达成时间。目标的修正没有时间的限制,可以是1天、1个月、1年。只有不断摸索和实践,才能确保目标修正的完整性与有效性。

③修正目标的量。目标的数量不在多而在精,不能为了将来多条选择道路而无故设置多个自身根本无法实现的目标。

④摒弃目标。成功是一个屡战屡败、屡败屡战的过程,每一次失败背后都有可能激起新一轮的奋战,在这一循环往复过程中,失败只是暂时的,只要不服输,成功终将成为定局。

明确目标后,学生便可对自身规划进行系统修正。一般情况下,常见的规划修正内容主要包括以下几点。

①重新选定最终目标。

②合理敲定生涯路线。

③仔细修正阶段目标。

④实施计划措施的变更。

从目前所探究内容不难发现,生涯规划并没有想象中的复杂,很多情况下生涯规划犹如单曲循环,每到达一个终点意味着又进入了新的起点,无论是短期规划还是长期规划,都是一个循环交替的过程。在整个周而复始过程中,自身始终处于不断上升趋势,并且逐渐学会在重复中创新和成长,使各大目标和小目标都变得更加清晰、具体可行。

第二节 高二：内外部探索

一、生涯引领 提升动力

学生的知识学习过程是对自身科学知识和素养的系统架构和完善过程，涵盖理论知识的学习和综合能力的提升等多个方面。从目前调查研究数据上看，高中生在学习动力呈现轻微的下降趋势，整个学习动力系统像一盘散沙，毫无秩序可言，对其学习活动及学习行为产生了不利影响。特别是现代网络媒体中的各类数据终端和移动网络在校园的全面覆盖，学生的学习习惯、学习方法、学习态度、学习思维等产生了一定影响。有专家认为，这是在校园内掀起的一场没有硝烟的"网络化战争"。从目前整体生涯发展情况上看，高中生学习动力与未来生涯活动和生涯发展存在某种程度上的关联，学习不仅是学生通向未来生涯之路的重要跳板，还是提升学生生涯素质、生涯竞争力的有效路径。因此，以系统、完整的生涯规划为基础，以提升学生学习动力为目的，加快构建学习动力机制，可在一定程度上纠正和改善学生当前学习态度和学习情况，有助于学生德、智、体、美全面发展。

（一）学习动力理论分析

有学者认为，学习动力是一种内在化的力量，该力量对学生学习行为具有正向推动作用，是学生对学习行为的主观认识。教育心理学认为，学习动力是学习主体的学习行为和心理驱动的综合，是一种综合性的认知系统，包含学习兴趣、学习动机以及学习态度等。一般情况下，学习动力系统不会积极、主动地参与到学习活动中，而是以一种强化、激励、导向形式存在。根据学习动力系统的不同形式和作用，学习动力系统分为内部和外部两大类。其中，内部动力系统的核心主要是学习主体的学习动机，这种动机的产生多由学生主观意识决定。外部动力系统的主要推动力为外部环境的激励，如对学生学习活动具有积极推动力量的各种外部环境。

1. 学习需要是学习动力产生的原始动力

一般的学习活动包含精神活动和智力活动两个方面。学生在活动中可以通过不同的学习形式和学习方法获取并掌握各种知识与技能，并不断提升综合素养和升华个人能力。学习需要是学生产生学习动力的思想源泉，有助于激发学生内部驱动力，从而更好地开展各种学习活动。学习需要的形成不同环境因素的影响，包括学生个人发展、家庭成员期望、社会人才需求以及市场竞争压力等。但从某个角度看，学习需要并不是学习动机的直接来源。学生只有具备明确的学习目标，才能激发自身的学习动机。

2. 学习兴趣是学习动力产生的直接动力

兴趣是一个人为认识和掌握某种事物，在接近和探索该事物中所产生的一种心理倾向和心理态度。学生对不同学习内容的关注度都可以从学习兴趣中体现，学生的这种学习观赋予了兴趣独特性和可选择性的特点。兴趣是最好的老师。通过系统观察与分析发现，学生的学习兴趣是影响其对某一门课程关注程度和学习热情的重要因素，在学习过程中，学生只有以兴趣为学习动力，才能在学习中找到乐趣。

3. 学习态度是学生动力产生的思想动力

学习态度指学生对学习的一种准备状态，这种状态可以是持久的或短期的，可以是肯定的或否定的，也可以是内部的或外部的。对学生学习态度的判断可从以下几个方面入手：一是对待学习的热情程度；二是面对学习中的各种挑战与挫折时所保持的心态；三是学生对学习的认知情况等。对于学生的不同学习行为，学习态度可从中起到良好的调节作用，甚至可以影响最终的学习效果。

4. 学习毅力是维持学习动力的核心要素

俗话说："人贵有志，学贵有恒。"学生在学习过程中是否具有坚定的学习毅力，可以直接从学习稳定性中体现出来。学习毅力是支撑学生开展持久学习活动的重要基石。一般只有确定学习中各类要素后，如学习形式、学习目标以及学习方法等，才可直观地感受最终的学习成果。从学习本身来看，整个过程都是各种智慧活动和精神活动的集合，充满了困顿、疑惑、坎坷等。孙敬头悬梁、苏秦锥刺股、车胤囊萤学和孙康映雪读之举便是坚持不懈、锲而不舍的学习态度和学习理念的直接体现。

（二）学生学习动力不足的原因分析

1. 缺乏职业生涯规划意识，造成学习目的不明确

我国应试教育模式在长期开展过程中逐渐呈现出一定程度的过度化倾向，而这一倾向一直都是基础教育无法攻克的难题。目前，除了缺乏系统的生涯唤醒教育和应有的生涯意识外，摆在高中生涯教育面前的难题还包括学生对生涯世界的错误认知，无法在结合当前社会大发展和自身实际精准定位未来发展方向和目标，使生涯目标与理想目标界限模糊，缺乏端正、积极的学习态度，无法厘清学习与未来升学、生涯规划三者之间相互关系。

2. 课程设置和教学方法不合理，导致学生缺乏学习兴趣

通过深入调查学校生涯教育发现，学生的学习动力在很大程度上受学习兴趣影响，并且目前高中学校无论在教学手段、教学技术还是教学用材和课程设置方面，均缺乏创新性、技术性、丰富性以及灵活性。从教学内容上看，其无法紧跟教育改革步伐，更新频率较低，更新速度较慢。从考评机制看，教学评价方式依然以单一考试成绩为主，缺乏科学性和全面性。这些不足使学生逐渐失去了学习兴趣。

3. 价值取向茫然，思想因素混杂

目前，绝大部分学生的学习态度逐渐趋向消极化和负面化，"学习工具论""学习无用论""六十分万岁，多一分浪费"等都是学生看待学习的一种价值倾向。学生更多地将学习看作一种应付考试的行为，更是将进入高等学府视为获取社会认可、取得文凭以及求职就业的跳板。

4. 网络及移动终端成为影响学生学习动力的新因素

随着手机、电脑、iPad 等移动终端设备的全面普及，学生可以通过这些移动化、智能化、便捷化的互联网设备随时随地进行学习。这种智能化设备的全面兴起可以丰富学生的信息获取渠道，改变学生的学习方式，创造多元化学习内容。但万物都是一个矛盾体，智能互联网设备也不例外，其在为学生带来全新学习体验的同时，给学生学习造成了各种负面影响，如学生长时间玩手机，导致视力不断下降。另外，目前以智能手机为平台的各种学习型软件为学生寻找习题答案提供了方便，让学生可以直接在相关应用软件上输入所要查找题型，便可获得相应的答案。这种学习方式使学生逐渐形成了思

维上的惰性，思考能力、学习能力以及创新能力逐渐下降。除上述影响外，还有诸多不良学习行为开始在课堂上泛滥，学校和教师对这一现象的控制在手机娱乐面前显得苍白无力。

（三）在学生生涯规划视角下，增强学生学习动力的实践

第一，开展正确的生涯规划教育，突出其服务作用和导向作用，帮助学生明确自己学习过程中的所求和所需，从根本上有效解决学习动机不明、学习目标模糊等问题。生涯规划主要是根据不同发展阶段设置相应的目标，并以目标指导学生自主开展各种实践活动，确定人生发展的方向。目标主要有三种形式，即短期目标、中期目标以及长期目标，三者共同组成了连续性的人生发展目标链，在学生生涯发展过程中具有积极的引导作用和推动作用。生涯过程中的自我评估可以帮助学生解决自我认识不清的问题，环境分析则可实现对环境认识不明问题的有效处理，促使学生对自身能力和角色进行准确定位，明确自身的学习目的、学习内容、学习方法等，进而帮助学生明确自身学习需要，增强学习动机。

第二，全面开展生涯规划教育活动，为学生提供有关择校和生涯的知识，培养学生正确的择校观和生涯观，帮助学生树立正确的学习观念和学习态度。对于高中生涯规划教育而言，择校观和生涯观是两大基础教育内容，从教育教学方面看，该教育内容的开展是提升学生学习动力的重要途径之一，它可以改正学生以往错误的学习态度和学习行为，引导学生沿着前期预定的生涯道路和方向努力前行，促使学生将个人能力的发挥、个人价值的实现、生涯发展的需要以及社会发展的需求等深度融合。但如果学生缺乏正确的择校观和生涯观，未来进入大学后其将无法适应各项发展要求，进而逐渐迷失在高校和社会这片"大森林"中。因此，为进一步提升学生的生涯规划意识，端正学生的学习态度，教师应积极培养学生正确的择校观和生涯观，让学生长久地保持浓厚的学习兴趣、强烈的学习意愿以及坚定的学习毅力，引导学生从可持续角度出发，认清学习对自身发展的重要性，并从学习和探索过程中找到支持自己不断学习的原动力。

第三，学校可以通过开展生涯规划教育活动，引导学生将升学压力和就业压力转化为学习动力。升学是每一个接受高中系统教育胡学生的核心目

标，就业则是学生未来人生发展轨迹中无法逃避的一段生涯历程，生涯规划教育可以引导学生对升学压力和就业竞争有更加客观的认识和了解。而运用升学和就业压力刺激学生产生源源不断的学习动力，需要以升学和就业压力为平台，有效融入学生能力和社会要求、理论知识和岗位实践两项内容，促使学生了解社会对高素质人才的各方面要求，有针对性、有目的性地对学生的学习动力进行有效刺激，进而充分调动学生学习的主动性与积极性，引导学生主动投入更多的时间和精力参与到各种学习活动中。

第四，完成对积极构建学风建设相关机制，实现对当前学习环境的全面优化。从某种程度上看，学生学习内外部动力系统综合作用的发挥取决于学生学习行为的方向与强度，且对学生学习行为的开展而言，其所处的外部环境和外部氛围也是不可或缺的影响因素。学风的形成不是一蹴而就的，而是一个长期积累的过程，所积累的内容可以是学习氛围，也可以是学习精神。在开展生涯规划教育的过程中，生涯意识的唤醒、生涯价值观的树立、生涯目标的明确以及生涯竞争力的改善等均为学校学风建设奠定了坚实的基础。学校可以借助学风凝聚学校内部各种力量和资源，从而不断增强自身学风建设，而内聚力的形成可以在某种程度上通过群体氛围对学生学习行为进行系统调节，使学生在潜移默化中养成积极、良好的学习态度。与此同时，良好学习态度的形成和浓厚学习氛围的营造赋予了学生群体强大的"力场"效应，促使学生在学习目标上逐渐统一，共同遵守学校所制定的一系列行为标准，并对与该行为准则相抗衡的力量表示强烈的抵抗和谴责，这种群体性学习氛围和学习风气的形成可帮助学生积聚更多的学习动力。

从上述内容不难看出，学生学习行为的产生在很大程度上源自学习动力。学校积极开展生涯规划教育，可以引导学生对自我进行正确、客观的探索，使学生对学业环境和社会环境有更加精确的把握，充分意识到学习对人一生的影响力，激发与培养学生的学习兴趣，使学生树立正确的人生观、价值观以及世界观，进而从根本上提升学生的学习动力。另外，借助生涯规划教育帮助学生梳理和管理自身发展目标可以提高学生学习的自觉性与主动性，形成良好的校园氛围，丰富校园文化。

二、综合管理　规划高二

（一）时间管理

1. 时间管理的概念

时间管理指个人对时间的有效使用，即事先进行规划，运用一定的技能和方法灵活地运用时间，完成明确的任务和计划，达到一定的目标。时间管理的内容主要包括以下几点：制订计划、设计目标、对花费的时间进行分析、记录时间分配的情况、确定事情完成的优先次序。

时间管理的目的并不是把所有事情做完，而是更有效地运用时间。除了决定该做什么事情之外，另一个很重要的目的是决定什么事情不应该做。时间管理不是完全掌控，而是降低变动性，其最重要的功能是将事先的规划作为一种提醒与指引。

时间管理的重点不在于管理时间，而在于如何分配时间。一个人永远没有时间做完所有事，但永远有时间做对自己来说最重要的事。

在同一个时间段内，人们经常要完成多项事情，若要有效利用时间，评估完成的先后顺序，可以将事情按照重要和紧急两个维度归入四个象限。

第一类：重要、紧急的事情。

第二类：重要、不紧急的事情。

第三类：紧急、不重要的事情。

第四类：不紧急、不重要的事情。

2. 时间管理的方法

（1）将一天从早到晚要做的事情罗列。

（2）目标明确。目标要具体，具有可实现性。

（3）要具有灵活性。一般来说，只需要将时间的50%计划好，其余的50%应当属于灵活时间，用来应对各种无关紧要和无法预期的事情。

（4）做好的事情要比把事情做好更重要。做好的事情是有效果；把事情做好只是有效率。要先考虑效果，再考虑效率。

（5）不要想成为完美主义者。不要追求完美，而要追求办事效果。

（6）学会说"不"。一旦确定了哪些事情是重要的，对那些不重要的事情就应当说"不"。

3. 浪费时间的主观原因分析

（1）做事目标不明确，没有日程计划。

（2）作风拖拉。

（3）缺乏优先顺序，抓不住重点。

（4）做事有头无尾。

（5）不会拒绝别人的请求。

（6）消极思考，闲思（走神），闲聊。

（7）睡眠不足。睡眠不足会导致精力不足、思维迟缓，从而无法高质量地完成当天的学习。

（8）没有补充好能量。无论是来不及抑或不想吃，还是为了节约时间，这样做往往适得其反。比如，不吃早饭，上午第四节课一定精力不集中，甚至因急切盼望早点下课吃午饭而不听课。

4. 时间管理小工具——番茄钟介绍

番茄钟指把任务分解成半小时左右可以完成的小任务，集中精力工作 25 分钟后休息 5 分钟，如此视作种一个"番茄"。哪怕工作没有完成，也要定时休息，然后进入下一个番茄时间。收获 4 个"番茄"后，能休息 15～30 分钟。提早几分钟到办公室，把一天的工作任务划分为若干个"番茄钟"，规定好每个"番茄钟"内要完成的小目标，然后尽量心无旁骛地工作，这种"番茄工作法"的流程也被称为拖延症"自救攻略"之一。[1]

（1）背景。如果想培养自己强烈的时间管理意识，养成坚定的自我管理习惯，想从此克服惰性，就可以利用番茄钟的理论提升自己充分利用时间的能力。番茄工作法是一种很好的策略，它是由意大利人弗朗西斯科·西里洛提出的。番茄工作法的原理是 25 分钟为一个番茄钟，中间不能中断。它可以帮助人们合理预估和执行每天要完成的工作；有节奏地进行工作和休息，并每天进行记录和评估调整等。

（2）特点。番茄工作法的设定是考虑到对庞大任务的恐惧和抗拒是导致拖延的重要原因，把注意力集中在"当下"，从而能帮助人们更好地集中精

---

[1] 敖卓玛.职业生涯规划对高职生时间管理的干预研究——以商务英语学生为个案研究[J].太原城市职业技术学院学报,2020(9):50-51.

力，摆脱过去失败的阴影和对"万一任务完不成"的焦虑。

（3）效果。一个在外企从事财务工作的白领曾是深度"拖延症"患者，他以坚持每天上班时间至少收获10个"番茄"督促自己完成日常财会工作。这种方法使其拖延程度有所减轻、工作效率大大提高。

（二）压力管理

1. 压力是什么

压力是因外界刺激过大而产生的一种紧张的心理状态，是人们生活中不可避免的一部分。例如，学习成绩不如意、生活中遇到挫折、同学之间的冲突、父母期望过高等都会给人们带来压力。当压力过大时，人们常常会产生紧张、焦虑、烦躁、担心等负面情绪，这不仅会降低学习、工作效率，还可能影响到人际关系，降低人们对周围环境的适应能力。

高中生背负着家长和社会的高期望，同时自身成长欲望强烈，但心理发展尚未成熟、稳定，在压力面前常常不知所措。

但压力是把双刃剑，对人们的生活既有消极影响，又有积极影响。美国心理学家凯利·麦格尼格尔在《自控力：和压力做朋友》一书中提出一个新的观点，即真正有害的不是压力，而是"压力有害"这一观点。

2. 压力管理

（1）压力面对面。直面压力是压力管理的第一步。压力是人们生活中的一部分，人们没有办法逃离压力。压力管理的最佳方式不是试图减轻或避免压力，而是直面压力。面对学习和生活中的种种压力，人们需要厘清自己面对的压力具体有哪些，是什么原因导致的。只有人们清楚自己面临的压力，压力管理才能有效实施。

（2）合理宣泄法。人们可以通过寻找一个恰当的对象或恰当的方式将个人的消极情绪宣泄出来，使心中积压的负面情绪得以释放，从而摆脱这种负面情绪的干扰，保持心理的平衡。例如，通过找人倾诉、适当运动、唱歌、大喊、哭泣等方式将不良情绪一扫而空，压力自然就得到了缓解。

（3）自我暗示法。人们可以通过朝着积极的方向进行自我暗示，从而改变消极、不良的心理状态，产生良好的心理激励与平衡作用，并且培养自己积极的心态，以便更好地面对压力。自我暗示法可通过语言、情境、睡眠等方式对自己进行暗示。

（4）想象放松法。想象放松法主要是通过唤对起身处宁静、轻松、舒适的场景时的想象和体验，以缓解紧张、焦虑的心理状态，从而收到身心放松的效果，增强内心的愉悦感和自信心。想象放松法需要个体寻找一个自己经历过的并且能给自己带来愉悦感觉的美好回忆场景，让自己尽可能地身临其境，用心地感受、回忆和体验，从而改变自己的心理状态。

3. 压力与工作绩效的关系

适度的压力可以激发人的潜能，提高效率；没有压力可能会使人失去学习的动力，停滞不前；而过度的压力又会使人紧张、焦虑等，影响学习效率和已有水平的发挥。因此，人们需要正视压力的作用，学会更好地与压力相处，发挥压力的积极作用，减少压力的消极影响。压力对人的影响如图3-1所示。

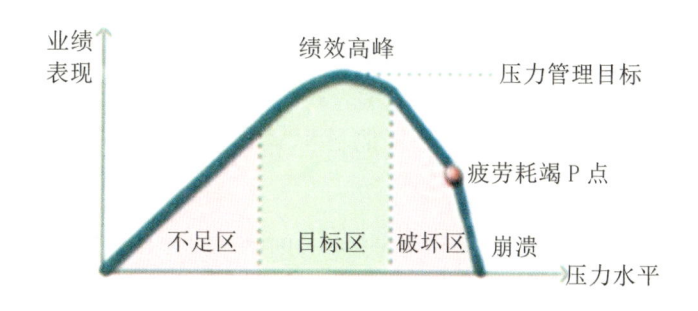

图3-1 压力与工作绩效关系图

4. 对待压力管理的态度十分重要

戈利斯泽克医生认为，之所以改变压力对人们造成的习惯及学会放松如此之难，是因为人们对压力反应处理的态度出现了问题。要想摆脱压力，就应该了解压力，学会辨识压力反应，改变行动模式以及在发生压力的头60秒内进行压力管理。美国压力管理专家格林伯格在总结前人对压力的研究后提出，压力开始于失衡的生活情景，不同的个体在面临压力情景时会有不同的反应，这是由个体对压力情景有不同的认知评价。当个体感知生活情景有压力时，就会出现害怕、愤怒、不安全等负面情绪，长期的负面情绪反应会导致生理不适，最终导致疾病、低绩效、不良的人际关系等消极后果。认知评价是可以控制的，对负面情绪进行调节也有助于压力的管理，反过来生理的变化也会影响人们对压力的感受，改善压力带来的不良结果是进行压力管理的一种很好的方式。

（三）目标管理

1. 目标的 SMART 原则

目标管理"SMART"原则由管理学大师彼得·德鲁克提出，出现于他 1954 年出版的著作《管理的实践》一书中。根据德鲁克的说法，我们一定要避免"活动陷阱"，不能只顾低头拉车，而不抬头看路，最终忘了自己的主要目标。

S——目标必须是具体的、明确的（specific）：能够很清晰地看到个人计划要做哪些事情，计划完成到什么程度。

M——目标必须是可以衡量的（measurable）：目标应该是可以量化或质化的，应该有一组明确的数据。

A——目标必须是可以达到的（attainable）：目标是基于现实的并有一定的挑战性。

R——目标必须是实际的且与其他目标具有相关性的（relevant）：长、中、短期目标相关。

T——目标必须具有明确的截止期限（time-based）：目标的达成是有时间限制的。

2. 以目标分层法制定目标

目标的实现不是一蹴而就的，想要一次就实现一个大目标，会让自己感觉任务过于艰巨。人们可以在大目标下分出层次，分步实现大目标。将人生终极目标依次分解为长期目标、中期目标、短期目标、小目标，它们的关系就像一座金字塔（图 3-2）。

人生	终极目标			
高中	长期目标		长期目标	
高一	中期目标	中期目标	中期目标	中期目标
一周	短期目标	短期目标	短期目标	短期目标	短期目标
一天	小目标	小目标	小目标	小目标	小目标

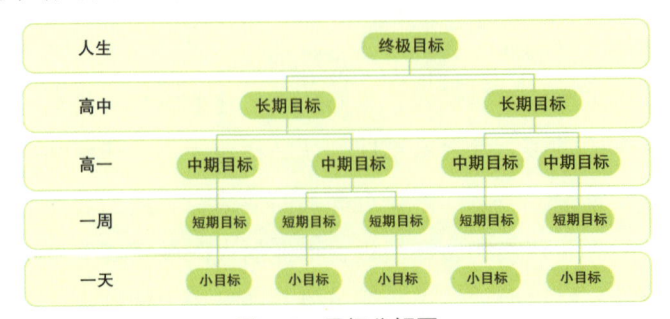

图 3-2 目标分解图

只有把一个大目标分解成通过自己的努力可以一步一步达到的小目标，才能让遥不可及的目标变得近在咫尺。

以提高英语单词量为例，请你根据自己的实际情况，选择一个总的目标，然后梳理出以下问题的答案。

（1）我每月完成____个单词的背诵。

（2）我每周完成____个单词的背诵。

（3）我每天完成____个单词的背诵。

（4）为了每天能够完成这些单词的背诵，我会怎么做？

3. 运用SMRAT原则分析并优化目标

在表3-9中列出不同层级的目标，然后根据SMART原则分析自己的目标在各个方面是否表述明确，符合原则的可打"√"，不符合原则的则进行修改。

表3-9　不同层级的目标

长期目标 （高中三年）	中期目标 （一学年）	短期目标 （一周）	小目标 （一天）	明确性	可测量	可达成	相关性	时限性
长期目标1	中期目标1	短期目标1	小目标1 小目标2 小目标3					
		短期目标2	小目标1 小目标2 小目标3					
		短期目标3	小目标1 小目标2 小目标3					
	中期目标2	短期目标1	小目标1 小目标2 小目标3					
		短期目标2	小目标1 小目标2 小目标3					
		短期目标3	小目标1 小目标2 小目标3					

续 表

长期目标 （高中三年）	中期目标 （一学年）	短期目标 （一周）	小目标 （一天）	明确性	可测量	可达成	相关性	时限性
长期 目标 2	中期 目标 1	短期目标 1	小目标 1 小目标 2 小目标 3					
		短期目标 2	小目标 1 小目标 2 小目标 3					
		短期目标 3	小目标 1 小目标 2 小目标 3					
	中期 目标 2	短期目标 1	小目标 1 小目标 2 小目标 3					
		短期目标 2	小目标 1 小目标 2 小目标 3					
		短期目标 3	小目标 1 小目标 2 小目标 3					

（1）在以上众多小目标中，你觉得最容易实现的是哪个？最难实现的是哪个？为什么会制定让自己感觉很难实现的小目标？

（2）挑选出一个你最想实现的小目标，并制订具体到每天的行动计划，课后同学之间可以互相监督。

三、规划生涯　触摸未来

（一）绘制生涯彩虹图

舒伯（Super）在 1976—1979 年提出了生涯彩虹图（图 3-3）。他认为，人的一生所扮演的角色，从孩童、学生、上班族、社会公民直到为人父母，角色的转换与多种角色的扮演就像天上的彩虹般，色彩丰富而迷人。就生涯彩虹的内容来看，阴影的部分就是每个角色的投入程度。颜色越深表示这一个角色所需投入的程度越多。

生涯彩虹图有生活广度和生活空间之别。

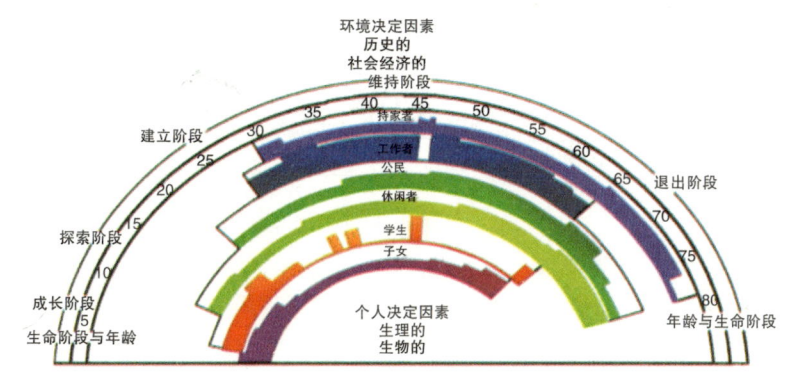

图 3-3 生涯彩虹图

1. 横贯一生的彩虹——生活广度

在生涯彩虹图中，横向层面代表的是横跨一生的生活广度。彩虹的外层显示人生主要的发展阶段和大致估算的年龄：成长期（约相当于儿童期）、探索期（约相当于青春期）、建立期（约相当于成人前期）、维持期（约相当于中年期）以及衰退期（约相当于老年期）。在这五个主要的人生发展阶段内，还分别有小的阶段。舒伯特别强调各个时期的年龄划分有相当大的弹性，应依据个体的不同情况而定。高中阶段属于生涯的探索期，认识自己、职业、专业、大学和社会是高中生在这一时期应该做的主要任务。

2. 纵贯上下的彩虹——生活空间

在生涯彩虹图中，纵向层面代表的是纵贯上下的生活空间，由一组职位和角色组成。舒伯认为，人在一生当中必须扮演9种主要的角色，依次是儿童、学生、休闲者、公民、工作者、夫妻、家长、父母和退休者。各种角色之间相互作用，一个角色的成功，特别是早期的角色如果发展得比较好，将会为其他角色提供良好的关系基础。但是，如果一个人在一个角色上投入过多的精力，而没有平衡协调各角色的关系，则会导致其他角色的失败。人在每一个阶段对每一个角色的投入程度可以用颜色来表示，颜色面积越多表示对该角色投入的程度越大，空白越多表示对该角色投入的程度越小。彩虹图的作用主要是帮助人们对自身未来的各阶段进行调配，做出各种角色的计划和安排，使人成为自己的生涯设计师。

（二）我们该如何开展生涯规划

人的生涯发展是一个与生命成长过程结合在一起的自我设计与创造的奋斗过程。美国著名生涯大师舒伯把职业发展分为成长、探索、建立、维持与衰退五个阶段，不同阶段需完成不同的任务，而且前一阶段的发展任务完成与否会影响后一阶段的发展，具体如图3-4所示。

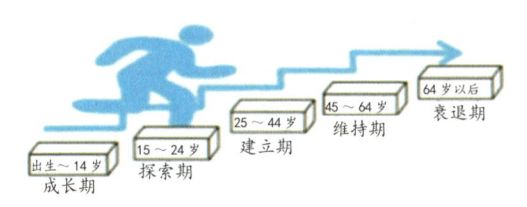

图3-4　舒伯的生涯发展阶段论

中学阶段属于探索期，探索期共包括三个阶段：一是试探期（15～17岁），个体通过自我幻想、学校课程和职业体验等途径，思考与认知自己的兴趣、性格、能力、需求、价值观和发展机会，初步尝试做出选择；二是过渡期（18～21岁），个体比较关注现实情况，并力图实现自我观念，将一般性的选择转为特定的选择；三是尝试期（22～24岁），选定工作领域，开始从事某种职业，并对职业发展目标的可行性进行实验。

生涯需要规划，中学生应从自身实际出发，结合环境因素，在科学的方法的指导下制定出自己的生涯规划，以使自己的生涯道路变得更加清晰。

那么，中学生应该怎样科学地制定自己的生涯规划呢？

第一，认知自己。生涯规划的起点是自我，因此中学生必须从自己的实际情况入手进行探索。比如，我的兴趣是什么，我的性格、气质类型、能力结构是怎样的，我有什么样的价值追求、我的动机和成就是什么，等等。只有在充分认识自我的前提下，才能制定出适合自己的生涯规划。

第二，认知环境。围绕自己的生涯目标或方向，尽可能多地了解和收集与环境相关的信息，包括家庭环境、学校环境、社会环境、职业环境等。比如，家庭经济情况、父母的期望、家族文化、学校特色、地域文化、职业现状与发展趋势等。

第三，做出决策，确定目标。对自己的认知以及对环境的了解有利于中学生做出初步决策。比如，高中升学是选择国内升学还是国外就读，选择哪所学校，攻读什么专业等。在此基础上，中学生可以制定相应的发展目标。

第四，围绕目标，形成计划。将发展目标分解成长期目标、中期目标和短期目标，并列出每个目标阶段的计划名称、时间跨度、内容、策略和措施等。

第五，执行计划。落实目标计划，一步一步地向短期、中期和长期目标靠近。在这个过程中，要增强意志，要有毅力，否则就容易使计划落空。

第六，评估与反馈。在人生的发展阶段，自我及环境的不断发展变化，会使中学生与之前制定的目标与规划有所偏差，这时需要中学生对目标和规划进行反馈和评估，并适时做出调整，以适应自身发展及社会发展的需要。

（三）制定生涯规划书

中学阶段是中学生生涯规划的重要阶段，在这三年里，中学生应该放眼未来，及早对自己的发展进行科学的规划。

在上述部分，大家已经了解了科学规划职业生涯的步骤，请参考以上步骤，为自己制定一份生涯规划书吧。

在这个过程中，你需要结合此前已经学习过的生涯规划知识，对自己进行分析，如你的兴趣、性格、气质、多元智能结构、价值观等；你也需要对你所处的家庭、社会环境做出客观的分析；你还需要综合各类因素，做出科学的决策。在这个探索过程中，你可以更加明确自己想要成为一个什么样的人，什么样的人生才符合你的本意。

生涯规划书制定完成后，在小组内进行分享，并讨论如下问题：

（1）如何确定目标？

（2）要实现目标，需要具备什么条件？

（3）如何开展行动？

（4）在行动过程中如何发挥意志的能动性？

（5）我的规划是否符合我对人生的本意？

> **我的生涯规划书**
>
> 第一部分　认知自我
> 兴趣：
> 性格：
> 气质类型：
> 能力结构：
> 价值观：
> 第二部分　认知环境
> 家庭环境：
> 学校环境：
> 社会环境：
> 职业环境：
> 第三部分　决策、目标与计划
> 决策：
> 目标（长期与短期）：
> 计划（按目标分解制定）：
> 第四部分　执行计划
> 第五部分　评估与反馈

第三节　高三：蓄力前行

一、心理疏导　释放压力

生活之中，我们必然会承受很多痛苦，让人不胜其苦，但我们必须面对它，这些痛苦的经历会让我们愈加成熟。世界卫生组织（WHO）提出：健康是身体、心理和适应社会的良好状态。如果有身体上的痛楚，我们可以向医生寻求帮助，使用药物以缓解不适，那么又有谁解决心理上的困惑呢？人生之路就好似一场花开花谢——含苞时的酝酿、绽放时的激情、枯萎时的沉淀。在人生的旅程中，每个人的生活都离不开别人的帮助，因此让我们携手共进，为所有需要帮助的朋友搭建一座温暖的避风港。

（一）心理健康的标准

从理论研究的角度看，心理属于社会科学范畴，目前各界对其定义尚未达成一致，有的认为"心理"是一个简单的概念，有的则持反对意见，认为"心理"其实很复杂。第三届国际心理卫生大会最早对心理的概念进行描述，即"所谓心理健康，是指在身体、智能以及情感上与他人的心理健康不相矛盾的范围内，将个人心境发展成最佳的状态"，并对衡量心理健康的标准进行了明确，具体如下：

①身体、智力和情绪协调良好；②适应环境，在人际关系中彼此懂得谦逊；③有幸福感；④在职业生涯中，可以充分发挥自己的能力，过上有效率的生活。

20世纪50年代，美国著名心理学家马斯洛提出了心理健康标准，这一标准被人们广泛接受。这一标准的具体内容如下：

①有充分的自我安全感；②能够充分了解自己，并有能力对自己进行适当评估；③生活理想要贴合实际情况；④不应与周围现实环境脱节；⑤可以保持人格的完整性和和谐性；⑥善于在生活中学习；⑦拥有良好的人际关系；⑧可以适当地释放情绪和控制情绪；⑨在满足集体要求的前提下，可以在一定程度上充分发挥自己的个性；⑩在不违反社会规范的前提下，可以适当满足个人的基本需求。

此后，有众多国内外专家提出了心理健康标准，虽然他们对心理健康有不同的理解和观点，但总体上讲，心理健康基本指个人的心理方面的健康，包括认知、情感和意志等活动的内部关系的协调，内部主观心理与外部客观世界保持融合、平衡、和谐和适应，在此基础上发展健全的人格，保持积极向上的态度、蓬勃的精力、愉快的心情和较高的心理素质。

（二）高中生心理异常问题

高中时期是每个人一生中重要的发展阶段。一方面，高中生进入了青春期后期，对事物的认知拥有了自己的见解，想要寻求独立性，摆脱父母的控制，追求对自我的认同；另一方面，学习压力的增大、对交友和人际关系的认识不足使心理不成熟的高中生不得不面对各种各样的挑战，以至于他们的心理负担和心理承受力之间出现了失衡,产生了各种心理异常。常见的心理问题如下。

1. 一般心理问题

一般心理问题通常是自我意识的体现。自我意识是主体关于自我的心理、身体、行为乃至自己与他人、自己与社会之间的关系意识。高中生的意志品质还没有完全成熟,自我评价以及对别人的评价不客观、全面,具有片面性,进而导致出现了一些心理问题,如自卑、自负、嫉妒、反抗等。这些不良的心理问题是高中生自我意识的普遍问题。

(1)自卑。自卑指对自己的某些方面(如能力、外表、衣品、财富、身高、学习成绩等)的低评价,并产生一种"不如他人"的自我意识。

(2)自负。自负是由于高估自己造成的错误的自我意识。自负的人往往自命不凡,看问题心高气傲,有极度的优越感。具体表现如下:狂妄自大、目中无人、自以为是、刚愎自用;看不起别人,总认为自己比别人强很多;过度防卫,有明显的嫉妒心;等等。

(3)嫉妒。嫉妒指自己和他人进行比较,发现不如别人后,由羞愧、愤怒、怨恨和其他情绪组成的复杂情绪状态。这种心理问题严重的学生经常将自己的精力花在贬低和诽谤他人上,这不仅伤害他人,还会对自己造成不良的后果,如情绪不佳、人际关系恶化和对学习产生负面影响等。

(4)叛逆。叛逆是一种心理活动,是在客观环境和主体需求彼此不一致的情况下产生的,经常具有强烈的抵触心理甚至是行为问题。叛逆的人极端、冲动、情绪波动大,不听从教育劝阻,在具体行为上表现为不守规则、挑战秩序等。

2. 轻度的心理疾病

(1)焦虑。焦虑是一种无明确对象无法摆脱的情绪状态,主要症状是长时间的焦虑或反复的惊恐情绪,并伴有植物性神经功能障碍和运动不安。高中生焦虑的原因主要是学业压力、人际关系和人格发展等。

(2)社交恐惧症。社交恐惧症是高中生常见的人际交往障碍,表现为对正常的交流或人际交往有着异常强烈的恐惧和紧张的内心状态,是恐惧症在人际交往中存在的一种形式。它可以分为广泛的社交恐惧症(对所有人际交往都感到恐惧)和特殊的社交恐惧症(如异性恐惧、口吃恐惧、脸红恐惧等)。

（3）网络成瘾。网络成瘾是过度使用互联网引起的一种明显的社会和心理损害，是与互联网相关的心理障碍，包括病态行为和认知失调。网络成瘾的高中生比例为 15.97%。网络成瘾往往会使学生在网络聊天、在线游戏或在线浏览活动上花费大量时间和精力，严重影响学生的身心健康。

（4）抑郁症。抑郁症指存在持续的抑郁、悲伤、沮丧、低落等负面情绪，易产生自杀的思想和行为等。近年来，抑郁症的发生率显著增加，患有抑郁症的高中生人数也明显增加。抑郁症患者中的自杀企图和自杀行为患者高达 90%，成功自杀的比例也高达 15%，已成为年轻人中的第四大死亡原因，需要特别注意。

3. 严重的心理疾病

严重的心理疾病主要指精神分裂症和躁狂抑郁症，指整体心理功能的瓦解、对各种心理活动的协调的严重破坏以及个人与环境之间关系的严重失衡。通常，其客观现实的反应是扭曲的，处于一种非理性的状态，生活在虚幻和幻想的精神世界中。许多精神病患者有自我伤害或伤害他人的想法或行为，因此也需要特别注意。

（三）心理辅导、心理咨询与心理治疗

当下，我们所处的社会大环境中充斥着各种压力，除了面对身体的挑战外，还面临着强烈的心理冲击。因此，有些心理疾病是正常的。对于我们而言，以平常心和正确的方法应对这些心理疾病非常重要。一般情况下，可以寻求专业心理机构的帮助。

1. 心理辅导

每个中学都有相应的心理辅导服务机构。它的主要目的是及时发现和解决中学生的心理问题。该机构的服务对象是非常广泛的，面向所有中学生，服务方式包括教育、活动等。

2. 心理咨询

该服务的对象是心理问题比需要心理辅导的人更严重，但还没有严重到需要治疗的一些人，包括那些难以适应周围环境的人。在具体操作中，可以对话交流为主要方法，并适当配合一些特殊的心理学方法（包括心理测验）来帮助前来咨询的人。

3. 心理治疗

该服务范围是最小的，主要面向精神疾病和精神障碍患者，其工作重点是帮助患者达到心理健康水平。它必须使用心理治疗技术，甚至使用某些精神药物。一般情况下，治疗时间比较长，并且需要按疗程治疗，以确保治疗可以达到理想的效果。

二、学科门类　专业选择

（一）学科门类

1. 什么是学科门类

《普通高等学校本科专业目录（2020版年）》是高等教育工作的基本指导性文件之一。它规定专业划分、名称及所属门类，是设置和调整专业、实施人才培养、安排招生、授予学位、指导就业、进行教育统计和人才需求预测等工作的重要依据。

本书中的学科门类、专业分类就是基于《普通高等学校本科专业目录（2020年版）》进行介绍的。

2. 学科门类怎么用

（1）选科时，评估你的学科能力，利用兴趣测验或其他与生涯有关的测评工具，对照学科门类介绍，选出你感兴趣的学科门类、专业类别，即可分析出适合你的类组和选考科目。

（2）选专业时，利用兴趣量表结果，评估你的优势学科后，对照学科门类介绍，选出你感兴趣的学科门类、专业类别，这时需要考虑高考成绩，可以参考往年录取分数。

2. 学科门类介绍

（1）哲学。哲学学科门类包含1个专业门类，即哲学类，共4个专业。

哲学学科门类各专业主要培养具有一定马克思主义哲学理论素养和系统的专业基础知识、有潜质的哲学专门人才，能在国家机关、文教事业、新闻出版、文化企业等部门从事实际工作的应用型、复合型高级专门人才。哲学学科门类各专业学生主要学习马克思主义哲学的基本理论与历史以及社会科学、自然科学、思维科学的基础知识，接受中西方哲学的基本理论和发展线索的系统教育、创造性思维的培养和业务能力的训练。

（2）经济学。经济学学科门类包含4个专业门类，即经济学类、财政学类、金融学类和经济与贸易类，共17个专业。经济学学科门类是研究经济发展规律的学科。经济学学科门类各专业主要培养具备比较扎实的马克思主义经济学理论基础，熟悉现代西方经济学理论，比较熟练地掌握经济学、财政学、金融学和国家贸易等领域知识，具有向经济相关领域扩展渗透的能力，能在综合经济管理部门、政策研究部门、财政金融机构和企业从事经济分析、预测、规划、管理和贸易工作的高级专门人才。经济学学科门类各专业要求学生系统掌握经济学基本理论和相关的基础专业知识，了解市场经济的运行机制，熟悉党和国家的经济方针、政策和法规，了解中外经济发展的历史和现状，了解经济学的学术动态，具有运用数量分析方法和现代技术手段进行社会经济调查、经济分析和实际操作的能力，具有较强的文字和口头表达能力。

（3）法学。法学学科门类包含6个专业门类，即法学类、政治学类、社会学类、民族学类、马克思主义理论类和公安学类，共32个专业。

法学学科门类各专业主要培养系统掌握法学知识，熟悉我国法律和党的相关政策，能在国家机关、企事业单位和社会团体，特别是能在立法机关、行政机关、检察机关、审判机关、仲裁机构和法律服务机构从事法律工作的高级专门人才。法学学科门类各专业学生主要学习法学的基本理论和基本知识，受到法学思维和法律实务的基本训练，能理论联系实际地分析问题，具有运用法学理论和方法分析问题，运用法律管理事务、解决问题的基本能力。

（4）教育学。教育学学科门类包含3个专业门类，即教育学类、心理学类、体育学类，共17个专业。

教育学学科门类各专业主要培养具有良好思想道德品质、较高教育理论素养和较强教育实际工作能力的高等师范院校师资、中小学校教育科研人员、教育科学研究单位研究人员、各级教育行政管理人员和其他教育工作者。教育学学科门类各专业学生主要学习教育科学的基本理论和基本知识，受到教育科学研究的基本训练，掌握从事教育工作的基本技能。

（5）文学。文学学科门类包含3个专业门类，即中国语言文学类、外国语言文学类、新闻传播学类，共71个专业。

文学学科门类各专业主要培养具备一定的文艺理论素养和系统的中外语言文学知识，能在新闻文艺出版部门、高校、科研机构、国家机关、企事业单位从事文学评论、中外语言文学教学与研究、文化传播等工作，有扎实的中外语言基础和比较广泛的科学文化知识，能胜任文化、教育、宣传方面的实际工作的高级专门人才。文学学科门类各专业学生主要学习汉语和外国语言文学方面的系统知识和专业技能，受到文学理论、发展历史、文化交流等方面的系统教育和业务能力的基本训练。

（6）历史学。历史学学科门类包含1个专业门类，即历史学类，共4个专业。历史学学科门类各专业培养具有一定的马克思主义基本理论素养和系统的专业基本知识，了解人类文明的一般发展历程和世界历史研究的基本方法，能在国家机关、文教事业、外交外贸、新闻出版、国际交流、文博档案及各类企事业单位从事实际工作的应用型、复合型高级专门人才。历史学学科门类各专业学生主要学习历史科学的基本理论和基本知识，接受中国历史和世界历史发展的基本史实及史学研究的基本训练，具有从事专业工作所需的基本能力。

（7）理学。理学学科门类包含13个专业门类，即数学类、物理学类、化学类、天文学类、地理科学类、大气科学类、海洋科学类、地球物理学类、地质学类、生物科学类、系统理论类、统计学类和力学类，共36个专业。

理学学科门类专业主要培养掌握理学类各学科的基本理论与基本方法，具备运用本学科知识解决实际问题的能力，能在科技、教育和经济部门从事研究、教学工作或在生产经营及管理部门从事实际应用、开发研究和管理工作的高级专门人才。理学学科门类各专业要求学生注重实践和应用能力，学习各大类学科的基础理论、基本方法，受到科学思维和科学实验的训练以及实践性锻炼，具有较好的科学素养，初步具备科学研究、教学、解决实际问题的基本能力。

（8）工学。工学学科门类包含32个专业门类，即工程力学类、机械类、仪器仪表类、材料类、能源动力类、电气类、电子信息类、自动化类、计算机类、土木类、水利类、测绘类、化工与制药类、地质类、矿业类、纺织类、轻工类、交通运输类、海洋工程类、航空航天类、武器类、核工程类、农业工程类、林业工程类、环境科学与工程类、生物医药工程类、食品工程类、建筑类、安全科学与工程类、生物工程类、公安技术类、交叉类，共157个专业。

工学是我国大学最大的学科门类，各类工学人才直接推动着我国的经济建设和工程技术的发展。工学学科门类各专业主要培养具有良好的科学素养，能系统地、较好地掌握各专业基本理论、基本技能与方法的科技应用型人才，能在工业生产第一线、科研部门、教育单位以及企业、事业、技术和行政管理部门等单位从事科学研究、管理实践、设计制造、科技开发和经营销售等方面工作的高级工程技术人才。

（9）农学。农学学科门类包含7个专业门类，即植物生产类、自然保护与环境生态类、动物生产类、动物医学类、林学类、水产类、草学类，共25个专业。

农学学科门类各专业是研究与农作物生产相关领域的科学，包括作物生长发育规律及其与外界环境条件的关系、病虫害防治、土壤与营养、种植制度、遗传育种等领域。农学是研究农业发展的自然规律和经济规律的科学，涉及多种科学，具有综合性。在农业生产发展需求的推动下，当前农业科学不论在微观抑或宏观领域里都在继续向前发展。农学学科门类各专业主要培养具备农业科学方面的基本理论、基本知识和基本技能，能在农业及其他相关的部门或单位从事与农业有关的技术与设计、推广与开发、经营与管理、教学与科研等工作的高级科学技术人才。

（10）医学。医学学科门类包含11个专业门类，即基础医学类、临床医学类、口腔医学类、公共卫生与预防医学类、中医学类、中西医结合类、药学类、中药学类、法医学类、医学技术类和护理学类，共36个专业。

医学学科门类各专业主要是研究医疗健康和公共卫生的科学，分为现代医学（西医学）和传统医学（中医学、藏医学、蒙医学等）。两者在形式上的融合又形成了第三种医学——中西医结合医学。医学学科门类各专业主要培养具备自然科学、生命科学和医学卫生科学基本理论知识和实验技能，能够在高等医药院校、医院、医药科研机构、企事业单位从事医药卫生科学的教学、科学研究及基础与临床相结合的医学实验研究工作的医学高级专门人才。医学学科门类各专业的学生主要学习生命科学、医学、药学等学科的基本理论知识，接受人类卫生保健及疾病的预防、诊断、鉴定、检测、治疗方面的基本训练，具备对病因、发病机制做出分类鉴别的能力。

（11）管理学。管理学学科门类包含8个专业门类，即管理科学与工程类、工商管理类、农业经济管理类、公共管理类、图书情报与档案管理类、物流管理与工程类、工业工程类、服务业管理类，共42个专业。

管理学学科门类各专业是研究管理活动的基本规律和一般方法的科学，是一门综合性的交叉学科，研究在现有的条件下，如何通过合理地组织和配置人、财、物等因素，提高生产力水平。管理学学科门类各专业通过实证分析、规范分析、图表分析、经济计量、系统分析等途径，使学生具备管理、经贸、建设、法律及营销等方面的知识和能力，能在企事业单位从事生产、经营、教学、科研、规划、设计、评价和创新服务等方面的工作，并进行分析决策和组织实施。

（12）艺术学。艺术学学科门类包含5个专业门类，即艺术学理论类、音乐与舞蹈学类、戏剧与影视学类、美术学类和设计学类，共28个专业。

长期以来，艺术学一直作为文学门类之下的一级学科。2011年4月召开的国务院学位委员会新年会议一致通过将艺术学科独立成艺术学门类。这标志着艺术学已成为与自然科学学科互补共进的人文学科的重要组成部分，是对我国艺术学科发展成绩的肯定。艺术学是一门研究人类以艺术方式把握世界的独特规律的学科。艺术学学科门类各专业主要培养具备美术、设计、音乐、表演、舞蹈等艺术基础理论、基础知识、基本技能，具有扎实的艺术表现能力和综合实践能力，能在艺术院校、文艺团体、科研机构、出版传媒、广播电视等机构从事艺术理论和实践创作、教学、研究、编辑等方面工作的应用型高级专门人才。

（二）专业介绍

1. 什么是专业

从学业角度看，专业指高等学校或中等专业学校根据科学分工或生产部门的分工把学业分成的门类。这些学校根据国家建设需要和学校性质设置各种专业。各个专业都有独立的教学计划，以体现专业的培养目标及相应的要求。专业也就是高等学校一个系里或中等专业学校里的学业门类。

根据教育部《普通高等学校本科专业目录》，除了军事学科大类外，总共有12个学科大类，分别是理学、工学、农学、医学、经济学、法学、管理学、艺术学、文学、教育学、历史学、哲学。每个学科大类之下又有细分的小类，每个小类下面又包含具体的专业。

2. 了解专业的途径

在当今信息发达的时代，我们可以非常方便地借助互联网工具找到各种专业介绍的内容，此外还可以通过高校招生计划、大学官方网站、学长交流、招生热线、招生咨询现场、大学教师等多种途径获得专业信息。了解专业信息的途径不少，但不能偏听偏信，需要多个途径共同参考。

3. 专业内容要素

了解某个专业，一般要了解专业的内涵、报考要求、课程设置、就业方向等信息。

（1）了解专业的内涵。每个高校每年的招生专业从十几个到几十个不等。不少专业的名称并不能直接反映出专业的实质和将来的职业。比如，"计算机科学与技术"和"信息与计算机科学"这两个专业的名称很相似，但是一个属于工学电气信息类，另一个属于理学数学类，无论主修课程还是将来的就业领域都不一样。了解专业类别以及各类中有哪些专业，把握专业的整体情况，才能对所选专业有理性的认识。专业内涵可通过高校的招生简章和学校招生网站进行专业的了解。

（2）了解专业的报考要求。新高考改革对普通高校的招生提出了新要求，所以大家在了解专业的时候，还应多注意各个专业对选考科目的要求，同时注意到不同高校同一专业对选考科目的要求存在不同。有些专业因为性质特殊，对考生有明确的特别要求，在了解专业的时候也是需要注意的。比如，艺术类、体育类、军事类专业等对身体条件有一定要求。

（3）了解专业的课程设置。了解一个专业可以先了解它的课程设置。专业课程一般包括公共课、专业基础课、专业课、选修课等。其中，专业基础课和专业课是一个专业的核心课程，从中可基本了解该专业的培养方向，即在大学期间要学习哪些内容，这些内容会应用到哪些行业，这些内容有什么能力要求，等等。除了专业的课程设置情况外，考生家长还要了解各专业的学习年限，虽然大部分本科专业都是四年制，但有少数专业的学习年限有所不同，如医学类专业一般需要学习5~8年。了解专业的学习年限，可以在报考时有充分的心理准备。

（4）了解专业的就业方向与就业情况。考生在选择专业时必须认真了解该专业毕业后可以从事哪些工作，可以在哪些行业发展。大家在了解专业的同时，应该对某专业社会需求情况有前瞻性的了解，还要着重了解欲报考院校某专业的就业率及就业质量。要了解所选专业的就业情况，我们一般可以从教育部公布的专业就业状况、社会调查机构的相关数据、专业所在高校的就业情况、专业行业的统计数据、招聘网站的供求情况等进行信息搜集。

（三）专业预警

1. 红牌专业

失业量较大，就业率、月收入和就业满意度综合较低的专业，属于高失业风险型专业。

2. 黄牌专业

除红牌专业外，失业量较大，就业率、月收入和就业满意度综合较低的专业。

3. 绿牌专业

失业量较小，就业率、月收入和就业满意度综合较高的专业属于需求增长型专业。

出现红牌专业、黄牌专业的原因既可能是供大于求，又可能是培养质量达不到岗位要求，这是导致大学毕业生找不到工作与企业招不到人才的原因之一。表3-10为2018年本科"红、黄、绿牌"专业。

表3-10 2018年本科"红、黄、绿牌"专业

红牌专业	黄牌专业	绿牌专业
绘画	生物技术	信息安全
化学	生物工程	软件工程
美术学	应用心理学	网络工程
音乐表演	广播电视编导	物联网工程
法学	生物科学	数字媒体技术
历史学		通信工程
		数字媒体艺术

三、对接高考　落实行动

在了解各学科门类和专业选择方法后，学校便可以在高三年级开展高考填报志愿相关模拟活动，该活动的开展主要是为了让生涯规划真正走到学生面前，并融入高中学习，通过介绍和普及生涯知识引导学生不断完成对自我的管理。以高一和高二年级探索和接触的生涯知识为前提，学校可以让学生抽取往年高三毕业学生在高考中所获取的成绩，并以此作为自己的"成绩单"，让学生根据"成绩单"填报志愿。因为参与模拟活动的应届高三学生并不了解往届学生高考的真实成绩，完全将此次填报志愿活动视为一次体验性的游戏。学生的这种游戏化的心态可体现出志愿填报表上所填写专业或职业的真实性。我们在经过对学生所填报志愿进行统计和分类后，大致可以分为三种：一是报考目标十分明确且坚定，占比约在65%；二是已确立相关目标，但是在目标践行过程中缺乏坚定性，此类学生占总参与人数的25%左右；三是目前尚未确定发展目标，占比约10%。因此，高三阶段生涯规划教学的开展，需要继续以引导学生进行生涯规划的探索和制定为主，同时通过优秀案例介绍，启发学生与其他同学共同参与到圆大学梦行动中，特别是要协助尚未制定个人生涯规划的学生制定出个人生涯规划书，并使他们按照计划内容逐条落实，努力朝自己所设定的方向努力。

教师将学生所填写的高考志愿在班级上与同学共同分享，通过对学生志愿填报内容及生涯规划状况的分析和解说，促使学生探索影响志愿填报和生涯规划等的相关因素。在教师的启发下，学生将影响专业决策和生涯规划的相关因素按照客观因素（高校、社会、家庭）和主观因素（兴趣、能力、爱好）进行了详细归纳和分析。对于那些尚未明确职业方向以及生涯目标的学生而言，他们可根据有明确目标和发展方向的同学所总结的内容，并与自身实际情况相结合，尝试规划属于自己的生涯发展路径。

虽然高考填报志愿活动的开展采用模拟形式，"成绩单"也是随机抽取的，但学生在活动中充分体验了填报志愿的心情，代入感极强。在完成模拟体验后，教师还让学生对自己填报志愿时的感受进行了分享，即分享看完志愿展示后所学习和收获到的志愿填报方法。他们在总结学生交流内容后归纳出以下几点。

（1）绝大部分学生认为自己所抽到的分数低于自己平时成绩，但在听取教师对分数的客观分析后，学生逐渐意识到自己对填报志愿的错误认知，误认为高分才是最大优势。

（2）尽管在专业报考过程中，分数是一大考虑因素，但对未来专业方向无法起到决定性作用。

（3）无论低分还是高分，当学生已经具备明确且完善的生涯方向和职业目标时，志愿填报才更具有针对性，未来道路也才较为明朗。

（4）学生对理想和现实之间的差距具有较高的接受度，庆幸抽到的低分成绩并不是自己的高考成绩，如此一想便觉得自己尚未真正参加高考，仍有努力空间和进取空间。

在回到现实后，教师引导学生要以积极的心态面对自己的理想，鼓励学生理想与现实差距大不可怕，可怕的是自己没有理想，没有梦想。

教师在完成对学生生涯意识的正确引导后，即可进入对学生落实行动的指导，该环节主要包括两项内容，即目标和行动。学生在制定目标时，需要严格遵循SMART原则，该原理是5个英语单词的首字母，具体来说是：Specific——要制定明确且具体的目标，而非模糊、紊乱的目标；Measurable——所制定的目标需要具有可量化、可度量等特点；Attainable——最终所制定的目标应具备挑战性；Relevant——所制定目标应与个人发展目标相符合，充分发挥目标设定的价值与意义；Time-bound——目标的制定应在实际所限制时间内完成，避免超出规定的时间范围。

对于目标的制定而言，其意义在于能够通过目标形成对行动的积极引导。但从实际来看，落实行动并不是一件容易的事情，学生要想与目标贴近，需要同时具备强大的意志力、高效的学习效率以及较强的能力。在高考这条追梦的路上，每个人所拥有的竞争机会和学习资源都是公平的。特别是从理论角度看，每个人拥有的时间资源几乎是相同的，但从学生实际行动看，不同学生对时间的利用率不尽相同，因此最大限度地利用有限的时间资源，提高学生的时间管理能力和质量对学生梦想的实现可以起到积极的推动作用。

第四章　学校生涯教育的成效

第一节　学生能力提升

一、生涯教育助力高中学生的个性发展

国务院颁布实施的《国家中长期教育改革和发展规划纲要（2010—2020年）》明确提出，高中是培养学生个性，实现学生学习自主的黄金阶段，是培养创新人才与提升国民素质的关键时期，应将学生自主学习、自立自强以及适应社会能力作为培养重点，实现对应试教育过度化倾向的有效克服。

在当前创新创业时代大背景下，人们越来越重视个人发展的个性化和多样化，新高考政策更是以突出学生选择权为核心，旨在为学生营造更具个性化和多样化的学习和成长空间。教师作为教育活动和教学任务的执行者与履行者，需要对每一位学生予以同样的关注，遵循学生自身发展规律，对学生之间的个体差异予以尊重，促进学生更好地成长，但学生在整个成长过程中并不是传统一成不变的成长模式，其中夹杂了学生的个人风格、色彩和性格。学生的这种发展和成长模式，是学生在自身生涯发展过程中的必然选择和必经途径。

一般情况下，学生的个性发展需要一定的基础，这种基础多源于对自己的认知和了解层面。在生涯教育中，自我认知是唤醒学生生涯意识的第一步，这在《浙江省教育厅关于加强普通高中学生生涯规划教育的指导意见》中将自我认知列为生涯教育内容的第一点等相关内容中有所体现。自我认知是开启高中生涯规划教育大门的钥匙，也是学生在高中新的学习环境下的一种适应方法。自我认知阶段的主要任务是让学生对自己的兴趣爱好、性格特征等方面进行全面的了解，发现自己在学习和生活等方面的长处与短处；让

学生以一种积极、乐观的心态看待自己的独特价值，学会对不同情绪的充分表达和灵活调节，掌握各种与他人沟通、交流的技能；引导学生树立正确的"三观"（人生观、价值观、世界观），有效激发学生的发展潜力，使学生形成生涯规划意识和生涯规划能力。生涯教育活动就是基于专业生涯教师的指导，在与高中学生个体发展规律相结合的前提下，通过各种实践互动引导学生对自我有更加全面的认识，对外部世界进行积极探索，了解和分析自身兴趣、能力、需求、价值等，为未来的职业做出尝试性选择，实现个人身心的自由、个性发展。

二、生涯教育关注高中学生的全面发展

高中教育应逐步挣脱传统应试教育的枷锁，生涯教育也应当面向每个学生，进而从根本上促进学生全面发展。

《中国学生发展核心素养》指出，中国学生发展核心素养以培养"全面发展的人"为核心，分为文化基础、独立发展和社会参与三个方面，人文底蕴、科学精神、学会学习、健康生活、责任担当、实践创新六大素养。[1]生涯规划教育同样以人的全面发展为核心，旨在培养学生独立自主发展的能力，使学生不断认识和挖掘自我价值，为他们的未来发展指明人生方向。从某种程度上看，生涯规划教育是实现学生选择权的最佳途径之一，也是学生核心素养的主要培养方法之一。

三、生涯教育指向高中学生的终身发展

叶澜教授在《教育研究方法论初探》一书中指出，学校不能仅限于少数"一流"学生，还要为更多专业人才和精英人才提供教育服务，不能一味地沉浸在获奖学生、升入知名大学以及著名人物等学生所营造的骄傲、自豪氛围中，应以推动学生发展为核心，为学生的终身学习和发展奠定坚实的基础。这不仅是从精英教育向大众教育的积极转变和过渡，更是在一定程度上反映了教育理念和行动过程中"具体个人"意识的产生，以及对每个人幸福生活和生命价值的另一种照顾和关爱。舒伯基于已有的各种理论（如差异心理学、发展心理学以及社会学和人格发展理论等）的研究，针对生涯发展提

---

[1] 郭晓芳,周帅.职业生涯规划,助推高职学生就业能力提升[J].人力资源,2020(14):118-119.

出了相关看法,并且将生涯发展分为了成长阶段、探索阶段、决定阶段、保持阶段、衰退阶段(表4-1)。在舒伯的生涯发展阶段中,每个阶段需要完成的任务不仅具有特殊性,还具有差异性,并且每个阶段都需要达到一定的理想中的发展水平或者成就,此外,前一个阶段的发展任务的实现与否对后一发展阶段具有较为直接的影响。

表4-1 人生阶段发展任务描述

阶段划分	年龄	状态描述	发展任务描述
成长阶段	0～14岁	儿童	发展自我形象,发展对世界的科学态度,并逐步理解工作的意义
探索阶段	15～24岁	青少年	通过不断探索自我能力及角色,使职业偏好逐步具体化、特定化并努力实现职业偏好。其中,15～17岁是该阶段的试探期,考虑需要、兴趣、能力及机会,做暂时的决定,并在幻想、讨论、课业及工作中加以尝试
决定阶段	25～44岁	壮年	在变迁和探索中寻找并逐步确定属于自己的"位子",保住这个"位子"并固定下来,谋求在这个"位子"上的纵向上升
保持阶段	45～65岁	中年	维持既有成就和地位,为个体衰退后储备更好的物质条件
衰退阶段	65岁以上	老年	生理和心理机能日渐衰退,个体在职业生涯中逐步隐退,并发展新的个体角色,寻求不同方式以替代和满足需求

随着理论研究和实践探索的持续深入,舒伯对发展任务产生了一些新的想法,认为在一个人的整个生涯发展过程中必须直面成长、探索、决定、保持和衰退等一系列问题,因而形成了以"成长—探索—决定—保持—衰退"核心的循环体。舒伯所提出的生涯发展理论明确指出一个人的职业选择是系统化的过程。在经过一系列研究后,舒伯建立了不同生涯发展阶段的相关模型,该模型的全面构建在极大程度上为生涯教育的落实与发展提供了科学参考。按照舒伯关于生涯发展的相关理论,高中生所处阶段是整个人生发展循环周期中的生命"探索"阶段,该阶段学生的年龄一般在15～24岁。从"探索"阶段的整体发展目标及其主要任务来看,该阶段属于整个生涯规划的"建房打地基"阶段。在这一阶段中,个人通过探索发现个人能力以及发展个人能力,并逐渐形成对能力的相对稳定的兴趣,从而为将来的生涯发展确立角色基础。另外,除了首要阶段和最后阶段外,人在实际发展过程中,每个阶段都不是孤立的,不同阶段之间会产生一定影响。目前,高中和大学的学生正处于"探索"时期,经过前一个阶段的发展,在身心上已经完全成熟,基本已经掌握更深

层次的发展能力和基础。在经历过这一发展阶段之后，他们找到了一个人生涯发展的物质基础和价值基础。因此，学校在这个阶段开展生涯教育恰逢其时，并且应当将生涯教育贯穿于整个阶段。

第二节　教师专业发展

我们每一个人都应当关注一个话题——生涯成长，一个人的职业发展、家庭生活、自我实现、娱乐和休闲以及人际关系等均与自身生涯成长经历息息相关。教师作为生涯教育的先行者和从业者，同样需要对自身生涯成长予以认真思考和仔细考虑。

一、生涯教师的角色存在

（一）生涯教育师资的多元化

提起生涯教师，大家往往认为就是心理教师，但不同于心理健康教育，生涯教育需要的能力更为专业化，并且具有其他学科所不具备的内容和特点，但组建专业的生涯师资团队十分困难。从生涯教育的延伸范围来看，生涯教师在实际工作过程中需扮演多种角色，如学校行政管理人员、学科教师、班主任、导师等，甚至父母和社会人物也可以包括在内（图4-1）。每个角色下的教师均可与生涯教育联系起来，为学生生涯发展提供"多对一"或"一对一"服务。

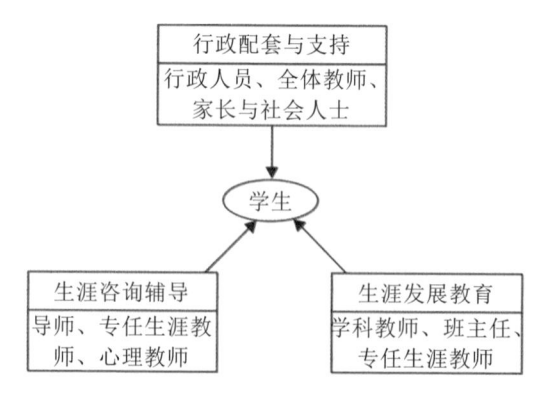

图4-1　学校生涯教育师资构成

（二）不同角色教师与生涯教育的联系

行政人员日常主要负责计划的制订并开展一些与生涯教育相关的活动，如组织生涯大讲座、探索高校、生涯夏令营等活动。这类人员主要负责开展专门的生涯规划教育和生涯规划辅导，具体内容主要包括以下几个方面：设计课程教学内容，整理学生个人生涯档案并完成归档，负责学生日常心理测验活动，为学生提供各种咨询服务，开展班级辅导，等等。

学科教师将生涯教育中的相关理念和内容与各学科的浸润教育相互渗透，如教材的介绍、教学方法的设计和课后作业等。

班主任开展主题班会和主题教育，进行小组指导、个体辅导等，如习惯养成、理想教育、责任意识等相关主题活动，帮助学生解决常见问题。

导师等同于学生私人教练，主要负责鼓励学生积极参与各种校内活动和校外活动，针对学生在参与活动过程中遇到的问题及时进行询问和解决，为学生提供丰富的高校信息和未来就业信息，通过积极的陪伴和鼓励促使学生不断提高自我效能，同时鼓励学生进行职业面试。

家长与社会人士相当于生涯教育的重要外部大脑，他们可以给予学生在学校无法得到的陪伴，可以为学生提供成功经验，可以提供职业体验场所，为学生提供各种职业信息。

针对上文中所描述的各重点内容，相关教师可以根据自己的角色和各方面不足，不断精进，掌握更多角色所具备的能力，在做好自身角色的生涯教育的前提下，可尝试将自身人物延伸至其他角色，消除自身工作角色所造成的束缚。例如，行政管理人员除了可以组织各种生涯教育活动之外，还可以研究生涯个体辅导的相关技能，并成长为可以独立进行个体辅导的生涯咨询师；学科教师可以在进行生涯沉浸式教学活动时，充分考虑主体课程的设计，争取成为专职生涯教师。

二、生涯教师的自我管理

从专业管理角度看，生涯教师的自我管理包括多个方面，如自我监控与反思、职业情绪的灵活调节以及学习策略等。[1] 职业教育是一项复杂而艰巨

---

[1] 许春良，杨晓亚.对教师职业生涯规划与角色定位的思考[J].小学教学研究,2020(23):11-13.

的工作，因此教师积极开展自我生涯管理不但可以为学生成长提供强有力的支持，还可以在某种程度上促进自身全面发展。

（一）自我监控与反思

自我监控与反思指运用元认知模式对生涯教育工作中的行为表现以及效果评估等内容进行全面思考。生涯教师在强化自身专业性过程中，需要不断加强对自我的监控与反思，因为教师的日常教育和教学活动是他们思考所得到的结果，有意识性地对这种思考活动的开展、过程以及结果进行分析和探究有利于发展生涯教育。

教师在对自身生涯教育活动的开展情况进行监控和反思的过程中可以尝试以下几种方法：

（1）自主评价相关教学内容，如教学实践、团体辅导、个案咨询、生涯活动组织情况等。

（2）通过外部力量进行反馈，如集体备课、督导、同事、专业课程或资源等。

（3）依据学生所反馈的课堂学习效果进行自我反思。

（4）借助问题清单进行自我反思（表4-2）。

表4-2　自我监控反思问题参考清单

主问题参考清单	
我做了什么	我从中学习到了什么
我的哪些情绪被激发了	今天尝试了哪些不一样的方法
学生最希望从我这里得到什么	我如何回应学生所提出的要求
我被卡在了哪里	我考虑学生的个体差异了吗
我客观地解释了学生的评测结果吗	所组织的活动是方便我操作，还是真正有利于学生的生涯发展

（二）职业情绪调试

通过对学校内各个学科教师的调查与访谈发现，我校大部分教师对学生所持态度主要分为三类：

第一类——认为生涯教育工作在整个教育体系中意义不大，无法体现自身所存在的价值。

第二类——生涯教育所包含的内容较为固定，长期开展将导致学生新鲜感和学习兴趣荡然无存。

第三类——生涯教育任务属于教学内容之外的附加内容，无暇顾及生涯教育的研究与实践。

上述三种态度使教师滋生了厌倦、焦虑、失落等各种不良情绪。若教师无法自主调节情绪，将直接影响自身的生涯教学状态和教学质量。

教师可以通过表4-3的自我评估表发现自己的情绪状态。

表4-3 职业情绪自我评估表

我没有太多兴趣学习生涯教育的新知识	是	否
近三个月内，我不记得生涯教育曾给自己带来很高的满足感	是	否
我在生涯教育工作中比较从容，能找到自己的节奏	是	否
我渴望下班，做生涯教育工作只是无奈的谋生手段	是	否
我觉得现在的生涯教育工作内容很有趣	是	否
我对能胜任生涯教育工作很有把握	是	否
我认为自己在生涯教育中的付出得到了恰当的回报	是	否
我在生涯教育中总是提不起精神，觉得没有意思	是	否
我有知识储备或学习计划应付未来半年生涯教育的发展	是	否
生涯教育工作给我的回报就是我想要的	是	否
在我的同事里，我的生涯教育能力属于或超过中上水平	是	否
我时常能在生涯教育中找到新鲜感	是	否
我会很自豪地向陌生人介绍自己的生涯教育工作	是	否
我觉得现在的生涯教育工作不能发挥自己的特长	是	否
我认为生涯教育工作内容近三个月没有什么变化或挑战	是	否

表4-3中，关于倦怠情绪的题目主要有"我没有太多兴趣学习生涯教育的新知识""我觉得现在的生涯教育工作内容很有趣""我在生涯教育中总是提不起精神，觉得没有意思""我时常能在生涯教育中找到新鲜感"；关于焦虑情绪的题目包括"我在生涯教育工作中比较从容，能找到自己的节奏""我对能胜任生涯教育工作很有把握""我有知识储备或学习计划应付未来半年生涯教育的发展""在我的同事里，我的生涯教育能力属于或超过中上水平""我认为生涯教育工作内容近三个月没有什么变化或挑战"；关于失落情绪的题目主要有"近三个月内，我不记得生涯教育曾给自己带来很高的满足感""我渴望下班，做生涯教育工作只是无奈的谋生手段""我认为自己

在生涯教育中的付出得到了恰当的回报""生涯教育工作给我的回报就是我想要的""我会很自豪地向陌生人介绍自己的生涯教育工作""我觉得现在的生涯教育工作不能发挥自己的特长"。教师可以根据测试结果中占比最高的一类对自身情绪进行系统评估，判断自己属于哪一类情绪，并对此进行系统调整。

针对失落情绪，教师必须了解生涯教育工作能够满足的需求极为有限，无法实现对各项需求的全面满足，而未能得到满足的部分在某种程度上看最具成长潜力。现阶段的工作提供了更为广阔和更具潜力的发展空间，且没有过多的规章制度，这也与最初选择从事这项工作的价值相吻合，但是随着时间的流逝，更多的需求与现状之间的矛盾与挑战也随之而来。❶一味地期望通过生涯教育工作实现所有价值是不现实的，尚未实现的可以通过其他任务的开展或者在业余时间获得。

生涯教育的开展离不开兴趣。在这一过程中，教师需要借助更多的机会促使自身不断发展和完善。与此同时，时刻保持对生涯教育的高度热情可以促使自身工作效率的全面提升。此外，可以通过寻找身边生涯教育的模范，设定具有挑战性的目标并做出公共承诺，以重新获得兴趣点。

生涯教育对教师和学生来说属于一个比较陌生的领域，可借鉴的经验较少，且大多为国外教育内容，这些国外教育活动在国内的实用性较低，因此学校通常会选择一部分人作为"先行部队"进行尝试。一方面，对于一些已承担相关生涯教育任务的教师而言，可能会陷入一种"双线作战"的困境，除了要确保完成原来的工作内容外，还要将一半精力分散至生涯教育；另一方面，这对教师而言不失为一次良好的发展机遇，可以通过对学校所提供机遇的有效把握，结合学校整体情况探索与学校相适应的生涯教育解决方案，促进自身职业的快速发展。

同时，教师在调节自身情绪状态时，应主动向亲友等社会支持系统寻求帮助，从可以做出一些改变的地方着手，持续不断地积累自我效能，以实现自身期望结果。

---

❶ 陈萍.新教师职业生涯规划与专业发展[J].江苏教育,2020(62):12-15.

（三）学习的进修策略

1. 初始阶段

如果对生涯教育了解甚少，尚处于早期发展阶段，就需要进行初步"扫盲"和学习。这一任务的完成可以通过以下几种方式：

（1）互联网。互联网主要指的是专业化的生涯教育网站、线上网络课程、生涯云平台以及微信等。互联网学习方式具有便捷、快速、智能、先进等特点，但网络所收集的信息较为冗杂，需要逐一进行筛选和审查。比如，要查找某一行业或者职业的具体分类信息，便可以借助国家统计局的网站或人力资源和社会保障局的网站获取；通过生涯云平台可以在相关资料中查找生涯教育相关教学方案以及PPT等教学资料；行业最新信息和实践案例则可通过认证微信平台获取；等等。

（2）书籍。许多人谈及学习第一个想到的就是读书，通过读书可以获取更加专业性和系统性的知识，但是需要花费大量时间进行阅读，且对书籍的选择是一大难题。一般情况下，可以选择生涯教育领域的经典书籍进行阅读，并且可通过书友或网络书评获取经典书籍。

（3）行业大会。行业大会是一种获取生涯教育最新动态和学习生涯实践的重要方式。我国每年都会在不同地区举办以"生涯教育"为主题的一系列行业会议，邀请生涯领域内专家与开展生涯实践的学校领导、教师分享生涯教育实践经验。需要注意的是，目前此类行业会议内容逐渐复杂，参与会议前需要仔细进行甄别。

（4）线下培训。该学习方法属于"快手法"，过程简单、快速，适合没有过多时间和精力但又想在短时间内取得一定成效的人。可以通过圈中所信赖之人或者他人推荐两种方式选择课程，还可以在这一过程中结识一些志同道合的人，以促进后期相互之间的交流与合作。在实际培训过程中，可以结合自身意识建立自己的观念，多与前辈交流。这种学习背景下获取的技能和知识是其他渠道无法比拟的，但相较其他方法，此类方法整体成本偏高。

（5）人物访谈。在生涯教育和生涯成长过程中，选择有经验的前辈进行访谈不失为一种有效的学习策略。这些前辈在生涯教育领域的研究时间较长，对生涯教育理论有着独到的见解以及各种实践操作方法。如果周围缺乏此类人物，可以考虑先参加线下学习，在线下与人交流过程中也可以学习到很多之前未接触过的内容。

2. 精进阶段

当我们对生涯教育有了初步的了解和实践后，希望得到进一步发展和突破，便进入了精进阶段。这一阶段除了上面的一些方法外，还可以通过参加一些主题工作坊、达成联盟、寻求督导、公开展示等方式继续修炼。

（1）主题工作坊。与常规培训方法不同，工作坊是一种以教练技术、生涯测评解读、叙事对话、高考志愿填报指导、学习风格以及多元智能等特定话题为探讨对象的训练方式，以帮助教师解决实操层面所遇到的各种问题为导向，具有较强的针对性和目的性。

（2）达成联盟。单人凝聚的力量总是很渺小，如果教师凭借对生涯教育的共同信念和价值追求为核心达成联盟，就可以通过集体能力的全面发挥，实现信息资源的共享、相互之间的信任以及彼此的支持与监督。

（3）寻求督导。在探索生涯教育的工作过程中，督导可以为整个工作的开展提供全新视角，对目前使用的方法进行梳理，针对学生案例进行重新审视，分析在自我监控与自我反思期间遇到的问题，并协助解读生涯测评。这里的督导与"导师制"一样，可以是教师和学生之间"一对一"的监督，也可以是同辈之间的相互监督，但无论哪种监督方式，对教师个人成长都具有积极的推动作用。

（4）公开展示。进入精进阶层后，教师就需要"走出去"，将自己所持观点和对生涯教育的思考在各种实践活动中与他人分享。大部分教师对自身能力持怀疑态度，一度寻求展示自己的完美时机。实际上，教师应将传统"等到成为高手再上路"的思想转换为"走在成为高手的路上"。因为这是树立学校声誉和建立自己口碑的最佳途径，也是汲取同行和社会声音的一次重要机会，对生涯教育的开展和教师个人成长都具有十分积极的意义。

但后，教师在自我管理方面应尽可能避免过度追求完美主义，遇事持悲观态度，设定一些无实际意义的目标，注重教学过程中寻求他人认可等，应当平衡工作和生活，明白自身心理健康和生理健康的重要性，这样才能更好地为个人职业生涯发展提供源源不断的动力。

三、教师的职业生涯发展

教师的职业生涯发展就像一场无形的战争，自身职业发展规划犹如战场上的枪杆子，教师必须基于对自己的充分了解，结合自身所从事教育工作的性质，选择适合自己的职业发展道路，这样才能确保在战场上"打胜仗"。

（一）职业生涯发展的内外生涯维度

目前，在教育结构中，生涯教育是一个全新的教育体系，教师作为生涯教育的实施载体，面临来自各方面的挑战。教师应将以往对外职业生涯走向的关注转移至内职业生涯，即将对外在因素（如环境、职位、薪酬等）的关注转换为对各种内在因素（如观念、心理感受以及心理素质等）的关注。

目前，教师的内生涯成长动力不足，原因主要是外生涯的路径狭窄，沉浸于日复一日的重复教学中。所以，生涯教育从业者要开拓视野，以新高考改革为契机，思考生涯教育的价值、带给学生的意义及给教育带来的转变。

（二）职业发展的可能路径

在对生涯发展内在维度和外部维度进行深入了解后，教师应把生涯发展目光聚焦于自身，尝试通过内在生涯来带动外部生涯的发展。一般情况下，教师可以按照"高、深、横、外"四种路径来发展个人生涯。

1. 向高处走

生涯发展的首条路径是向高处走，这里的高度主要是指让自己成为对他人具有一定影响力并且掌握某种权利的人。高度意味着一个人在岗位上所能达到的地位，属于外显维度。

从教师角度看，需先对自我进行充分的认知，明确是否有竞争意识，是否具有号召力和感染力，如果一味追求个人在高度上的不断发展，就易使自己陷入被动，成为井底之蛙。一旦确定目标，就要坚持到底，不断学习，提升自己，直到成功。相信有了这个目标，即使没有达到期望的高度，结果也不会偏差太多。但是，如果不采取任何措施，只停留在幻想阶段，就永远达不到预期的高度目标。

2. 往深度挖

"往深度挖"主要指的是人们在思想、智慧、艺术和体能上达到的精进程度。深度的追求者渴望真理，寻求极致，并热衷于反复打磨使自己变得完美。

不妨对自己提出一些疑问：是否渴望获得生涯教育领域的更多知识和技能？是否为打破一些未知的生涯限制而感到兴奋？是否希望成为被行业所广泛认可的生涯教育专家？如果是，就必须在学习中投入更多的时间和精力，促进生涯教育的持续发展。

3. 求横向变

经常在企业中看到这种现象：企业员工不适合现有职位，主动申请跨部门转移。在学校中，横向变化主要是指不同职位和部门的转换，如将行政人员向教学岗位转移。

在进行横向工作调动之前，必须全面考虑自己的兴趣、能力和经验等因素，通过与从事该职位的人员进行交谈，并对岗位工作内容进行认真研究，来了解预期职位或角色的典型人物，从而判断自己是否具有从事该职位的优势。

4. 盯外在线

教师应当突破现实对自身发展的限制，运用业余时间撰写文章、发表演讲，并宣传开展生涯教育的重要价值和意义。在实际生活中，教师所扮演的角色不只是教育工作者，还可以是许多不同的角色，如子女、休闲旅行者、父母等。

（三）组织开展教师培训

教师培训以学校培训为主，主要采取集中、短时的"头脑风暴"模式。在课程选择方面，根据"新高考政策"，选择"百年生涯规划发展简史以及主要理论""霍兰德理论与运用""舒伯的生涯发展理论"等生涯规划方面的主要理论与基本知识进行授课。

为了保障培训的效果，学校聘请国家认证生涯规划师、国家认证心理咨询师以及大学讲师进行授课。在课堂教学模式上，改变传统课堂强调知识与技能的传授风格，使教师通过学习在心理认同与教学行为上向"咨询师、辅导师以及协助者"的身份转变。

在课型组合方面，生涯规划教育强调的是课程的活动性与体验性。根据这一特点，在课程的安排上，应注重理论课与户外体验活动的结合，多组织外出考察与户外运动。

经过随堂观察，课题组发现年轻教师开放的姿态很符合课堂的风格需要，年龄较大的教师经过一段时间的学习后，也渐渐褪去拘谨、刻板，变得大方和活跃，对生涯教育的热情高涨起来。由此，笔者认为，开展生涯规划教育研究的受益者首先就是教师本人，它能唤起教师对新知的求知欲，重新点燃教师的职业热情。

第三节　学校特色发展

一、生涯教育让教育回归本真

（一）教师更加关注"生本"

教书育人是教师的天职，但在传统应试教育的束缚之下，教师教学工作的重点始终落在"教书"上，"育人"功能逐渐丧失，即便是在国内一些经济发展较为迟缓的地区，教师亦同样面临来自学校升学方面的压力。为达到升学指标，教师将所有精力投入学科教学的研究，但由于受到各方面的影响，如生源质量偏低、学生进步幅度小等，教学成绩并不理想，教师内心逐渐滋生出抱怨情绪。随着生涯教育理念的提出，教师应重新审视教育的方向与意义。

某校班主任表示教育是一个反复探索、实践、重构的过程，以往学生思想工作的开展主要以学生学习为主，且学习内容多为理想或人生，整体开展效果不理想。设置生涯规划课程后，教师意识到以往的课程目标有所偏差，逐渐将教学精力集中在学生生涯规划领域，并在教学实践过程中愈发觉得人生规划比理想更贴近现实。该班主任列举了班级上的某个案例。C学生属于班上成绩不佳的个体，学习的积极性不高，时常做出违反课堂纪律的行为，班主任与其多次沟通谈话后仍不见效果。自生涯规划教育实施后，班主任尝试从人生规划教育角度与其进行了一次讨论。谈话中，C学生表示自己未来想要成为一名专业导游。了解到学生这一早期生涯目标后，班主任鼓励其从现在开始努力，如果要实现自己的生涯规划就需要从地理学科中认识祖国大江南北，从历史学科中贯通古今中外，从语文学科中感受文化底蕴。从此以后，C学生变得更加开朗，开始主动与他人交流，还会利用课余时间阅读旅游相关杂志。由此可见，教师和学生双方共同探索、共同进步，可以帮助学生通过生涯规划教育明确自己的生涯目标，更好地实现人生价值。

（二）教师对学生的指导更具发展性

从生涯教育类型看，生涯教育是一种对学生未来的指导性教育活动，以学生终身发展为核心理念。基于此，教师对学生的指导不应只局限于学生的身心健康、学业发展以及理想目标等内容，还应从社会认知角度出发指导学生做出正确的选择和判断，并立足于学生发展现状，与社会发展趋势相结合予以全方位的引导。笔者与某班主任进行访谈，该名班主任表示，生涯教育在学校的全面开展使他深切感受到了其带来的改变，这一改变在学生方面尤为突出，学生对生涯规划的认识不断提升，直至最后有了明确的志愿填报方向。该班主任根据教学经验列举了相关教学案例。D学生是一名高三学生，其在高一年级时对于自己未来生涯的认知十分模糊，可以说是"零起点"，而生涯规划课程的实施使该学生对专业和职业类型有所了解，选择以厨师作为未来奋斗目标，有了目标后，学生整个人精神面貌焕然一新，而且他在目标执行过程中将总目标分解成了一个个小目标，这样每完成一个小目标就会离大目标更近一步。整个高中生涯，该学生都坚定自己的目标，最后在高考后顺利填报了自己的理想志愿，收获了成功的喜悦。

在生涯教育的开展过程中，心理教师也有参与。心理教师在真正接触生涯教育后表示，生涯教育的开展应帮助学生解决实际问题，如"我是谁""我要去哪里""我要怎样去"等，增进学生的生涯觉知，唤醒学生的生涯意识，帮助学生对自身生涯兴趣、生涯爱好以及生涯能力进行深度挖掘，培养学生科学的决策能力和获取幸福感的能力。该心理教师表示，在生涯课程未正式开展前，很多学生并未真正意义上对自己进行过了解和认知，对自身前途和未来较为迷茫，而通过多元化生涯主题课程的开展，如"认识自我""价值观大拍卖""职业兴趣岛""职业面面观"等，学生开始主动参与各种学习活动，对有关专业和职业的问题也产生了极大的兴趣，并在确定了自己的目标后不断努力，学会了对自己负责。教师应当充分尊重学生，善于运用发展的眼光看待学生，注重对学生各种能力和生涯愿景的培养，通过开展各种课堂活动或组织校外实践活动为学生搭建更多发展能力的平台，使学生认识到通向成功的道路不止高考一条。❶

二、生涯教育是高中学校践行素质教育的最佳选择

中学生生涯规划教育是我国基础教育改革和探索过程中发现的一条创新性道路，《国家中长期教育改革和发展规划纲要（2010—2020年）》中首次提出了关于生涯教育的内容："建立学生发展指导制度，加强对学生的理想、心理、学业等多方面指导。"《国务院关于深化考试招生制度改革的实施意见》的颁布则标志着新一轮考试招生制度全面启动。为践行国家所制定的教育政策，各省先后部署了各类政策文件，以更好地推进生涯教育。

开展生涯发展教育可促使学生全面而有个性地发展。生涯发展教育的目的是发现自我兴趣特长，探索未来发展方向，从而提升学生的自我投入和学业投入，为下一阶段学习、生活、工作做好相关准备，帮助学生实现自我发展和成长成才。

通过生涯教育的全面贯彻落实，学校将教学重点集中在了学生内在需求方面，通过开展各种针对性教育和体验式课程等方式，提升学生的人文素养和科学素养，为建设创新型国家和人才资源强国打下基础；通过生涯教育的全面贯彻落实，教师从传统知识传授者角色逐渐转变为学生成长道路上的陪伴者与引导者，和学生共同进步与发展，营造出了良好的学习氛围和校园文化；通过生涯教育的全面贯彻落实，学生在教师的帮助之下对自己有了更加客观、全面的认识，并学会了通过自我定位和自我规划处理自我、他人、社会三者之间的关系，始终向着既定目标努力追逐，奋力前进。

---

❶ 王雅文.生涯教育对学校的益处[J].发明与创新(职业教育),2020(11):36-37.

三、生涯教育提升学校综合实力

（一）高考招生录取分类指导工作效果显著

通过对一些教师进行访谈，得知在开展高考招生工作时，由于缺乏相关经验，未能在高考之前组织开展相关教育课程或教育活动，绝大部分学生属于学考录取，且许多学生表示自己最初的意向学校或者意向专业并未录取自己。生涯规划教育开展后，学校提前组织开展了各种"自我认知"活动，让学生明确自身兴趣和能力，为学生选择专业和职业做好准备，其中有近三分之一学生以自主招生方式考取了自己理想中的专业或学校，学考录取的学生对所录取专业和学校的满意度也较高。

一名担任过两届高三班主任的教师指出，在以往所指导的高考学生中，由于所采用指导模式相同，两届学生高考录取差异不明显，而本届学生所实施的方式为生涯教育模式，该模式下学生无论在自信心还是目标性方面都明显优于前两届。比如，上一届很多学生完全不了解自己的喜好，在具体填报志愿时"病急乱投医"，不停地向教师提问一些具有很大不确定因素的问题，如"什么专业好""我该填报什么专业"等。学生之所以提出上述问题，主要是因为缺乏对生涯知识的全面认识。生涯教育全面开展后，学生可以根据自己的前期生涯规划，迅速、果断地做出决策，从而对于自己选什么专业十分了解，具有较强的自主性，对于报考专业所提的问题也具有极强的针对性，如"我喜欢××专业，教师觉得前景如何""我喜欢××专业，哪个学校更强"等。

（二）德育工作取得新进展

生涯教育是学校德育工作的重要组成部分。目前，学校德育工作中有很大一部分比较重视学生的安全教育和常规教育，德育在改善学生的思想道德修养方面并未真正发挥作用。当管理者有了生涯教育的观念并开展针对学生的管理活动时，学校就能突破瓶颈，提升德育的有效性。

在采访中，某管理负责人表示，在生涯教育的指导下，本届学生通常更加注重自我发现、自我教育以及能力和素质的培养。一般来说，他们更愿意参加学校的活动并主动成长。此外，在生涯教育的积极影响下，学生打架、早恋和心理危机等问题减少，班级气氛普遍较好，学生的总体风貌良好。

某班主任说："我在管理上对学生较为严格。在接触生涯教育之前，我的一个目标是督促学生在日常学习中做好自己的功课，完成常规的日常活动，并努力争取班级流动红旗；另一个目标是争取在每月检查中取得更好的结果。我几乎每天都陪着学生，刚开始效果确实不错，但是慢慢地发现整个班级都没有向心力，而且班级的气氛比较阴沉。后来，在开展生涯教育后，我开始关注每个学生的个性，并及时对他们进行指导。为了让学生得到锻炼，还会赋予他们更多的权利，让他们独立管理班级事务和组织活动。现在，班级可以迅速而顺利地完成学校的种种工作。"

（三）生涯教育产生了良好的社会效应

2019年11月15日，由福建省同安第一中学副校长主持的全国教育科学"十三五"规划2017年度教育部重点课题"高中生生涯规划指导模式的研究"（课题批准号：DBA170416）在福建省同安第一中学举行了中期报告会。参加中期报告会的评议专家有福建省云霄第一中学校长、职业生涯规划教授、厦门市教育科学研究院教科室主任。评议组专家听取了课题主持人做的中期报告，从研究工作主要进展、阶段性成果、主要创新点、存在问题、下一步计划、可预期成果等方面做了认真评议。与此同时，学校所开展的特色化体验式生涯教育活动（如校本生涯课程、家长真人秀活动、职业体验、心理沙龙活动以及每年举办的科技节、读书节、体育节、艺术节等各种各样的主题活动）受到了学生和家长的欢迎。学校所取得的生涯教育成果（如《高中生生涯规划指导模式的研究综述》《心的方向——高中生涯课程》等）为各地生涯教育的开展提供了大量可参考内容。此外，学校相关教师还被多次邀请参加福建当地高中生涯教育论坛，分享生涯教学经验，虚心学习先进教学内容，以与其他盟校共同推进我国高中生涯教育的进步与发展。

从某种程度上看，学生并不是作为独立个体而发展的，而是与社会发展紧密交织。习近平说："青年最富有朝气、最富有梦想，青年兴则国家兴，青年强则国家强。"全国各地积极开展新高考体制改革背景下的生涯教育，除了践行国家对青年群体的综合培养目标，还重在引导高中生认识自己与社会、国家发展的联系。目前，我国正处于社会变革与转型的关键时期，而"互联网+"跨界融合、创新驱动新常态以及供给侧改革等作为社会结构中的重要支撑力量，提升了社会发展的智能化、数字化、信息化水平。在这一背景下，社会对 21 世纪人才提出了新要求。对于人才价值的衡量不再以拥有知识众寡程度和学历为主要标准，而是要求学生具有较强的创新意识和良好的综合素质等，并且更新后的人才培养观念要求将高中阶段的培养重点集中在学生个人发展和社会和谐发展两方面，消除学校长期存在的片面追求升学率的现象。生涯教育则是通过培养学生的自主学习能力，使他们正确认识自我、生涯、社会，形成民族认同感和国家自豪感。

参考文献

[1] 许立红,金洋琼.体验式英语语音教学设计[M].成都:西南交通大学出版社,2017.

[2] 李民,王健.尚书译注[M].上海:上海古籍出版社,2004.

[3] 黄天中.生涯规划——体验式学习[M].北京:高等教育出版社,2009.

[4] 徐佳九.心理学与人性的弱点[M].北京:中国法制出版社,2017.

[5] 陈德华.学习中的心理问题:智能发展篇[M].上海:上海教育出版社,2007.

[6] 李敏.用环境课程"践行"育人理念——谈谈我与我们班的环境课程教育[J].教育科学(引文版),2016(6):65-66.

[7] 孙宏艳.我国职业生涯规划教育应端口前移——基于中美日韩高中生职业生涯规划教育的研究[J].教育科学研究,2013(8):52-57.

[8] 刘惠琴,张德.高校学科团队创新气氛结构研究[J].清华大学学报(哲学社会科学版),2007(2):139-144.

[9] 龚兴英.普通高中推进职业生涯规划教育的背景、问题与策略——以部分省(市、自治区)政策文件为例[J].教育科学论坛,2020(32):23-26.

[10] 康洁雨,黄艺沁,杨莫凡,等.加拿大不列颠哥伦比亚省初中生涯教育课程的设计与实施[J].教育科学论坛,2020(25):75-80.

[11] 庞茗萱,高维.新高考背景下高中生生涯教育现状调查——以天津市F中学和M中学为例[J].教育导刊,2020(7):30-38.

[12] 胥明豪.初中生生涯教育的意义及实践研究[J].科学咨询(科技·管理),2020(7):226.

[13] 胡凡爱.新高考改革背景下高中生涯规划教育课程研究[J].中国新通信,2020,22(10):195.

[14] 高妙添.广东省深圳市新安中学(集团):探索党建与生涯教育融合的新路径[J].中国德育,2020(8):53-56.

[15] 孟瑜方,徐涵.澳大利亚维多利亚州中学阶段生涯教育课程实施的借鉴与启示[J].职教通讯,2020(4):101-108.

[16] 黄银华.普通高中生涯教育的困境与突围路径——以重庆市奉节县为例[J].科学咨询(教育科研),2020(3):3-4.

[17] 潘黎,段琼.英国中学生涯教育新变革特征、效应及启示[J].比较教育研究,2020,42(3):83-88.

[18] 见涛.中学生生涯规划教育的意义[J].科学大众(科学教育),2020(2):28.

[19] 崔天岚.美国纽约州中学生涯与技术教育教师资格认证类型、特点及启示[J].南方职业教育学刊,2020,10(1):66-71.

[20] 桂登岚.新高考改革背景下中学生生涯教育的措施[J].西部素质教育,2019,5(22):94-95.

[21] 陈勇.终身教育理念下全程化职业生涯教育体系的构建[J].南方职业教育学刊,2019,9(6):44-48.

[22] 方婕,曹锦谣.新西兰中学职业生涯教育对我国的启示[J].产业与科技论坛,2019,18(22):216-217.

[23] 费敏,唐红伟.普通高中通用技术教学中渗透职业生涯规划教育初探[J].天津市教科院学报,2019(5):82-87.

[24] 袁小凌.试论初中教育中职业生涯教育的渗透[J].卫生职业教育,2019,37(19):18-21.

[25] 范峻岭.普通高中生涯教育开展的现实意义及对策[J].西部素质教育,2019,5(18):60-61.

[26] 刘鹏.职业生涯教育初探[J].科技资讯,2019,17(27):162-163.

[27] 赵林,王毅.抓好三条路径,推进生涯规划教育[J].中国德育,2019(16):65-67.

[28] 温亚,顾雪英.升学就业辅导到生涯规划教育的转型——香港中学的经验及启示[J].中国教育学刊,2019(7):49-53.

[29] 沈珠凤.三维结合:全程化体验式职业生涯教育探索——以浙江省嘉兴市建筑工业学校为例[J].职业教育(下旬刊),2020,19(9):59-63.

[30] 刘明生.职业生涯教育体验式教学模式研究[J].煤炭高等教育,2020,38(1):81-85.

[31] 高山艳.课程建设:中职学校开展职业启蒙教育的关键[J].当代职业教育,2020(1):34-41.

[32] 董晓燕."思诊互通"体验式作业设计在职业生涯教育中的应用[J].职

业 ,2019(15):120–121.

[33] 蔡磊 . 基于体验式学习开展中职生生涯规划教育活动的探讨 [J]. 卫生职业教育 ,2019,37(10):30–31.

[34] 佚名 . 重庆市清华中学扬 "三自·三雅" 之帆育 "自强·厚德" 之人 [J]. 中国德育 ,2018(14):2.

[35] 饶宁 , 陈怡 . 以情境体验激发生涯成长自觉——中学生 "生涯领导力" 研学活动的实践探索 [J]. 教育科学论坛 ,2018(8):12–15.

[36] 张春兰 . 基于职业生涯教育理念的 "就业体验型" 实践教学模式探索——以南京农业大学社会学专业为例 [J]. 中国农业教育 ,2018(1):77–82,96.

[37] 陈熙 , 陈豪 , 刘传星 . 预见 , 方能遇见—— "校园招聘日" 生涯规划教育主题活动案例及点评 [J]. 教育科学论坛 ,2018(2):35–38.

[38] 程超 , 李国林 . 基于 U–S 合作的生涯主题课程范式设计及平台开发研究 [J]. 湖南科技学院学报 ,2017,38(1):116–119.

[39] 郭萍 . 日本高校职业生涯教育对我国高校就业工作的启示 [J]. 河南教育 (高教),2016(8):136–137.

[40] 林虹萍 . 公安大学生职业生涯教育融入式教学探析 [J]. 江苏警官学院学报 ,2016,31(4):110–113.

[41] 姚英才 . 体验式教学在中技生职业生涯教育中的应用探析 [J]. 职业教育 (中旬刊),2016(2):46–48.

[42] 田少宁 . 行业特色型高校生涯教育探索与实践 [J]. 科技展望 ,2015,25(28):286.

[43] 王敏敏 . 高职生体验式生涯课程实践研究 [J]. 宁波大学学报 (教育科学版),2016,38(1):87–89.

[44] 雷娟 . 浅谈 "活动体验式" 课型在《职业生涯规划》课程中的实施 [J]. 科技资讯 ,2015,13(36):264–265.

[45] 姜士绅 . 高校新生职业生涯教育现状及其实践途径研究 [J]. 青少年学刊 ,2015(2):57–60.

[46] 陈秋兰 . "90 后" 大学毕业生对高校开展职业生涯规划教育的满意度调研——以福州市五所高校为例 [J]. 创新与创业教育 ,2015,6(1):112–115.

[47] 王华 . 加拿大 "现实的系列游戏" 生涯指导课程及其启示 [J]. 中小学教师培训 ,2014(8):62–64.

[48] 姚坤 , 吕鹏 . 论大学生职业生涯规划教育 [J]. 赤子 (中旬),2014(12):83.

[49] 余志国, 余邵龙. 中西部普通高中职业生涯规划教育现状与策略——以重庆市云阳县域为例 [J]. 创新人才教育, 2019(4):48-52.

[50] 文雅, 张乾林. 基于高考改革视角的"高中—高校"协同创新、共享机制探讨 [J]. 科技经济导刊, 2019,27(33):173.

[51] 王文君. 浅析生涯规划教育与普高学生健康人格塑造的关系——以通化市十四中学为例 [J]. 知识经济, 2019(31):115-116.

[52] 曹瑞. 中学生涯规划教育的实施路径与社会资源优化配置 [J]. 天津市教科院学报, 2019(5):14-18.

[53] 谢先成, 彭颖. 心系学生成长, 爱撒三尺讲台——访华中师范大学第一附属中学名师汪义芳 [J]. 教师教育论坛, 2019,32(10):9-11.

[54] 王文君. "生涯规划"助力学生健康成长——普通高中学生生涯规划教育的实践探索 [J]. 知识经济, 2019(30):171-172.

[55] 文衍志, 张小红. 因地制宜, 利用通用技术课程培养农村中学学生职业意识的尝试 [J]. 信息记录材料, 2019,20(10):195-196.

[56] 钟江顺, 潘娴. 高考改革背景下浙江省高中职业发展教育问题研究 [J]. 职业教育(中旬刊), 2019,18(9):7-10.

[57] 马林, 谢莉, 徐群. 高中生涯规划指导的系统性与有效性探究——基于对安徽若干所高中的调研 [J]. 安徽师范大学学报(人文社会科学版), 2019,47(5):148-157.

[58] 宋婷娜, 孟静怡. 美国中学学业生涯规划体系研究 [J]. 教育科学研究, 2019(9):73-78.

[59] 文方圆. 赋予课程"研究味":让学生做自己的生涯规划师 [J]. 中小学管理, 2019(9):49-51.

[60] 周新胜. 大学生涯规划模块化设计与实践——基于"赢"字的五维规划模型 [J]. 创新与创业教育, 2019,10(4):89-93.

[61] 杨瑞华, 王丽红. 从高中毕业生专业选择看高中职业生涯规划教育 [J]. 环渤海经济瞭望, 2019(8):124-125.

[62] 蔡小雄. 学生发展指导方式的反思与重建 [J]. 人民教育, 2019(2):84-87.

[63] 王国华, 邓飞, 彭陈莲. 生涯规划教育要知己知彼知未来 [J]. 中学政治教学参考, 2019(19):48-50.

[64] 赖沁. 体验式教学于大学生职业生涯规划课程的运用探析 [J]. 经贸实践, 2018(16):303.

[65] 黎杏玲,吴继宗.职业生涯规划课体验式任务的设计——以人物访谈任务为例[J].职业,2018(20):34-36.

[66] 施苏苏."6+3"实践教学法在高校"职业生涯规划"课程中的应用[J].高等继续教育学报,2018,31(3):42-46.

[67] 陈观彩.体验式教学在中职学校职业生涯规划课程教学中的运用与实践[J].卫生职业教育,2018,36(10):45-46.

[68] 沈志鹏.全程化体验式大学生职业生涯规划与就业指导[J].创新创业理论研究与实践,2018,1(7):80-81.

[69] 张旭东,夏徽.基于体验式教学的教学模式构建——以职业生涯规划课程为例[J].教学研究,2013,36(1):71-76.

[70] 林苏婵.普通高中体验式生涯教育研究[D].杭州:杭州师范大学,2018.

[71] 许岩.体验式主题班会对中职生心理健康影响的实践研究[D].南京:南京师范大学,2017.

[72] 耿秋萍.体验式的中学生生命化德育实践研究[D].苏州:苏州大学,2016.

[73] 张宁辉."体验教学"在高校生涯教育课程中的应用研究[D].南昌:江西科技师范大学,2016.

[74] 陈绮玲.基于CIP理论的体验式生涯辅导的主题班会课对高中生学习动机的促进作用[D].武汉:华中师范大学,2013.

附 录

霍兰德职业倾向测量表

（做题时间 45 分钟）

姓名：　　　　　应聘岗位：

本测验量表将帮助您发现和确定自己的职业兴趣和能力特长，从而更好地做出求职择业的决策。如果您已经考虑好或选择好了自己的职业，本测验将使您的这种考虑或选择具有理论基础，或向您展示其他合适的职业；如果您至今尚未确定职业方向，本测验将帮助您根据自己的情况选择一个恰当的职业目标。本测验共有七个部分，每部分测验请您尽快按要求完成。

第一部分　您心目中的理想职业（专业）

对于未来的职业（或升学进修的专业），您应该早有考虑，它可能很抽象、很朦胧，也可能很具体、很清晰。不论是哪种情况，现在都请您把自己最想干的三种工作或最想读的三种专业按顺序写下来。

1. _____
2. _____
3. _____

第二部分　您所感兴趣的活动

下面列举了若干种活动，请就这些活动判断您的好恶。喜欢的，请在"是"栏里打"√"，不喜欢的，在"否"栏里打"×"。请按顺序回答全部问题。

R：实际型活动

1. 装配修理电器或玩具	是☐	否☐
2. 修理自行车	是☐	否☐
3. 用木头做东西	是☐	否☐
4. 开汽车或摩托车	是☐	否☐
5. 用机器做东西	是☐	否☐
6. 参加木工技术学习班	是☐	否☐
7. 参加制图描图学习班	是☐	否☐
8. 驾驶卡车或拖拉机	是☐	否☐
9. 参加机械和电气学习班	是☐	否☐
10. 装配修理机器	是☐	否☐

统计"是"一栏得分：

A：艺术型活动

1. 素描／制图或绘画	是☐	否☐
2. 参加话剧／戏剧	是☐	否☐
3. 设计家具／布置室内	是☐	否☐
4. 练习乐器／参加乐队	是☐	否☐
5. 欣赏音乐或戏剧	是☐	否☐
6. 看小说／读剧本	是☐	否☐
7. 从事摄影创作	是☐	否☐
8. 写诗或吟诗	是☐	否☐
9. 艺术（美术／音乐）培训	是☐	否☐
10. 练习书法	是☐	否☐

统计"是"一栏得分：

I：调查型活动

1. 读科技图书和杂志　　　　　　是□　　否□
2. 在实验室工作　　　　　　　　是□　　否□
3. 改良水果品种，培育新的水果　是□　　否□
4. 调查了解土和金属等物质的成分　是□　　否□
5. 研究自己选择的特殊问题　　　是□　　否□
6. 解算术或玩数学游戏　　　　　是□　　否□
7. 上物理课　　　　　　　　　　是□　　否□
8. 上化学课　　　　　　　　　　是□　　否□
9. 上几何课　　　　　　　　　　是□　　否□
10. 上生物课　　　　　　　　　　是□　　否□

统计"是"一栏得分：

S：社会型活动

1. 参与学校或单位组织的正式活动　是□　　否□
2. 参加某个社会团体或俱乐部活动　是□　　否□
3. 帮助别人解决困难　　　　　　是□　　否□
4. 照顾儿童　　　　　　　　　　是□　　否□
5. 出席晚会、联欢会、茶话会　　是□　　否□
6. 和大家一起出去郊游　　　　　是□　　否□
7. 想获得关于心理方面的知识　　是□　　否□
8. 参加讲座或辩论会　　　　　　是□　　否□
9. 观看或参加体育比赛和运动会　是□　　否□
10. 结交新朋友　　　　　　　　　是□　　否□

统计"是"一栏得分：

E：事业型活动

1. 说服鼓动他人　　　　　　　　是□　　否□
2. 卖东西　　　　　　　　　　　是□　　否□
3. 谈论政治　　　　　　　　　　是□　　否□

4. 制订计划、参加会议　　　　　　是☐　　否☐

5. 以自己的意志影响别人的行为　　是☐　　否☐

6. 在社会团体中担任职务　　　　　是☐　　否☐

7. 检查与评价别人的工作　　　　　是☐　　否☐

8. 结交名流　　　　　　　　　　　是☐　　否☐

9. 指导有某种目标的团体　　　　　是☐　　否☐

10. 参与政治活动　　　　　　　　是☐　　否☐

统计"是"一栏得分：

C：常规型（传统型）活动

1. 整理好桌面和房间　　　　　　　是☐　　否☐

2. 抄写文件和信件　　　　　　　　是☐　　否☐

3. 为领导写报告或公务信函　　　　是☐　　否☐

4. 检查个人收支情况　　　　　　　是☐　　否☐

5. 参加打字培训班　　　　　　　　是☐　　否☐

6. 参加算盘、文秘等实务培训　　　是☐　　否☐

7. 参加商业会计培训班　　　　　　是☐　　否☐

8. 参加情报处理培训班　　　　　　是☐　　否☐

9. 整理信件、报告、记录等　　　　是☐　　否☐

10. 写商业贸易信　　　　　　　　是☐　　否☐

统计"是"一栏得分：

第三部分　您所擅长的活动

下面列举了若干种活动，其中您能做或大概能做的事，请在"是"栏里打"√"，反之，在"否"栏里打"×"。请回答全部问题。

R：实际型

1. 能使用电锯、电钻和锉刀等木工工具　是☐　　否☐

2. 知道万用表的使用方法　　　　　　　是☐　　否☐

3. 能够修理自行车或其他机械　　　　　是☐　　否☐

4. 能够使用电钻床、磨床或缝纫机　　　是☐　　否☐

5. 能给家具和木制品刷漆　　　　　　是☐　　否☐

6. 能看建筑设计图　　　　　　　　　是☐　　否☐

7. 能够修理简单的电气用品　　　　　是☐　　否☐

8. 能修理家具　　　　　　　　　　　是☐　　否☐

9. 能修理收录机　　　　　　　　　　是☐　　否☐

10. 能简单地修理水管　　　　　　　　是☐　　否☐

统计"是"一栏得分：

A：艺术型能力

1. 能演奏乐器　　　　　　　　　　　是☐　　否☐

2. 能参加二部或四部合唱　　　　　　是☐　　否☐

3. 独唱或独奏　　　　　　　　　　　是☐　　否☐

4. 扮演剧中角色　　　　　　　　　　是☐　　否☐

5. 能创作简单的乐曲　　　　　　　　是☐　　否☐

6. 会跳舞　　　　　　　　　　　　　是☐　　否☐

7. 能绘画、素描或书法　　　　　　　是☐　　否☐

8. 能雕刻、剪纸或泥塑　　　　　　　是☐　　否☐

9. 能设计板报、服装或家具　　　　　是☐　　否☐

10. 写得一手好文章　　　　　　　　　是☐　　否☐

统计"是"一栏得分：

I：调研型能力

1. 懂得真空管或晶体管的作用　　　　是☐　　否☐

2. 能够列举三种蛋白质多的食品　　　是☐　　否☐

3. 理解铀的裂变　　　　　　　　　　是☐　　否☐

4. 能用计算尺、计算器、对数表　　　是☐　　否☐

5. 会使用显微镜　　　　　　　　　　是☐　　否☐

6. 能找到三个星座　　　　　　　　　是☐　　否☐

7. 能独立进行调查研究　　　　　　　是☐　　否☐

8. 能解释简单的化学现象　　　　　　　是☐　　否☐

9. 理解人造卫星为什么不落地　　　　　是☐　　否☐

10. 经常参加学术会议　　　　　　　　是☐　　否☐

统计"是"一栏得分：

S：社会型能力

1. 有向各种人说明解释的能力　　　　　是☐　　否☐

2. 常参加社会福利活动　　　　　　　　是☐　　否☐

3. 能在工作中和大家友好相处　　　　　是☐　　否☐

4. 善于与年长者相处　　　　　　　　　是☐　　否☐

5. 会邀请人、招待人　　　　　　　　　是☐　　否☐

6. 能简单易懂地教育儿童　　　　　　　是☐　　否☐

7. 能安排会议等活动顺序　　　　　　　是☐　　否☐

8. 善于体察人心和帮助他人　　　　　　是☐　　否☐

9. 帮助护理病人和伤员　　　　　　　　是☐　　否☐

10. 安排社团组织的各种事务　　　　　是☐　　否☐

统计"是"一栏得分：

E：事业型能力

1. 担任过学生干部并且干得不错　　　　是☐　　否☐

2. 工作上能指导和监督他人　　　　　　是☐　　否☐

3. 做事充满活力和热情　　　　　　　　是☐　　否☐

4. 有效利用自身的做法调动他人　　　　是☐　　否☐

5. 销售能力强　　　　　　　　　　　　是☐　　否☐

6. 曾担任俱乐部或社团的负责人　　　　是☐　　否☐

7. 向领导提出建议或反映意见　　　　　是☐　　否☐

8. 有开创事业的能力　　　　　　　　　是☐　　否☐

9. 知道怎样做能成为一个优秀的领导者　是☐　　否☐

10. 健谈善辩　　　　　　　　　　　　是☐　　否☐

统计"是"一栏得分：

C：常规型能力

1. 会熟练地打印中文　　　　　　　　是□　　否□
2. 会用外文打字机或复印机　　　　　是□　　否□
3. 能快速记笔记和抄写文章　　　　　是□　　否□
4. 善于整理保管文件和资料　　　　　是□　　否□
5. 善于从事事务性的工作　　　　　　是□　　否□
6. 会用算盘　　　　　　　　　　　　是□　　否□
7. 能在短时间内分类和处理大量文件　是□　　否□
8. 能使用计算机　　　　　　　　　　是□　　否□
9. 能搜集数据　　　　　　　　　　　是□　　否□
10. 善于为自己或集体做财务预算表　 是□　　否□

统计"是"一栏得分：

第四部分　您所喜欢的职业

下面列举了多种职业，请逐一认真地看，如果是您感兴趣的工作，请在"是"栏里打"√"；如果是您不太喜欢、不关心的工作，请在"否"栏里打"×"。请回答全部问题。

R：实际型职业

1. 飞机机械师　　　　　　　　　　　是□　　否□
2. 野生动物专家　　　　　　　　　　是□　　否□
3. 汽车维修工　　　　　　　　　　　是□　　否□
4. 木匠　　　　　　　　　　　　　　是□　　否□
5. 测量工程师　　　　　　　　　　　是□　　否□
6. 无线电报务员　　　　　　　　　　是□　　否□
7. 园艺师　　　　　　　　　　　　　是□　　否□
8. 长途公共汽车司机　　　　　　　　是□　　否□
9. 技术工人　　　　　　　　　　　　是□　　否□
10. 电工　　　　　　　　　　　　　 是□　　否□

统计"是"一栏得分：

S：社会型职业

1. 街道、工会或妇联干部　　　　是□　　否□

2. 小学、中学教师　　　　　　　是□　　否□

3. 精神病医生　　　　　　　　　是□　　否□

4. 婚姻介绍所工作人员　　　　　是□　　否□

5. 体育教练　　　　　　　　　　是□　　否□

6. 福利机构负责人　　　　　　　是□　　否□

7. 心理咨询员　　　　　　　　　是□　　否□

8. 共青团干部　　　　　　　　　是□　　否□

9. 导游　　　　　　　　　　　　是□　　否□

10. 国家机关工作人员　　　　　　是□　　否□

统计"是"一栏得分：

I：调研型职业

1. 气象学或天文学者　　　　　　是□　　否□

2. 生物学者　　　　　　　　　　是□　　否□

3. 医学实验室的技术人员　　　　是□　　否□

4. 人类学者　　　　　　　　　　是□　　否□

5. 动物学者　　　　　　　　　　是□　　否□

6. 化学学者　　　　　　　　　　是□　　否□

7. 数学学者　　　　　　　　　　是□　　否□

8. 科学杂志的编辑或作家　　　　是□　　否□

9. 地质学者　　　　　　　　　　是□　　否□

10. 物理学者　　　　　　　　　　是□　　否□

统计"是"一栏得分：

E：事业型职业

1. 厂长　　　　　　　　　　　　是□　　否□

2. 电视片编制人　　　　　　　　是□　　否□

3. 公司经理   是☐   否☐

4. 销售员   是☐   否☐

5. 不动产推销员   是☐   否☐

6. 广告部长   是☐   否☐

7. 体育活动主办者   是☐   否☐

8. 销售部长   是☐   否☐

9. 个体工商业者   是☐   否☐

10. 企业管理咨询人员   是☐   否☐

统计"是"一栏得分：

A：艺术型职业

1. 乐队指挥   是☐   否☐

2. 演奏家   是☐   否☐

3. 作家   是☐   否☐

4. 摄影家   是☐   否☐

5. 记者   是☐   否☐

6. 画家、书法家   是☐   否☐

7. 歌唱家   是☐   否☐

8. 作曲家   是☐   否☐

9. 电影电视演员   是☐   否☐

10. 编剧   是☐   否☐

统计"是"一栏得分：

C：常规型职业

1. 会计师   是☐   否☐

2. 银行出纳员   是☐   否☐

3. 税收管理员   是☐   否☐

4. 计算机操作员   是☐   否☐

5. 簿记人员   是☐   否☐

6. 成本核算员   是☐   否☐

7. 文书档案管理员　　　　　　　　　是□　　否□

8. 打字员　　　　　　　　　　　　　是□　　否□

9. 法庭书记员　　　　　　　　　　　是□　　否□

10. 人口普查登记员　　　　　　　　 是□　　否□

统计"是"一栏得分：

第五部分　您的能力类型简评

表附录-1、表附录-2是您在六个职业能力方面的自我评定表。您可以先与同龄者比较出自己在每一方面的能力，然后经斟酌后对自己的能力做评估。请在表中适当的数字上画圈。数字越大，表示您的能力越强。注意，请勿全部画同样的数字，因为人的每项能力不可能完全一样。

表附录-1　职业能力自我评定表（1）

R型	I型	A型	S型	E型	C型
机械操作能力	科学研究能力	艺术创作能力	解释表达能力	商业洽谈能力	执行能力
7	7	7	7	7	7
6	6	6	6	6	6
5	5	5	5	5	5
4	4	4	4	4	4
3	3	3	3	3	3
2	2	2	2	2	2
1	1	1	1	1	1

表附录-2　职业能力自我评定表（2）

R型	I型	A型	S型	E型	C型
体育技能	数学技能	音乐技能	交际技能	领导技能	办公技能
7	7	7	7	7	7
6	6	6	6	6	6
5	5	5	5	5	5
4	4	4	4	4	4
3	3	3	3	3	3
2	2	2	2	2	2
1	1	1	1	1	1

第六部分　统计和确定您的职业倾向

请将第二部分至第五部分的全部测验分数按前面已统计好的六种职业倾向（R型、I型、A型、S型、E型和C型）得分填入表附录-3，并做纵向累加。

表附录-3　六种职业倾向的得分统计

测试	R型	I型	A型	S型	E型	C型
第一部分						
第二部分						
第三部分						
第四部分						
第五部分						
总分						

请将表附录-3中的六种职业倾向总分按从高到低的顺序依次从左到右排列：

____型、____型、____型、____型、____型、____型

第七部分　您所看重的东西——职业价值观

这一部分测验列出了人们在选择工作时通常会考虑的九种因素（工作价值标准）。现在请您选出其中最重要的两项因素，并将序号填入下边相应的横线上。

最重要：＿＿＿＿　次重要：＿＿＿＿　最不重要：＿＿＿＿　次不重要：＿＿＿＿

工作价值标准：

1. 工资高、福利好

2. 工作环境（物质方面）舒适

3. 人际关系良好

4. 工作稳定、有保障

5. 能提供较好的受教育机会

6. 有较高的社会地位

7. 工作不太紧张、外部压力小

8. 能充分发挥自己的能力与特长

9. 社会需要与社会贡献大